给高中生的建议

肖信斌

———

著

长江出版传媒　长江文艺出版社

图书在版编目（CIP）数据

给高中生的建议 / 肖信斌著. -- 武汉 ：长江文艺
出版社，2024.6
　（大教育书系）
　ISBN 978-7-5702-2669-6

　Ⅰ. ①给… Ⅱ. ①肖… Ⅲ. ①高中生－学生生活
Ⅳ. ①G635.5

中国国家版本馆 CIP 数据核字 (2024) 第 065358 号

给高中生的建议

GEI GAOZHONGSHENG DE JIANYI

责任编辑：马　蓓　　　　　　　　责任校对：毛季慧
封面设计：天行健设计　　　　　　责任印制：邱　莉　王光兴

出版：长江出版传媒｜长江文艺出版社
地址：武汉市雄楚大街 268 号　　　邮编：430070
发行：长江文艺出版社
http://www.cjlap.com
印刷：湖北恒泰印务有限公司

开本：710 毫米×970 毫米　　　1/16　　印张：22.25
版次：2024 年 6 月第 1 版　　　2024 年 6 月第 1 次印刷
字数：289 千字

定价：56.00 元

新时代的《论语》

（代序）

我认识肖信斌校长是在 2006 年 9 月，他受邀参加武汉大学的开学典礼并代表中学校长讲话。天门中学 2006 年高考被武汉大学录取的学生多达 86 人。除了武汉市的一所中学（有降低 20 分录取的共建生招生计划）之外，天门中学是当年武汉大学在全国范围内录取学生最多的一所中学。一个县级中学一年送 86 名学生到武汉大学，确实是一件不容易的事。所以我们在开学典礼上邀请肖信斌校长来讲话，这也是武汉大学第一次邀请中学校长在开学典礼上讲话。

我听学校招生办的工作人员介绍，武汉某高校的一位博士生导师在国外做访问学者时，从网上看到肖信斌校长的《读书也是一种责任》一文后，专门打回越洋电话，要身在武汉的丈夫把这篇文章从网上下载下来，给在武汉读高一的儿子学习，让儿子明白读书是他人生肩负的第一份责任。前些天，肖信斌校长把这部厚厚的书稿放在了我面前，并请我为之作序，我有一点惊讶。一个中学校长在面对高考竞争压力和繁重的工作之余，能够静下心来，一个字一个字地写出几十万字的东西，并把它用在对学生教育的实践之中，实在不容易。我翻了翻目录，里面就有《读书也是一种责任》一文，我翻开来一看，也被里面的话语吸引："在一个家庭里，学生读书的好坏，牵动着全家人的喜怒哀乐；在一个时代里，读书人的有为无为，关系着民族的兴衰成败。"太精辟了！

据我所知，在中学教育领域，能够把那些深奥的教育思想和教育理念，把那些很难实际操作的学生前途理想教育、道德修养教育和行为习惯教育，把那些无法用一个标准和尺度来衡量的意志品质教育、学习动力与信心教育和学习方法教育等，通过学生容易接受的谈话方式来进行，又把谈话周密地计划到高中三年的每一个周，目前还没有第二人。我不敢说肖信斌校长的这部书就是一部新时代的《论语》，但这部书里所闪现出来的中学教育思想的光芒，则是可以让高中学生、家长和老师们感到眼前豁然一亮的。

关于人生梦想，他认为："如果一个人在高中时期对自己的未来没有梦想，那么，很难说这个人将来在社会上能有所成就。""你的高中生活不可能每天都阳光灿烂，但你的心里一定要永远闪耀一个火红的太阳，这个太阳就是你的人生梦想。"

关于读书，他响亮地提出："读书是人生肩负的第一份责任，如果一个学生连读书的责任都不愿肩负，那他走向社会后肩负更大的责任就无从谈起。"

关于学习方法，他告诉学生："成绩好的学生往往不是随大流学出来的，而是在学习中有自己鲜明的个性特征。""成绩下滑并不可怕，可怕的是你的思想下滑。""很多事情都不可能在一分钟内做好，但很多事情可以在一分钟内做坏。"

关于学生参加集体活动，他谈道："只有在集体活动中，你才会充分地感受到自己的存在和价值，也只有在这个时候，你向上向善的愿望才变得更加强烈起来。"

关于个人修养与行为习惯，他告诫学生："要别人尊重自己，最重要的是你要成为一个高雅的人，优秀的人，也就是本身值得别人尊重的人。""如果一个人随手扔东西的习惯养成了，那么他的很多修养也会在不知不觉中被随手扔掉。"

关于如何做人与做事，他语重心长地对学生说："一个长期保持什么话都能向家长讲的学生，他一定是一个心理健康，懂事理，知甘苦，勤学上进，将来在社会上也会有所成就的人。""人这一辈子的时间和精力有限，能够坚持把一件小事做好，就是在做大事。专注地去做一件小事，你就会成就一生的事业。"

本书的精彩话语，远不止我摘录的这一些。本书的精彩，也不仅仅表现在思想内容上。这本书很像是一本充满教育思想和哲学思想的优美的散文集。事实上，书里的很多篇目就是精美的散文。例如在《让我们的校园绿起来》里，作者谈道："无论在什么时候，你都可以跑到那棵树下，把心里的话说给她听。树木无言人有情。春天她枝条上的一棵棵嫩芽，会为你带来美好的梦想和希望；夏天她浑身的葱绿，会让你平添果敢和刚毅；秋天她一片片飘逝的叶子，会让你体会到一个根植于大地的生命的顽强与执着；冬天她赤条条的枝丫挺拔向上，会使你生出许多人生感悟与怀想。如果你是一个有心人，从现在起，每天收藏一片她的叶子作为书笺，你是否会想到三年之后，七年之后，三十年之后，七十年之后，你将会有怎样的人生收获？而一个人要做到这一点并不难，难的是要像你认养的这棵树一样，坚守那颗绿色的心，坚守那份生命的执着，一年如是，一生如是。"这是多么美妙而充满哲理的散文篇章啊！甚至可以说是诗一般的语言。作者把一个很平常的校园绿化教育，演绎成了一种情感的愉悦，一个理想化的富有诗意的意境，一份人生的期盼与守望。高中三年坚持这样教育下来，效果能不好吗？

一个高中生如果认真读完本书，应该是有很大的收获的。

以上这些随谈，权当我的序言吧。一本书真正的价值，还是由广大的读者去评说。

中国工程院院士，武汉大学教授、校长刘经南

Contents 目录

高一·上学期

从今天开始，你就是一名高中生了，从少年到青年的转变过程，你自然要在这个时期完成。

高一·下学期

每天清晨背起书包走向学校的时候，你是否会想到，这种平淡而忙碌的生活，就是一种幸福？

高二·上学期

一个高中生的健康成长，重要的因素是性格，而不是分数。分数只能改变你生活的轨迹，而性格则能够决定你一生的命运。

高二·下学期

高考是挑战学生综合素质极限的一种竞争。这种竞争，不是在哪一刻，而是在高中三年。

高三·上学期

有考试就有考分，你要正确认识你的每一次考分。考分好比金钱，没有它不行，做它的奴隶也不行。

高三·下学期

高中三年，你欢乐过，也痛苦过；你不止一次地想到过放弃，但你最终还是拼搏过来了。只要这样做了，你就无悔于这三年的青春岁月。

高一·上学期

寄　语

　　在岁月的长河中，你的少年与青年时代没有一个绝对的分水岭，但你的初中与高中生活有一个明确的时间界限。从今天开始，你就是一个高中生了，从少年到青年的转变过程你自然要在这个时期完成。青年有精神，则家、国有精神，青年有朝气，则家、国有朝气，青年有作为，则家、国有作为。明白了这一点，你就明白了一个读书的青年人所肩负的历史责任，你就能够静下心来认真读书。

高中生一定要有梦想

> 如果一个人在这个时期对自己的未来人生没有什么梦想，那么，很难说这个人将来在社会上能有所成就。
>
> 你的梦想只要不悖于国家政策法律和社会公德公理，只要有益于祖国，有益于社会，有益于家庭，有益于你自己的成长和一辈子的幸福，什么梦你都可以做。
>
> 高中生如果确立了大梦想，最好还要分解成几个小梦想。所有的小梦想实现了，大梦想就自然会实现。

从今天起，你就是一名高中生了，高中生一定要做梦，也就是要有自己的人生梦想。

这个年代读高中的青年学生，一般都是在 15 岁~20 岁之间。这个时期应该是一个人的多梦年华。如果一个人在这个时期对自己的未来人生没有什么梦想，那么，很难说这个人将来在社会上能有所成就。

也许你将来的生活和工作与你现在的梦想大相径庭。即使是这样，你现在也应该有自己的梦想。因为进入高中之后，你不应该是一个什么世事都不懂的小孩子了。高中三年是一个人从成长到成熟的关键时期，这三年时光对一个人一辈子的影响有着不同于其他时期的特殊意义。

况且，有了梦想，你才会为实现这个梦想去努力奋斗；你才会非常珍惜父母、学校和你自己前9年的共同努力，才得到的这三年宝贵的学习机会；你才不至于在高中三年，把大好的光阴浪费在交友、听音乐、上网追星，甚至比"酷"比"帅"上；更不至于用不真实的考试成绩来欺骗老师、家长和自己。

　　那么，高中生应该有什么样的梦想呢？

　　社会是多姿多彩的，我们的梦想也应该是多姿多彩的。像我的高中时代，受的是典型的马克思主义、毛泽东思想的教育，老师要求我们"树立共产主义远大理想，长大后成为共产主义事业接班人"。现在，作为一名全国知名中学的校长，我可以在任何场合对学生讲，你的梦想只要不悖于国家政策法律和社会公德公理，只要有益于祖国，有益于社会，有益于家庭，有益于你自己的成长和一辈子的幸福，什么梦你都可以做。

　　你现在所处的时代与我读高中时期相比，无论是在社会的政治文明方面，还是在物质文明和精神文明方面，都有了很大的进步。就是在那个时代，我也没有完全按老师的要求去做"梦"。虽然高中时期我一直是班长，并且毕业时是以全年级第一名考入师范学校的，在老师眼里，我应该有很"远大的理想"才对。但是，事实完全相反。我当时的梦想很小，说出来你可能不相信，甚至会使我这个校长的形象在你心中大打折扣。我上高中时，正值国家刚刚恢复高考制度，学校基本上是以学生的学习成绩作为衡量一个学生是否优秀的唯一标准。我们家兄弟姐妹有六个，当时有四人在读书，父母撑起这样一个大家庭非常不容易。尤其是母亲，因为父亲在公社企业工作，家里的农活无论是男人做的，还是女人做的，都是她一人独当。时光流转三十多年，如果有人要我用几句简单的话语，来白描我的母亲，那就是：腋下夹着农具，手上端着一碗粥，伴着生产队上工的铃声，急匆匆地一边吃，一边追赶前面的社员。那时候，母亲总是天不亮就起床，带着两个大一点的姐姐，在我们家那少得可怜的自留地里干活，天天连坐下来吃早饭的时间都没有。晚上生产队收了工，也要在煤油灯下剁猪草或者缝补浆洗。我就是在这样的生活背景下，有了我人生的第一个梦想——读好书，让母亲在别人面前，因为有我这个儿子而骄傲。

　　这个梦想，从进高中直到毕业我都坚持着。记得那年高考分数下来，班主任专门到我家，把我考了全校第一的消息告诉我母亲，母亲笑得合不拢嘴。从此，她干活的劲头更足了。

现在，我已经是一个拥有六千多名在校学生的中学校长了，我的学生的梦想肯定比我高远，比我五彩缤纷。从严格意义上讲，我的高中梦想并不算梦想，是一种对母亲的感恩之情。但就是这个不能称其为梦想的东西，成了我高中时期努力学习的巨大动力，每当我贪玩、怕苦，或是遇到学习上的困难想绕过时，母亲端着一碗粥一边吃，一边疾走上工的身影，就浮现在我面前，我就没有理由不专心学习，没有理由不把遇到的难题全部弄清楚。

在这里我告诉你，高中生可以有大梦想，像周恩来总理一样，为中华之崛起而读书；像毛主席一样，"问苍茫大地，谁主沉浮"？但是，梦想也要从国家、社会、家庭和自身的实际出发，经过自己的刻苦努力，使我们的美梦成真。高中生如果确立了大梦想，最好还要分解成几个小梦想。所有的小梦想实现了，大梦想就自然会实现。只有这样做，才会在一个一个小梦想的实现中，找到学习的动力和信心。

我们学校的办学理念，其实就是一个梦想——让学生成为社会的有用人才。应该说，不管你的梦想是怎样的，这一个大众梦想都适合于你。让我们相约三年，奋斗三年，成为社会的有用人才。

适应你的新老师

你的新老师是你高中三年学习环境中重要的一部分，可能会影响你一辈子的学习和工作，甚至影响你的人生轨迹。在适应新老师方面，你不妨试着这样做：热爱老师。你的成长和进步，是你与所有老师群体互动的结果，不是靠哪一个老师就能提高你的学习成绩的。因此，只能是你去适应你的所有老师，而不是让老师来适应你。

当你进入高中课堂的时候，你已经有 9 年的求学经历了。这时候的你，已经与 9 年前妈妈牵着你的手走进教室的时候完全不一样了。那时候的你，对学校的一切都感到新鲜和好奇，一切都由大人来为你做出安排，学校的一切对你来说都是一张白纸。现在的你，已经是接受过 9 年正规教育的"小知识分子"了，你懂得了很多事理，对什么事情都有了独立的判断。走进高中课堂，你不得不面对的就是适应你的新老师。

这里我先告诉你一个严肃的人生话题：人不可随波逐流，但人不能不适应环境。你的新老师是你高中三年学习环境中重要的一部分，可能会影响你一辈子的学习和工作，甚至影响你的人生轨迹。

在适应新老师方面，你不妨试着这样做：热爱老师。从普遍意义上来讲，老师都是爱学生的，他们对爱的表达方式可能不一样，他们也有着自己不同的个人修养，但是他们对学生就像对待自己的子女或弟妹一样，那份爱是根本不需要用语言来表达的。当你成为老师的学生，老师的目标与你是一致的，就是在教与学的互动中，使你得到最大限度的成长和进步。所以，你要投入最大的热情，爱你的高中老师。爱是彼此的，师生之情是人类千古称颂的伟大情感之一。你热爱老师，老师自然也爱你。

原谅老师的某些缺点。老师是人，是人就有缺点和不足。你肯定会把你的新老师与原来教过你的老师进行比较，拿现在老师的缺点和原来老师的优点比，这样比的结果只能拉大你和老师之间的情感距离。何况，高中的教学方法与初中和小学是不一样的。也许你过去适应了并依靠它提高了你学习成绩的办法，现在的老师不用了。比如，高中老师注重培养学生良好的自觉学习习惯，而不是一天到晚占用学生全部的时间，来进行知识灌输。这样一来，你可能就会认为，高中老师没有初中老师负责任，老师对教学抓得不紧。这根本就不是老师的缺点，而是你的一种误解。

喜欢听老师的课。喜欢与不喜欢是相对而言的，不是绝对的。在高中阶段，你不是做学问，而是学基础知识。从完成学业的意义上讲，你没有理由偏重哪一科。对于那些你自认为不感兴趣的科目，你不妨和这个科目的老师多进行交流，慢慢培养你听课和学习的兴趣。否则，一旦出现你讨厌听哪个老师的课而造成偏科，高考你就要吃大亏了。

多向老师汇报学习体会。你进入高中后，对于每一门功课的学习，都不能完全依赖老师，你要找到一套适应自己的学习方法。但是，自己学习并不等于不要老师。相反，你要随时把学习的体会、困难、收获等向老师汇报，让老师及时对你在学习过程中存在的一些问题进行点拨。老师毕竟是过来人，他也做过学生。他的一句话，可能让你少走许多弯路，节省不少宝贵的时间，老师对勤学善问的学生也容易自然地而不是刻意地特别关爱。

很多家长和学生在高中阶段喜欢做的一件事，就是选择老师。如果学校允许，家长也有条件，做一点选择也不是不行。但是，在选择老师的过程中，要注意以下几个方面，以免陷入误区。

最优秀的老师不一定最适合你。曾经有一位家长，把自己的儿子放在他过去读师范时的同学的班里。这位老师书教得很棒，就是不管班级纪律，适合于教那些自觉性强的学生。而他的儿子没有人严管，连作业都不愿意做，所以，一学期下来，他儿子的成绩一路下滑，家长非常后悔。

严厉的老师不一定适合你。俗话说，严师出高徒。这话一点也不假。但是，如果你是一个很自觉、很用功，又是一个很内向、很胆小的学生，严师就不适合你。你应该选择慈祥和善、轻声细语的老师。

实验班、重点班不一定适合你。有些学校可能有重点班、实验班，绝大部分家长都愿意让学生去这样的班。其实，这样的班，不一定适合多数学生。相反，有些学生进了这样的班，他找不到一点学习的自信心，其成绩不升反降。

你要充分认识到，你的老师是一个群体，而不是个体。有些家长为学生选老师，就是选中了某一个班主任。这里我要告诉你，学校在安排老师的时候，各个班都是综合平衡考虑的。年龄、性别、性格、教学方法和经验等，都是学校考虑的因素。再说，你的成长和进步，是你与所有老师群体互动的结果，不是靠哪一个老师能提高你的学习成绩的。因此，只能是你去适应你的所有老师，而不是让老师来适应你。

大吼三声："我能行！"

"我能行"，是一个人自信心的表现，或者说，是一种积极向上的健康心态。你不要老是为自己在班里的成绩排名而苦恼，你不是为排名而学。无论在怎样的情况下，你都不要放弃，都要坚持认为"我能行"。在最艰难的时候，你不妨在一个早起的清晨，面向天空大吼三声："我能行！"

在一次新生才艺展示的比赛现场，主持人要校长讲话。我上台拿起麦克风说："请大家全体起立！"然后带领学生大吼三声："相聚天门中学，我能行！"吼过之后，我只讲了一句话："愿这三声大吼，伴随你们度过高中三年的学习时光，在任何困难的时候，你们都要记住：我能行！"

"我能行"，是一个人自信心的表现，或者说，是一种积极向上的健康心态。这种心态对一个人一辈子的成功起着非常重要的作用。如果说小时候我们只是潜意识地有这方面的想法的话，那么在高中三年，你就应该开始有意识地培养自己的自信心。

你和新同学从四面八方相聚在我们这所重点中学。在初中时期，你在班里和学校里可能各方面都表现优秀。现在的情形不同了，是许多"优秀"相聚到了一起，你可能被淹没在"优秀"之中，不再有家长、同学和老师为你竖起大拇指了。也有可能你在初中毕业时，升学考试成绩与同学们存在一定的距离。或者是你从城里来，他从乡下来，你们的所闻所想不太一样。无论你过去与别人相比，有什么样的优势或是差距，进了高中，你就到了一个新的起点，你与别人站在了同一起跑线上。高中三年"跑"下来，你能不能取得令自己、家长、老师满意的成绩，在很大程度上取决于你的决心和行动。因此，你随时都要记住这三个字："我能行"。

如果你的入学成绩不错，你一定不要自满，自满的结果，肯定是落后。如果你的入学成绩不是太好，你不要把它放在心上，你应该把精力和心思用在每一堂课、每一次作业里。有老师做过这样的统计，在我们学校，中考成绩前100名的学生，高考成绩仍然排在前100名的，最多只有40名。你说这个变化有多大呀！三年的光阴，很快就会过去。三年之间，你是否努力了，刻苦了，是否每天都收获了你应该收获的那份小小的希望，这些东西只有你自己最清楚。三年之内，你无论是在学习上，还是在生活上遇到怎样的困难，都不要放弃，要永远记住你走进高中时，大声吼出的那三个字："我能行"！

你不要老是为自己在班里的成绩排名而苦恼，你不是为排名而学。当然，如果你的排名在不断前移，也是一件值得高兴的事。如果你的排名在各次考试中基本不变，或者后移了，你可以问问自己，这段时间是不是懈怠了、放松了，或者学习方法上出了什么偏差。如果都不是，那就是别人更刻苦努力了，有人赶上或超过你了。你要认识到，相对于你自己，你还是有进步的。你可以想一想，你进班时可能是中等偏上成绩，一学期下来，你的成绩可能成为上等，也有可能成为中等，还有可能成为下等。但是，不论你的成绩在哪一个层次，你掌握的知识肯定比你刚进班时多了许多，你期末考试的成绩可能只有70~80分，不像别人是80~100分。即使是这样，你跟自己比，也是有很大进步的，因为一个学期前，让你考同一份试卷，你是没办法答题的。所以，无论在怎样的情况下，你都不要放弃，都要坚持"我能行"。

我还要特别提醒你和你的家长，作为校长，我从来不把学生的考试成绩，作为衡量一个学生是否优秀的唯一标准。学生的学习成绩固然重要，但我们不是在培养考试机器，而是要把学生培养成对社会有用的人才。几千名学生，在任何一次考试中，都不可能在同一个分数水准，但我们应该通过学校教育，让学生知书达理，情操高尚，身心健康，能成为社会优秀的一员。有一次，学校发展青年学生入党，准备在全校成绩排名前 100 名的学生中发展新党员。我当即反对。我说："我们学校的学生，只要他遵纪守法，政治上要求进步，学习上认真刻苦，品德上符合社会公德要求，有正确的人生理想和追求，愿意为党的事业奋斗终身，就是优秀学生。这样的学生，只要他向党组织提出了申请，党支部把他作为建卡培养对象进行 1~2 年的跟踪培养，他就符合入党的条件。"

高中三年，是你成长的关键三年，你可以放弃很多东西，但千万不要放弃自信心。在最艰难的时候，你不妨在一个早起的清晨，面向天空大吼三声"我能行！"

向老师和同学展示你的才艺

这是你在同学和老师面前的第一次亮相，你的表现会给他们留下深刻的印象。在读书之外，你要有一两件可以调理精神的事情可做。作为校长，我希望你能在高中三年很好地奠定知识的基础，如果不在这一阶段储备足够的知识，你对未来的人生期望难以如愿。年轻时如果只重视花拳绣腿的"才艺"，而不去打好学识的基础，到了一定的年纪后，你就会变成一个乏味的没有魅力的人。

开学后不久，学校和班级可能有一个让同学们各显其才的才艺展示活动，这时候的你，要主动参加班校活动，争取去做这种活动的组织者和积极参与者。可以说，这是你在同学和老师面前的第一次亮相，你的表现会给他们留下深刻的印象。

我参加过一次我们学校 2006 级实验班 280 名同学的才艺展示比赛，很受启发。过去在我眼里，实验班里的学生都是"读书人"，别的东西可能不怎么会。那次活动，学校只给了同学们一天的准备时间，他们参加展示的才艺都是原汁原味的。有演奏管弦乐器的，有唱歌的，有朗诵自己或别人写的诗歌、散文的，有现场挥毫题字的，有展示自己英语口语水平的，还有集体创作的小品、相声等曲艺节目等，同学们展示的才艺比我想象中的多出很多。

你的这些才艺如果是准备把它作为将来在社会上立足的职业技能，那你在高中三年就必须好好地修炼。如果你仅仅把它作为陶冶情操的业余爱好，那么你高中期间就只能偶尔在学习困倦之时，拿起你"心爱的小提琴"，自己陶醉一番。不要为了学习，把你的这些才艺完全放弃，那是很可惜的事情。如果你除读书外，什么才艺也没有，你也不必为此苦恼。学习之余，你可以去打球，去跑步。总之，在读书之外，你要有一两件可以调理精神的事情。

以我的经验，多数高中生还是把考大学作为一辈子修身立业的基础。作为校长，我希望你能在高中三年很好地奠定知识的基础。因为在我看来，如果不在这一阶段储备足够的知识，你对未来的人生期望难以如愿。在你年纪渐长以后，知识将成为你休憩的港湾，避难的场所。在此，我不得不十分严肃地提醒你，不能正确把握高中三年的时间，会铸成你一生的后悔。

如果你要问我高中阶段有什么才艺的话，那么我实话告诉你，我这个农村高中生什么才艺也没有。如果一定要说有，那就是，我曾经在没有任何人教的情况下，用父亲不知从哪里弄来的一把京胡，着迷地拉当时的革命歌曲；也曾把家里的大门卸下来当乒乓球桌，与同龄人在村子里争冠亚军；还曾经养鸽子满屋飞，养兔子在床底下打洞；还在烈日当头时爬到树上掏鸟窝，在雨过天晴后下到沟渠里去捉鱼。不过，我最得意的，还是把一条被我叫作赛虎的黑狗，训练得每天晚上准时 8:30 去学校门口接我回家。没有它，我真不知道一个人在黑夜怎么走那十几里的乡村小路。当时同村的同学都在住校，只有我想利用路上的时间多背几篇课文，想回家后再做几道习题，而住校就没有这样的条件。

有才艺也好，没有才艺也罢，对你的人生而言，未来三年是非常重要的时期。所以，我向你大声疾呼：要有意义地利用好这段时间。如果你在此阶段不努力，让时间悄悄地溜走，那么，你在这一段时间获得的知识量就会锐减。这对你的人生旅程来讲，绝对是一大损失。相反，如果你能十分有意义地利用好这段时间，把这段时间的所得积蓄起来，到了将来，这些积蓄将会生出许多利息，让你得到丰厚的回报。

这三年是你巩固知识基础的时候，一旦你的基础巩固了，将来不论何时，你都可以提取所需，而且当你觉得知识不够时，也可以在这个基础上添加新的知识。如果你在这时候没有将知识的基础巩固好，等你将来再去落实它，就绝对来不及了。我希望你在踏入社会后，不要被别人如此训诫你：还要去读很多基础书！因为到了那时，你已没有这么大好的时光了。而且，就算你有时间，你也不具备那种只要读书，就可以过日子的身份了。

　　还有一点要提醒你，年轻时如果只重视花拳绣腿的"才艺"，而不去打好学识的基础，到了一定的年纪后，你就会变成一个乏味的没有魅力的人。

参加学生干部竞岗演讲

> 一个人的能力不是单靠书本知识培养的，还要靠日积月累的社会实践。如果有幸做学校或班级的学生干部，在高中期间为同学们服务，那是一次绝好的锻炼机会。参与的过程本身就是对你的一种锻炼和提高，这比你听别人讲怎么竞选干部有意义得多。只有调动了大家的积极性来支持你所负责的工作，你的工作才能干出成效。

你上学已经有一个月了，有些班主任可能临时指定了班里的干部，但多数班主任都会在你和同学之间相互有一定的了解之后，在班内用演讲的形式竞选班干部，校学生会和团委会也会在年级范围内竞选年级的学生会干部和团委会干部。这时候，你要做的一件事，就是积极参与。

也许家长曾经告诫过你，上了高中，就一心一意把书读好，将来考一所好的大学，其他的事情不要参与过问。这里我郑重地告诉你，你的家长在这个问题上错了。一个人的能力不是单靠书本知识培养的，还要靠日积月累的社会实践。如果有幸做学校或班级的学生干部，在高中期间为同学们服务，那是一次绝好的锻炼机会。

做班干部与读书并不矛盾。你在为同学们服务的过程中可以找到一份快乐和自信，你的学习劲头会更足。这样对你的学习成绩的提升只有好处没有坏处。

如果你浏览一下每年介绍各地高考状元的文章，你会发现，他们几乎都是班里或者学校的学生干部。

你做了班干部，就可以和老师及同学们一起，把班里的各项活动抓好，为同学们也为你自己创造一个良好的学习环境。特别是在培育班里的良好学习风气方面，你可以献出你的一份力量。一个班就是一个集体，这个集体要在一起学习、生活三年时光。集体就得有人去组织协调管理，否则就是一盘散沙。在这样的状态下，即使你个人再努力，离开了好的学习环境，也不可能达到你所梦想的目标。

如果你决定了参加干部竞岗演讲，你就要做一些必要的准备。你要与你关系好的同学在一起讨论，让他们帮你出一些主意，主要是选上干部后，怎样为同学们服务，怎样把本班或是本年级建设成一个好的集体。你还要做一些调查研究，看学校和班主任及同学们对新任干部有哪些要求，每一个岗位要做哪些工作，哪个岗位最适合你做。把这些事情做完了，你就准备一份书面演讲稿。演讲稿完成后，最好征求一下同学和老师的意见，让他们提出修改意见。到正式演讲时，你最好是脱稿演讲，不一定是背那个已经准备好的稿子。你只要胸有成竹地把你准备好的那些东西有条不紊地讲出来就行。我想，如果你真的像我说的这样做了，那你一定会有不小的收获。

当然，参加竞岗演讲并不一定非得获取某个班干部、学生会干部的职位不可。如果是别的同学被选上了，你也应该为他高兴。你也没有什么值得后悔的，更没有什么丢丑的。参与的过程本身就是对你的一种锻炼和提高，这比你听别人讲怎么竞选干部有意义得多。

如果你被老师和同学选中，你就要做好准备走马上任。你不用担心为同学服务会占用你很多时间，在这方面老师会安排好的。你最需要做的，就是拿出一份你的岗位工作计划，这个计划由你负责实施，要监督实施过程和结果。但这个计划不是由你独立完成，而是要全班同学和有关老师都参与。只有调动了大家的积极性，来支持你所负责的工作，你的工作才能干出成效。

以我的经验来看，我参加工作后不管工作上遇到多大的困难，也不管在多么大的场面演讲，我都毫不畏惧，并能沉着应对，这与我高中时期一直做学生干部不无关系。那时候，我就开始面对全班同学讲话，带领同学们进行集体活动。正是因为有高中时期的锻炼，所以我参加工作以后几乎没有怯过场。

你要记住，参加学生干部竞岗演讲的结果重要，过程也重要。作为校长，我更注重这项工作的过程，希望参加的同学越多越好。这样，在这一过程中，受到锻炼提高的同学就更多。

读读写写学语文

　　"读"要把握好两个方面的内容：一是精读，二是泛读。精读和泛读的东西都是很花时间的，关键在于巧安排。你喜欢哪一种风格，不妨把这种风格的代表作家的作品多读一读，一定会有收获。在命题作文之外，我建议你还要自己主动多写一点东西。

　　此前，你已经学了 9 年语文，自己应该有一套学习语文的方法了。不过由于你读小学时年龄太小，读初中时老师基本上是填鸭式教育，在学习时间和方法上，你独立自主的空间很小。所以说，如果你至此也没有自己独立地学语文的方法，也不足为奇，同时也不必担心。只要你肯在语文学习上下功夫，学好语文是没有什么问题的。

　　学习语文的关键在于学和用，学用结合，先学后用，以用促学。学就是看和读，读比看重要。用就是说和写，写比说难。所以我提倡读读写写学语文。

　　"读"要把握好两个方面的内容：一是精读。高中语文教材的每一篇课文都是你精读的内容，包括阅读教材——这是我的要求，不是教学大纲的要求。二是泛读。要把可能找到的一些经典散文，包括古代的和现代的，都读一读。有条件的学生，可以多买一些这样的书来读。不要读武侠、言情小说，高中三年如果你读这些东西上瘾，你的学习成绩就会一落千丈。即使你再聪明也是如此，何况你不一定"聪明"。

精读一定要充分理解原文，反复地读。看——默读——朗读——背诵，不停地循环往复，直到出口成章地说出原文的一些精华内容。泛读主要是为了扩大语文的知识面，也为了提高学习语文的兴趣。有一位女生，她上初中时就读完了父亲书架上的《资治通鉴》。其实她读的时候，开始并不懂每一句话和每个字词的意义，只能读出一个大概意思。但是日积月累，她的语文功底见长，学语文的兴趣越来越浓。高中三年，她的语文成绩怎么也差不到哪儿去。

精读和泛读都是很花时间的。前者虽然阅读量不大，但需要读精，没有一定的时间不行。后者虽然不会在某一篇文章中花很多时间，但需要一定的阅读量，不坚持长期积累也不行。高中阶段学习紧，任务重，时间从哪儿来？以我读书和教书的体会来看，关键在于巧安排。我读高中时，除课堂上用整块的时间消化老师所教的知识外，课外是在路上学语文。课内整块时间我都给了数理化。当时师生中流传一句话：学好数理化，走遍天下都不怕。路上怎么学语文呢？我读高中时在杨林公社湾坝中学，家在离校十来里路的中岭村。我早晨到校，晚上回家。同村的同学大多住校，我一人早出晚归，路上的时间我就用来背语文，背政治，打作文腹稿。这样，语文的"读"和"写"，我基本上是在路上完成的。高考下来，我的语文得了 78 分（百分制），这个分数当时在全县属于高分了。

在语文的"读"方面，还有一个谁也回避不了的话题，或者说是学习的一种方法——死记硬背。现在大家几乎是异口同声地反对这样做。我的结论刚好相反。学习语文，是有很多东西需要理解以后再记忆，但也有很多东西，你就得死记硬背。理解记忆的东西，记得容易忘得快。死记硬背的东西，不容易记住，一旦记住也不容易忘记。有些中学时代死记硬背的课文，你可能一辈子都忘不了。这也是中国传统私塾教国学的一个重要方法。在我们今天学习高中语文时，这个方法不能完全抛弃。

以上讲的是学语文的"读"，下面讲"写"。

我教语文时，要求学生每周写一篇作文。当时课程安排是隔周一篇作文，一个学生的作文不达到一定的量，他的写作水平是怎么也高不到哪儿去的。

高中生一般是写一些命题作文。命题作文最重要的是立意，通俗地说是不跑题。立意要准，这是作文成功的一半。现在高考作文，一般立意都比较活，给学生的"空间"很大。在一个大的"空间"之下，只要你言之有理，表达顺畅，结构合理，就可以获得一个不错的得分。立意之后是谋篇布局。为了把立意的东西表达出来，一篇作文大概写多少字，哪些地方要重点阐述或描写，哪些地方要做简明扼要的表达，前、中、后如何呼应和连接，心里头一定要先有底，再动笔，不能一提笔就想到哪儿写到哪儿，这是命题作文之大忌。谋篇布局之后是语言风格。语言风格首先考虑的是文体，不同的文体要用不同的语言风格来表达。不能用说明文的风格来论述一个观点，用抒情散文的风格来说明一种事物，用议论文的风格来记叙一件事情。不同的作文文体的语言风格，是不能换位的。语言风格还要注意个人语言习惯，也可以说是个人语言风格。个人的语言习惯是日积月累形成的，我现在自己的语言风格基本上已经定型了。我的文章刊登出来后，即使不署名朋友们也知道是我写的。你现在刚刚读高中，应该说个人语言风格还没有完全形成，这个时期是你语言风格开始形成的时期。因此，你要注意加强自己的语言修养。今后在社会上，无论你干什么工作，语言表达都是必不可少的。至于说具体运用哪一种语言风格，我这里不给你一个固定的答案。影响我语言风格最大的是三个人：毛泽东、鲁迅和孙犁。你喜欢哪一种风格，不妨把这种风格的代表作家的作品多读一读，一定会有收获。汉语丰富多彩，个人语言风格各异，不能说孰好孰坏。你表达顺畅就行，能够按你的构思，把命题作文的思想表达出来就行。你说呢？

　　在命题作文之外，我建议你还要自己主动多写一点东西。这些东西应以散文随笔为主。一来把自己每天的所见所思用文字表达出来，练习一下组织文字的技巧。二来让这种写作形成习惯，三天不写手就痒，提高自己学习语文的兴趣。三来还可以把高中三年这段青春岁月记录下来，将来留作美好回忆。我不建议高中生写长篇小说和论文，因为这两种文体用的时间太多，而这段时光你们最重要的任务还是高考。如果你把大部分时间用在了高考以外的其他地方，有一点因小失大。何况这时候对于大多数同学来说，你还没有这个实力。

　　如果你按我的这些要求去做了，你学习语文的兴趣就会大大提高，至于你的语文成绩，那应该是瓜熟蒂落的事情。

学好英语的关键是坚持

高中生学习英语的困难不是课堂内听不懂，而是下课后记不住。可以用英语记日记，写随笔，日积月累，必有所获。学习英语最难的是记单词。记单词要天天记，一天也不间断。

高中生学习英语的困难不是课堂内听不懂，而是下课后记不住。

无论学习和工作，我都喜欢争一流，但在英语学习上，我是一个失败者。我失败的原因在于不能坚持。在这一点上，我可以作为你的反面教材。

我是 1979 年参加高考的，那时英语不计入高考总分，一些农村中学根本没有开英语课。上师范时学校也没开英语课。我的英语启蒙老师是中央人民广播电台。我读师范的时候，每天早晚捧着一本广播教材，听广播学英语。参加工作后，为了准备研究生入学考试，也突击了一阵子英语，总算勉勉强强地过了关。有时心血来潮，下决心学好英语，就跑到书店，狂购英语书和磁带，好像只要这些书和磁带一买回来，英语水平就会提高似的。可惜一时热情过后，工作一忙，学英语的事又丢在一边了。以至于有些书买回来后，翻了一遍就束之高阁，有的磁带听了前几盘，后面的都没拆封。所以，时至今日，我的英语水平还停留在打个招呼问个好之后，就不能继续往下交流的状态。你说失败不失败！所以，以我一个失败者的教训来看，学好英语、掌握英语、运用英语的关键是坚持，而不是对付一两次考试。

我不是高中英语老师，也没有受到过正规的专业英语训练，对于如何学好高中英语，我是外行。但是，在我与英语老师和英语成绩比较好的学生的交谈中，发现他们的一些真知灼见对刚进高中的同学来说会有一些启发。这里不妨记录于此，供你参考。

首先要有正确的学习目的。高中阶段学英语，一是为了考试，二是为了将来走入社会后掌握一门对外交流的工具。有了这样的目的，你就会有学习的动力，就不会忽冷忽热，就不会遇到一点困难就产生畏难情绪，就不会因一两次考试成绩不理想而灰心丧气。

其次要有浓厚的学习兴趣。兴趣是靠你自己培养的。你可以与几个同学约定，在学习和生活中尝试用英语交流。也可以看一些经典的英文小说，听一些英文歌曲。如果有条件，还可以直接和以英语为母语的人进行一些对话。甚至可以用英语记日记，写随笔，日积月累，必有所获。

最后要把握正确的学习方法。学习英语最难的是记单词。记单词要天天记，一天也不间断，包括寒暑假，甚至大年三十和正月初一。只要你每天记 4~5 个单词，三年下来就是 5000 个单词，比高中课本的 3000 多个词汇还要多。记单词最大的困难是忘记。你要明白，记住一个单词是正常现象，忘记一个单词也是正常现象，甚至忘记比记住还正常。在高中阶段，英语不是你日常使用的语言，除英语课外，其他时间基本用汉语，你记的单词不忘才怪。有的人说，记英语单词要有忘五遍的心理准备，我看也许会更多。所以，我们的办法只能是反复记忆，记了忘，忘了记，总之是跟"忘"战斗到底，直到记住。

学习英语最不容易做到的是阅读和背诵。阅读必须要有一定的量，要选择适中的语言材料。量太小，你就达不到阅读的效果；材料太难，你会失去阅读兴趣。背诵的东西以教材上的课文为主。如果有可能，你最好把课文全部背下来。这样，你不仅记住了单词，掌握了语法，还有助于英文写作。背课文是要花时间的，高中生的时间又紧。你不妨试一试晚饭后用 1 个小时的时间在校园内散步。如果你住校，这是完全可以做到的。散步时背英语课文，天天坚持，你的英文水平肯定会大大提高。

学习英语最容易忽视的是听力。建议你找一些听力材料，每天睡觉前听半个小时，天天坚持。坚持就意味着胜利。

学习英语最让你在平时的训练中觉得可有可无的就是作文。前面我已经说过，你不妨用英语写日记，写信，或者写一些随笔。这可以增加你学习英语的兴趣和信心，久而久之形成良好的习惯，你的英文写作能力也自然会提高。

总之，英语是对你一辈子都有用的一种工具，你一定要在年轻的时候掌握它。

高中数学影响你一生的发展

> 你今后人生中的思维能力、判断能力、反应能力和聪敏程度如何，高中阶段学习的数学对你的影响很大。数学对人的影响，不仅仅是用数学知识解决某一个具体问题，重要的是它能培养你分析问题、解决问题的能力。不懂的东西，要把它弄懂，弄懂的过程和结果都要把它看成一种快乐和享受。

对有的同学来讲，高中可能是你一生最后一次系统地学习数学的时间。因为如果你上大学读纯文科专业或直接进入社会工作，那么你就再也不会系统地学习数学了。对那些还要进入非纯文科专业进行深造的同学来讲，高中数学还只是你迈进数学王国的开始。

无论你属于上述哪一种情况，你都不可以对你的数学课程产生懈怠。且不说 150 分的数学在你高考时对你上大学的影响有多大，光是从数学在培养你分析问题、解决问题的能力上讲，你都不可等闲视之。你今后人生中的思维能力、判断能力、反应能力和聪敏程度如何，高中阶段学习的数学对你的影响很大。

在这方面我是深有体会的。做校长之前，我在教育、党政、经济等跨度很大的一些部门工作过。每到一个新的岗位，基本上都能够在较短的时间内适应新工作的要求。这在很大程度上，得益于我高中时数学基础打得非常扎实。尤其是有一段时间，我经常要写经济分析方面的文稿，要看企业财务报表，要研究财政运行情况。我没有学习过专业的数理统计和企业财务，之所以能完成好那些工作，是因为我有高中数学基础。

我可以骄傲地告诉你，读高中时，我的数学成绩非常好，好到教我的数学老师经常把我课外做的数学习题拿到课堂上去讲。很多时候，我还被数学老师叫到他的办公室，我们一起探讨某个题目的几种解法。

读高中时，我最喜欢的就是数学。我把课堂内外的大段时光都用在数学学习上，语文和政治我基本上是利用每天上学、放学路上的两个小时进行预习和复习，物理、化学只是在课堂上完成老师的任务，课余时间做一些预习和复习。

我那时对数学到了痴迷的地步。那个年代的课外学习材料奇缺，我到处找数学题目做，越难的我越喜欢做。解完一道难题，有时我会自己对着面前的那道题目偷偷地笑好半天，有时我会站起身，双手握紧拳头，向上用劲伸出双臂，并咬紧双唇，双眼死死盯住刚刚解出来的数学题。那种快乐与满足，不亚于后来我初为人父时，看着怀里的宝贝女儿一样。

我读高中时从来没有觉得学数学是一件很累很苦的活儿。记得有一次村里放电影，我在家做数学题。母亲说，去看一场电影吧，两个月才放一次，别的小孩都看电影去了。我说我把今天计划的几道题做完再去。结果母亲看电影回来，我正在煤油灯下对着几道难题发笑。母亲说了句："看我这儿子，电影不看，一个人在家笑什么？"那时候，农村文化生活少，别说现在的电视和互联网，村里连电都没有，放电影靠的是小型发电机。记得那时我们写作文，畅想2000年农村的生活，最大的愿望是楼上楼下，电灯电话。因此那时看电影是农村小孩和大人都难得的文化生活。即便这样，看电影给我的快乐，也代替不了我在数学习题里找到的无限乐趣。

究竟如何学好高中数学呢？第一是兴趣。我前面讲我高中学习数学的经历，重要的一点就是兴趣。兴趣是最好的老师。怎样让自己对数学产生兴趣呢？第一是要认识数学在你未来人生中的作用。你可能会说，高中数学知识已经比较深了，今后如果我不做专业研究，这些知识一辈子都用不上。这个问题我前面已经回答了。数学对人的影响，不仅仅是用数学知识解决某一个具体问题，重要的是它能培养你分析问题、解决问题的能力。第二是要有好奇心。尤其是不懂的东西，要把它弄懂，弄懂的过程和结果都要把它看成一种快乐和享受。第三是要掌握正确的方法。课前预习，课中听老师讲解，课后复习，三个环节一个也不能少。特别是针对学习中的问题，要向老师提问。基本知识一定要记住。概念、公式、法则、定理等，一定要学一个记一个，解题时要把相关的公式、定理在脑海里反复放映，哪一个用得上就"定格"哪一个。另外要掌握基本的数学思维方法、解题程序、运算步骤、论证推理、开放性思路等，这都是数学思维方法里的一些关键要素，要引起你的高度重视。第四是要有良好的学习习惯。要安排好数学的自学时间，并且是整块的时间，而不是零星的时间。要多问为什么，多思考，勤动手做题，善于和老师、同学探讨。要在与别人比较的同时，与自己比较，看到自己在数学上的进步与差距，不盲目乐观，也不盲目悲观。第五是要善于归纳总结。要定期对前一段时间学习的数学内容进行归纳整理，充分掌握、领会教材上数学知识内容的内部规律。要做到一提起笔，就能够把初中以来所学数学知识的内容、主要的概念、公式、法则、定理等写出来。

只要你做到了上述几点，即使你不"聪明"，你的数学成绩也自然会提高。你今后运用数学的思维方法去解决问题的能力，也会在不知不觉中提高。

物理让你了解世界万象

> 物理在人类了解自然、征服自然、按自然规律办事的过程中，起着至关重要的作用。题目不论难易，尽量画图，这样能够变抽象思维为形象思维，更精确地掌握物理过程。要用一个笔记本把知识结构、好的解题方法、好的例题、听不太懂的地方等都记下来。你最好是找几个人成立一个物理小组，平时学习时几个人在一起多探讨，发现好的解题思路大家共同分享，考试过后大家在一起分析得失。

高中物理是一门很容易让你产生兴趣，又很容易让你害怕的课程。产生兴趣是因为物理知识大多是关于自然界的一些规律性的东西，有些东西还与我们的日常生活密切相关，容易使你产生好奇心。你希望了解它，甚至研究它。让你害怕是因为动手做题目时，抽象的东西还是太多，容易出错。

物理在人类了解自然、征服自然、按自然规律办事的过程中，起着至关重要的作用。你在学完高中物理后，对世界万象就有了一个基本的了解，打开了一扇新的认识事物的大门。物理学的发展史上，串联着许许多多科学与愚昧的斗争故事。有些今天看起来是常识性的东西，物理学的先哲们曾付出过沉重的甚至是生命的代价。

我个人没有教过物理课，对高中物理教学没有研究。不过，我们学校的物理老师们很厉害,他们经常能教出高考时物理获满分或接近满分的学生,我们学校物理教研组确实是一个了不起的团队。下面是我从这个团队里了解的一些学好高中物理的方法。

高中物理的基本概念和基本规律比较多。这些东西你一定要弄清楚,不仅仅是要记住它,重要的是要学会运用它。物理的解题方法和思路与其他学科也是有区别的。老师在课堂上讲的一些基本方法、要领等,要熟练掌握,还要在学习中摸索出自己独到的解题方法。

要独立地(指不依赖他人)、保质保量地做一些题。题目要有一定的数量,不能太少,更要有一定的质量,就是说要有一定的难度。任何人学习物理,不经过这一关是学不好的。独立做题可能有时慢一些,有时要走弯路,有时甚至解不出来,但这些都是正常的,是任何一个初学者走向成功的必由之路。

要对物理过程一清二楚,物理过程弄不清,必然存在解题的隐患。题目不论难易,尽量画图,有的画草图就可以了,有的要画精确图,要动用圆规、三角板、量角器等,以显示几何关系。这样能够变抽象思维为形象思维,更精确地掌握物理过程。有了图就能进行状态分析和动态分析,状态分析是静的、死的、间断的,而动态分析是活的、连续的。有时一个图画出来,解题的思路也就出来了。

上课要认真听讲。不要自以为是,要虚心向老师学习,不要认为老师讲得简单而放弃听课。如果真出现这种情况可以当成是复习、巩固,尽量与老师的教学进度保持一致。入门以后,有了一定的基础,则允许自己有一定的学习空间,可以学一些自己想学的东西。学得越有兴致,自己想学的东西就越多。

要用一个笔记本把知识结构、好的解题方法、好的例题、听不太懂的地方等都记下来。课后还要整理笔记,一方面是为了"消化好",另一方面也是对课堂笔记做补充。笔记本不只是记上课老师讲的,还要做一些读书摘记,自己在作业中发现的好题、难题,也要记在笔记本上。这些事情要长期坚持做,每个学期对笔记内容进行一次回顾整理,要保存好自己的这份"劳动成果",高三复习时,它们有很大的用处。

学习资料要选择好,做好分类工作,还要做好记号。学习资料的分类包括练习、试卷、实验报告等。好题、有价值的题、易错的题分别做不同的记号，以备今后阅读，做记号可以节省不少时间。

要掌握好学习物理的时间。高中生的时间是非常宝贵的，课堂之外，你用什么时间来学习物理，一定要摸索出一个最佳方案。我个人在这方面是有教训的。读高中时，我把路上的时间交给语文和政治，把上学时课堂外的时间交给了数学，物理和化学只用课堂上的那一点时间。结果高考时我的前三科考得都不错，后两科都不行。投入和收获一般来讲是成正比的。

你最好是找几个人成立一个物理小组。不要很正规地依靠老师和班委会成立这样的小组。平时学习时，几个人在一起探讨多了，就自然成了一个物理小组，发现好的解题思路大家共同分享，考试过后大家在一起分析得失，找准原因，确定下一步的努力方向。这样做，既可以提高兴趣，又可以解决具体问题。

老师们说的这些学习物理的方法，都是一般通用的方法。适合你的方法，只能由你在学习的过程中自己摸索出来，这是谁也代替不了的。这一点你必须充分地重视。

化学是一门很难也很容易的课程

学习高中化学，最重要的是五个字：读、理、记、练、做。每周都要做一些综合性练习，把前面的知识串起来，温故而知新。学习化学不做实验是不可能学好的。

不怕你笑话，在我看来，化学是一门很难的课程。我读高中时，学校缺少能胜任高中教学的化学老师。刚刚从初中转过来的一位化学老师在教室里就是念教材。直到我们参加高考，老师还没把教材给我们念完。老师除教材上的例题外，其他习题不敢讲，怕出错。学生不懂的不敢问，怕出老师的洋相。实验全部是老师用嘴"做"给学生听。高考时，我的化学成绩在全校两个班排在第26名，成绩37.5分。好笑吧？要不是其他几科帮我"使劲"，我读师范都成问题，今天也就没有资格做校长了。

写到这里，我拿出我们学校70个教学班5416名学生2006年春季学年考试成绩册翻看，我发现，每个班的化学成绩都有满分或接近满分的学生，80分以上的学生人数接近50%。高一（1）班满分110分有2人，108~109分有9人。高一（2）班110分6人，108~109分18人。在这些学生看来，化学就没有我这个校长做学生时那么难了。

我与化学教研组的几个老师在一起讨论如何学好高中化学，他们认为学习高中化学，最重要的是五个字：读、理、记、练、做。

"读"就是要读懂课本。课本上的内容，老师讲课前要读一遍，课堂上顺着老师的思路再读一遍，课后至少还要读三遍。要认真细致地读，逐字逐句地读，掌握每一个化学概念的含义和实质。要边读边思考。尤其是后边的几次阅读，要结合老师的讲课内容和实验内容，联系几次作业的做题过程，联系自己身边的一些实际知识和你已经了解的一些化学知识，你才能百读而不厌。要读出对课本内容的透彻理解，读出解题的速度和正确性。

"理"就是要注重及时对已知的化学知识进行归纳整理。化学应该说是高中阶段所有课程中比较"繁"和"乱"的一门课程。正是这两大特点造成了学习化学的"难"。因此，你每到一个时期，最好一学期两次，运用已学的知识，从"繁"中理出规律，从"乱"中理出条理。还要把理出来的东西用专门的笔记本写下来，便于后来的学习和整理。这样你的头脑中才有一个清晰的化学轮廓，才会把握每一个化学知识在整个化学体系中的地位和作用，才会在解题的过程中把这些知识调动起来，为你所用。

"记"就是要审视一些基本的概念和知识。死记硬背、理解记忆、归纳记忆、比较记忆、歌诀记忆等，都是你可以采取的一些记忆方法。哪一种适合于你，你就用哪一种，只要记得住就行。

"练"就是适当地做一些练习。化学练习同其他学科一样，是消化巩固知识的重要途径。刚学的新知识一定要通过练习来复习它、巩固它。否则，很容易忘记。每周都要做一些综合性练习，把前面的知识串起来，温故而知新。通过练习，把已经学过的知识不断在头脑中反复再现，这样才不至于学了前面的，忘了后面的。

"做"就是做实验。学习化学不做实验是不可能学好的。要尽量在学校和家里做一些可能做到的化学实验，在实验中观察一些化学变化，对照课本上的知识，在头脑里加深对一些理论知识的理解。还可以做一些化学结构模型，找一些实物照片观察。这些都有助于你把抽象的化学内容形象化、具体化，增强你对化学的兴趣，巩固你的化学知识。

关于化学课的学习，我就谈这些，供你参考。

第一次考试与高考选科

> 这次考试对你来说非常重要，是你是否顺利地完成了从一个初中生到一个高中生的转换的第一次检验。考试结果出来后，你最需要做的，是针对各科试卷的错题找出自己在哪些知识方面存在不足。面对高中第一次考试成绩，你没有什么好忧喜的，重要的是调整心态，调整学习方法，天天努力，永不放弃。

这一周学校要进行期中考试了，这是你进入高中以来的第一次考试。这次考试对你来说非常重要，考试成绩是你的一个比较重要的参考数据。你是否顺利地完成从一个初中生到一个高中生的转换与过渡，这次考试就是第一次检验。

高中的学习方法与初中的学习方法是有很大差别的。初中基本上以老师灌输为主，高中更强调培养学生自觉的学习习惯和适应自己的学习方法。尤其是像我们这样的重点中学，很重视把时间交给学生，让学生有一定的自由空间去扬长补短，各科齐头并进。我们学校的多数学生，学习悟性强，学习积极性高。刚进天门中学时，他们最大的不适应，就是认为老师布置的作业少，还有很多时间不知道该干什么。因为他们在初中习惯了被"填鸭"。

高中的学习环境与初中也有很大差别。这方面体现最突出的是同学环境。

过去你可能一直是全班、全校的佼佼者，一直受到老师、同学的赞扬。而现在你可能是一个成绩很一般的学生，你的心理压力可能非常大。因为重点中学是各路英才云集，各个初中学校的前几名到了这里，但我们学校的第 1 名只有 1 个，前 10 名只有 10 个。与过去相比，你在这里可能是无名小卒。

高中时期，你的生理和心理特点也与初中时期不一样。你从一个少年变成了青年，你的身体发育显示出成人的特征。你的心理活动更为复杂。你对社会、对人生、对周边事物的观察判断能力提高了。你的青春叛逆性格，也大多表现在这段时间。这些都将成为对你的学习成绩造成正面或负面影响不可回避的因素。

因为上面这些原因，你一定要有一个良好的心理准备，对于这一次期中考试，你要正确对待它。首先是不要怕。学到什么程度，自然会考到什么程度，只要把自己的真实水平发挥出来就行了。其次是要搞好复习。半个学期的课程量不是很大，你要把所有考试科目都认真复习一遍。应该说，这是你用成绩第一次在老师和同学面前亮相。因此，做好充分的准备，把自身的实力完全展现出来是很有必要的。

考试结果出来后，无论好坏，你没有必要欣喜若狂，也没有必要伤心流泪。伤心是最没有用的。你这时候最需要做的，是针对各科试卷的错题，找出自己在哪些知识方面存在不足，这些不足产生的原因是学习方法上的，还是时间安排上的，或者是自己对哪一科重视不够。分析了问题，找准了原因，就要定出下一步努力的方向。这一点比伤心和欣喜都重要。

你还要十分清醒地认识到，高中的第一次考试，仅仅是第一次考试，以后的考试还多着呢！有的人考一次进步一次，有的人考一次退步一次，也有的人在多次考试中忽高忽低。无论是哪一种情况，只要你对学习没有懈怠，你尽力了，刻苦了，你就问心无愧，你就无悔于高中三年的青春岁月。这里我告诉你一个真实的故事：1994 年有一位名叫王卓的同学，进入天门中学时，成绩排在600 名之后。三年高中读下来，1997 年他以全校总分第 3 名的成绩考进北京大学。也有一些同学，中考是以不错的成绩进入高中的，但三年下来高考成绩很不理想。因此，面对高中第一次考试成绩，你没有什么好忧喜的，重要的是调整心态，调整学习方法，天天努力，永不放弃。

你不如从这一次考试开始，把你高中三年的每一次考试成绩都保存好，不仅保存你的，也要保存全班的，并且经常把每次成绩与自己、与同学进行对比分析，这对你不无好处。

你高中阶段的第一个里程碑，已经刻上了你在 10 个周的辛劳和收获。这份收获你满意也好，不满意也好，就先放在一边吧，第二个里程碑在前面等着你呢！

这次考试之后，你还有一件很重要的事情要考虑，就是高考选科。

按照新的高考政策规定，语文、数学、外语、历史、地理、化学、生物、思想政治、物理这九科，你都需要学习和考试。前七科必须在高一年级完成必修学分，参加学分考试并合格；后两科在高二上学期完成必修学分，参加学分考试并合格。

高考科目是 3+X，准确地说，是 3+1+X。3 是指语文、数学、英语（或日语、俄语、德语、法语、西班牙语等）三科，这是高考必考科目；1 是指从物理或历史两科中任选一科，作为你的高考选考科目；X 是指从化学、生物、思想政治、地理四科中任选两科，作为你的高考选考科目。

必考科目自不必说，你必须要认真学好。选考的三科，你也要充分重视。

这次考试之后，你就要开始有意识地做好选考科目的准备工作。我建议你根据自己的人生职业目标，结合学习过程中在各门学科上的长处和短处，合理地选择将来参加高考的科目。如果你的抽象思维能力强一些，就可以选择偏重理科的科目；如果你的形象思维能力强一些，就可以选择偏重文科的科目。这个没有什么好或不好，适应你的就是好的，你喜欢的就是好的。

第一次考试结束了，丢开一切羁绊，和你的老师、同学一道，向着你的梦想，启程吧！

给爸爸妈妈写一封信

　　我觉得，最能体现和表达人们内心情感的东西，还是最传统的书信。写信的时候，你会梳理爸爸妈妈养育你的点点滴滴，你会更加珍惜目前的学习生活时光。高中生在学校是否在正直做人、认真学习，也成为爸爸妈妈时刻的牵挂。写信最容易调动你的情感，是一种和爸爸妈妈交流的方式，也是最好的检讨自己行为方式的一种形式。

　　你已经进入高中学习半个学期了，期中考试的成绩也出来了。这时候你应该给爸爸妈妈写一封信。

　　这个社会已经变得很浮躁，提笔写信的人越来越少了。电话、微信等成为人们在社会生活中最普遍、最通常的交流方式。但我觉得，最能体现和表达人们内心情感的东西，还是最传统的手写书信。

　　有一年学校招实验班学生，我出的作文题就是《给父母亲写一封信》。巡视考场时，我发现有些同学写得很平淡，少数同学甚至就是在默写流行歌曲《一封家书》，但也有一些同学写的信让我非常感动。有一位同学是这样写的：

爸爸：

　　您好！今天我是第一次提笔给您写信，我现在在天门中学实验班招生考试的考场，如果这次考试成功，我就成为一名重点中学的高中生了。

在这之前，我一直在您和妈妈的精心呵护下成长，你们对我的付出我没有太多的体会。现在面对这个考题，我细细回想记事以来，你们在我身上所花的心血和寄予的期望。回想你们为了养育我而辛勤劳作的一幕一幕，我的鼻子都有点酸了。

爸爸，您现在在做什么呢？是不是已经找到木工活了？现在找活不容易，有时您一连好多天都没有活做。有时晚上看到您垂头丧气的样子，我都不敢和您说话。有时您带着满身木屑和一身臭汗回家，我们家里就充满笑声。

……

我想，今天的中学生像这个学生一样，没有给爸爸妈妈写过信的应该不少。无论写过或没写过，这时候你应该给爸爸妈妈写一封信。

这时候写信的最大作用，就是把自己进入高中以来的学习、生活情况和思想情况告诉爸爸妈妈。让他们了解你的这些情况。如果遇到了什么困难，也要告诉爸爸妈妈，让他们一起帮你想办法。

写信的时候，你会梳理爸爸妈妈养育你的点点滴滴，你会更加珍惜目前的学习时光。现在对农村多数家庭和一部分城市家庭来讲，家长负担一个高中生不是一件容易的事情。学费、生活费对一个普通家庭来说，是一笔不小的开支。高中生在学校是否正直做人、认真学习，也成为爸爸妈妈时刻的牵挂。因此，你应该把自己在学校里的情况写信告诉爸爸妈妈。一来感谢爸爸妈妈十多年来对你的养育之恩，二来让爸爸妈妈放心。

也只有在写信的时候，你才会认真地回想你高中几个月来，甚至往前更多的时间，你对待学习和生活的态度。你是否像爸爸妈妈期望的那样，在学校做一个勤学好问的学生，是否没有浪费每一天的大好时光，是否按照老师的安排，出色地完成了每一天的功课，是否按一个高中生的行为规范在做人做事，这些问题都应该在信中告诉你的爸爸妈妈。

有一次学校统一组织主题班会，要求学生在班里朗读写给爸爸妈妈的一封信，有一位同学朗读的内容是这样的：

> 妈妈，这次考试成绩出来了，我考得又不理想，离您的要求差得很远。我要告诉您，其实我在学校是非常用功的。

读到这里，这位同学的声音开始哽咽，下面听的同学也开始擦眼泪。我那天也在那个班里参加他们的班会，我的眼泪也在眼眶里打转。

> 我怎么会不用功呢？每个星期回到家，您都放下一切农活，做我喜欢吃的饭菜，不让我为家里干一点活。每次从家里出发回学校时，我的手里总是提满您为我准备的大小包裹，脑子里装满您和爸爸的叮咛。一次一次，您把我送出村头，当公共汽车开出很远，我回头望您时，您还站在那里，直到汽车消失在您的视线里。您在那里站了多久，我不知道。我想，如果您的视线能拐弯，能穿透景物，您会一直在那里站着，看着我走进教室的。在这样的期待里，您说我能不好好学习吗？

这时，台上讲的同学泣不成声了，台下的同学也开始抽泣。其实，这位同学的成绩还是不错的。她想到爸爸妈妈对自己的期望，自己给自己提出了很高的要求。现在，这位同学已经上了一所很好的重点大学。

写信最容易调动你的情感，是一种和爸爸妈妈交流的方式，也是最好的检讨自己行为方式的一种形式。有些对别人不能说的话，写信对爸爸妈妈说一说，不对的东西今后注意，值得骄傲的东西进一步发扬，成为心理负担的东西说出来后，也许就解脱了。

这时候给爸爸妈妈写一封信，这是对自己非常有意义的一件事情，你一定要做一做。

怎样才能学好生物呢?

"生物好学,只要在考前背一背就行了"的观点是错误的,到了考前才临时抱佛脚背一背的做法,绝对是行不通的。生物学的概念要记忆,更重要的是要理解。要理解一个概念的外延和内涵。学习生物特别要注意培养识别和绘制图表能力、实验能力,还要密切联系生活实际。

高中生物课是学习生命活动基本规律相关基础知识的一门课程。无论你高考时是否考这门课,你都应该对生物知识有一个基本的了解。如果你是理科考生,你就更应该重视这门课程,它是一门容易得分、也容易失分的课程。

生物在高考时的分值不高,与其他学科比较起来,有的同学可能会把生物当作"芝麻",因而轻视对生物的学习。还有的同学可能会认为:"生物好学,只要在考前背一背就行了。"这种观点,实际上是错误的,生物不是靠背能解决问题的。现在的高考,对能力的要求越来越高,没有对生物知识的深入理解,是不可能达到熟练应用的水平的。到了考前才临时抱佛脚背一背的做法,绝对是行不通的。

怎样才能学好生物呢?我其实回答不了这个问题,因为我没有教过生物。我综合了一些生物老师的观点,现录于此,供你参考。

学习生物与学习其他科目一样，要正确处理课前、课中、课后的关系，这样才能提高课堂学习效率。课前做好准备。预习新课，做好上课的知识准备。除看一遍书外，不妨先试做部分练习，带着问题听课。上课要会听讲。充分利用课本上的空白处和小卡片来做课堂笔记，做笔记可以简洁一点，在课后加以完善，腾出时间用来听讲。在听课中注意老师分析问题和解决问题的思路、途径，跟着老师的思维转，积极主动地回答问题，在课堂上要敢于提出自己不同的见解或问题。听得明白，下课做题就轻松，就能节约时间。课后要及时巩固，及时完成同步练习。

要认真对待练习与平时测试，深化所学知识。练习与平时测试的目的，主要有两个：一是复习巩固所学知识，二是暴露出自己的不足。做什么样的练习，做多少练习，应因人因时而异，但不应偏离这两个目的。照抄作业完全背离这两个目的。老师布置的练习，一定要认真而且及时地完成。在学有余力的情况下，再针对自己的薄弱环节，适当地增加相应部分的同步练习。老师布置的练习，一定要注意解题的规范性。自己增加的练习，在掌握规范的前提下，侧重于解题思路和结果，以节约时间。关于错题的处理，要认真分析原因。是审题不清、是对相关知识的理解不够，或者是相关知识根本就没有弄明白？若是后者，最好先带着问题回头看教材。若还不明白，再去请教老师和同学，直到弄明白为止。

学习生物，准确理解概念非常重要。有些同学在做与概念有关的选择题时，对各个选项常常感觉似是而非，无从下手。其原因就在于对基本概念理解不到位。生物学的概念要记忆，更重要的是要理解。要理解一个概念的外延和内涵。外延即适应范围、适应条件，比如遗传的基本定律，指的是有性生殖的减数分裂过程中细胞核中的基因传递规律，其适应范围即核基因在减数分裂中的传递规律。内涵即概念的本质，比如遗传的三个基本定律，基因的分离定律是指同源染色体上的等位基因的分离，基因的自由组合定律是指非同源染色体上的非等位基因的自由组合，基因的连锁互换定律是指同一条染色体上的基因连锁在一起，一起进入同一配子中，同源染色体的非姐妹染色单体上的等位基因发生互换。

理解生物学中的一些问题，要以两种思想做指导：一是结构与功能相适应的思想，二是生物与环境相适应的思想。在学习细胞结构相关知识时，要知道不同生物、不同部位的细胞的结构是有差异的，若能联系相关部位的功能，就比较容易理解相关的结构。例如，根据植物根细胞不能进行光合作用，就可推知有没有叶绿体。

学习生物特别要注意以下几种能力的培养：

一是重视识别和绘制图表能力的培养。图表具有直观、形象、简明生动、蕴含的信息量大等特点，是一种极好的学习生物的载体，它在教材中占有非常重要的地位。它不但是教材重点知识的一种特殊的表达形式，也是对教材中文字难以表述的内容的高度概括和直观形象的表达，同时也是一种极富生命力的知识传播手段，具有文字无法替代的特点。学习利用图表的形式描述生物知识、生理过程、生态学知识，也是近几年生物学高考中考查能力的一种重要题型。因此要加强这方面的训练。比如老师上课时整理的一些图表，除要做好笔记、理解其含义之外，还要尝试一下不看笔记自己再重画一次。

二是加强分析实验、设计实验能力和文字表达能力的培养。近几年的高考试题非常注重对实验能力的考查。所谓实验能力，实际上是一些科学研究的方法和技能，除在日常学习中去积累相关的科学实验方法，学会控制实验变量外，还要多动脑想，动手做和写。想怎么做是一回事，能否写出来是另一回事。

三是密切联系生活实际。要应用所学知识分析、解释生产和生活中一些现象。如许多热点问题：艾滋病、禽流感、泡菜、酿酒、大棚蔬菜、无籽西瓜等，这些问题无不隐藏着许多生物学知识。

学好政治课的方法

千万不要认为学政治只是文科生的事，如果你是理科生，你也回避不了政治。这个世界上，只要国家存在，政治就存在。遗忘是一种正常的生理现象，解决遗忘的办法，就是及时复习，趁热打铁，定时复习，巩固记忆，经过多次复习后，知识即可成为长久记忆。

高中生需要掌握一定的政治知识，你千万不要认为学政治是文科生的事，政治对于理科生来讲并非可有可无。如果你将来从事社会和经济方面的工作，你回避不了政治。如果你走入社会后从事纯自然科学方面的工作，也回避不了政治。这个世界上，只要国家存在，政治就存在。因此，了解和掌握一定的政治知识，对于你将来在社会上立足，是大有益处的。

我读高中时，把政治课当作一种"调料"，甚至当作一门"休闲"课。当然这种观点和做法都不一定正确，可能只适合于我，你不一定要像我这样做。不过，我当时确实是学别的东西学累了就把政治课本拿出来看一看，利用零碎的时间背政治教材上的一些基本概念，平时也喜欢探究一些政治现象的前因后果。这样做的结果是，我没有花多少工夫学政治，但高考时我的政治得了高分。

假如你像我这样对待政治课，你可能就对这门课比较有兴趣，学起来就比较轻松自如。否则，你就有可能觉得政治比较枯燥无味。你也许还会认为，学政治什么用处也没有，要不是为了高考，你一辈子都不会去学它。

其实，有兴趣也好，没兴趣也罢，你必须面对它，必须认真对待它。不然的话，你就实现不了上一个好大学的梦想。

学政治不存在听不懂的问题，关键是把老师讲的、课本上学的东西记住。下面向你介绍几个记忆政治课内容的方法。

1. 要做到及时复习和定时复习。遗忘是一种正常的生理现象，解决遗忘的办法就是及时复习，趁热打铁，定时复习，巩固记忆，经过多次复习后，知识即可成为长久记忆。

2. 多思多用，熟能生巧。常说常用，随时随地运用我们所学知识说明日常生活中遇到的各种问题。改变学习方式可以使学习更有效率，而且语言要规范，运用政治术语要准确。

3. 正确区分相近或相似的知识点。首先，要仔细比较这些知识点的异同，在理解的基础上把它们放在一起掌握。其次，要找出区分的关键词，整理出比较表，使异同的内容一目了然。

4. 弄清知识之间的内在联系。有的同学常有这样的问题：对老师上的每一节课都能听懂，但总觉得知识非常零碎，记不住。怎样才能解决这一问题？高中政治所学的知识是科学理论的常识性知识，科学理论是有内在联系的。知识间的联系从不同的角度来划分是多种多样的。比如从联系的程度来看有显性联系，相关知识之间的联系很明显就能表现出来，很容易就能表达清楚。如市场经济与国家宏观调控、税收等。有些知识之间的内在联系则需要我们透过现象，去抽象和提炼，或者搭建桥梁，借助其他知识去寻找它们的联系。如三大产业之间的关系，调整经济结构与价值规律和市场的作用之间的关系等。从联系的空间角度看，可分为横向联系和纵向联系。横向联系是指平行知识间的联系，纵向联系则是从深度上挖掘知识的内在联系。知识间的联系是非常复杂的，要比较熟练科学地掌握知识之间的联系，这样才能把这门课学好。

5. 理论联系实际是政治课的教学原则和重要的学习方法。要用所学的理论解决日常生活中发现的问题。我们可以随时随地去发现和积累一些感性材料，自觉用所学知识多角度地分析问题，在分析的基础上，可以对同一类社会问题进行概括和归纳，找出解决这类问题一般使用的理论知识和它们之间的联系，如整顿规范市场经济秩序、保护生态环境、科技创新活动与成果等。

用线和点串起来的方法学习历史课

各个不同时期的历史人物和历史事件，如同历史长河里的一朵朵浪花。学习历史最需要注意的一个问题，就是要树立正确的世界观，说具体一点就是唯物史观。学懂了历史，掌握了历史发展的基本规律，我们就知道自己肩上的历史责任，我们就能胸怀大志，我们读书就有了更强大的动力。

初中的时候你已经学过历史了。你细心地回想一下就会发现，历史是很好学的一门课。各个不同时期的历史人物和历史事件，如同历史长河里的一朵朵浪花。我们把这些浪花比喻为"点"。从古到今，把这些浪花连接起来的是时间。时间里流淌着的社会进步和人类发展的一些内部规律性的东西就是"线"。这些"线"串起来，就成了历史。中国历史是这样，世界历史也是这样。

这个比喻是不是贴切姑且不论。但用这种方法来学习历史，你一定可以收到事半功倍的效果。

比如你要掌握中国古代社会朝代的更替，这是一根"线"。你只要把这根"线"提起来，就会出现不同的"点"。这些"点"就是一个个历史事件。朝代更替的历史事件，基本上与农民的反抗斗争是联系在一起的。这样，一根"线"就串出了历史发展的一个侧面。你就对这个历史侧面有了一个完整的、全面的认识，并且对这个侧面发生的历史人物和历史事件就有了比较透彻的了解。这样的学习方法，也容易让我们记住学习过的一些历史知识，不至于边学边忘，甚至忘得比记得还快。

学习历史最需要注意的一个问题，就是要树立正确的世界观，说具体一点就是唯物史观。有西方学者说，历史是任当代政治家打扮的一个"小姑娘"。这里就抹杀了历史的国家性、人民性和阶级性。日本侵华期间给中国人民带来了那么大的灾难，当代日本的右翼势力却极力掩饰这段历史。日本前首相小泉连续6年参拜供奉有日本甲级战犯牌位的靖国神社。可见不同的人，对这段历史的看法是截然不同的。作为一名中学生，我们要从国家和民族的利益出发，站在人类社会文明和进步的立场上，来学习历史，认识历史。

学懂了历史，掌握了历史发展的基本规律，我们就知道自己肩上的历史责任，我们就能胸怀大志，像周恩来总理一样，"为中华之崛起而读书"。这样，我们读书就有了更强大的动力。

因此，如果你真正学好了历史，你不仅掌握了一门学科的知识，而且还增加了学习的内动力，对你树立正确的人生观，也有很大的积极作用。

学好高中地理的三个法宝

地理是研究人类与地理环境关系的科学。地理学科的实用性很强，它引导我们把身边的世界看得更清楚。我们只要联系实际学习，就会感觉到地理非常实用且趣味横生。或理或文的两种学习方法，用好地图这个重要的学习工具，把相关知识联系起来学习，这可以说是学好高中地理的三个法宝。

准备选修文科课程的高中生，最难学的就是地理了，一些同学最怕的也是这门课程。地理可以说是文科里的理科课程。高考时，地理放在文科类，但大学地理专业一般只招理科考生。

这奇怪不奇怪呢？不奇怪。地理是中学生一门重要的基础课，它兼有自然科学和社会科学的性质。学习这门课的方法，也因其性质的原因比较特别，既不同于物理、化学、生物等理科课程，又与政治、历史等文科课程有很大的区别。这种因素必然给文科生的学习带来一定的难度。

说地理难学，其实是相对的。你越怕它，它就越难学。你不怕它，天天看它，想它，甚至对它产生了浓厚的兴趣，它在你面前就自然变得简单起来。

地理是研究人类与地理环境关系的科学。人生活在环境里，人类离不开环境。地理学科引导我们去认识环境，教我们怎样去适应环境，改造环境，使人类与环境协调发展。因而地理是我们学习生存的科学，是我们生活的工具，是每一个公民必备的素质。

地理学科的实用性很强，它引导我们把身边的世界看得更清楚。宇宙的奥妙、海陆的变迁、气候的异常、资源的开发、工业的合理布局、农业的因地制宜、人口的合理增长、环境的有效保护等，都是地理学科研究的内容。航空航天、南极探险、边贸洽谈、中东战乱、三峡工程、经济发展、"五一"旅游、拉闸限电……无一不与地理有关。我们只要联系实际学习，就会感觉到地理非常实用且趣味横生，就能培养起对地理的兴趣，就一定能够轻松地学好地理。

高中地理中的自然地理，包括宇宙、大气、海洋、陆地等，主要属于理科内容。特别是其中的地理运动及时间计算、太阳高度角、各种日照图以及气候、洋流、各种等值线图等内容，具有鲜明的理科特点，需要较多的逻辑思维。学习时，应该采用偏重理科的学习方法，强调理解重于记忆，以会用为目的，侧重于对地理原理、地理规律的理解运用，联系实际分析解决问题。平时还应多做练习，重视解题思路，特别要多画图，以加深理解和巩固所学知识。

高中地理中的人文地理，主要属于文科内容，适合采用偏重文科的学习方法，在理解的基础上加强记忆非常重要。学习时要多看书，熟悉和掌握知识要点。要会看书，把握教材的脉络和主要思想、观点。还要多思多想，善于总结，形成自己的看法。学习人文地理侧重于观点、方法的运用，结合实际评价与反思。

学习地理离不开地图。要会看图，会画图，会记图，"看、画、记"这三者做到了，地理也就学得差不多了。识图、用图是地理学科最重要的基本技能。高中地理教材中有着丰富多彩的各种类型的插图，与文字配合，使教材内容的呈现更加直观、形象、生动。学习时，不论是自然地理还是人文地理，只有重视图的学习和运用，采用图文结合的方法，才能更好地认识、理解和掌握各种地理事物和现象、地理规律和原理，使地理易懂易学，好记好用。

学习地理还要注意把知识联系起来，注意融会贯通。我们知道，高中地理是建立在初中区域地理基础之上的。初中地理区域的位置、地形、气候、河流、资源等地理要素，往往是高中自然地理和人文地理的基础。因此，具备必要的初中地理知识，是学好高中地理的保障。但是，由于种种原因，一些同学的初中地理知识已经淡忘，影响到高中地理的学习，因而有必要在高中地理的学习过程中，适当复习一些初中地理知识。

　　或理或文的两种学习方法，用好地图这个重要的学习工具，把相关知识联系起来学习，这可以说是学好高中地理的三个法宝。掌握了三个法宝，你学习地理就应该不会那么难了。

这些课程会使你成为一个有情趣有修养的人

> 一个懂一点音乐和美术的人，他的人生情趣，乃至个人修养，定会受到音乐的正面影响。体育成绩比文理科成绩更难取得，那种文化成绩上不去了才改学体育的观点是不正确的。从现在起，从学校回到家里，必须学会做家务活。做家务活不会影响学习成绩，相反，会提高学习成绩。

音乐、美术、体育、信息技术、通用技术和劳动课，是高考时不考的课程。一部分学生和家长，包括有的高中学校，可能会觉得这些课程上不上无所谓。我的观点正好相反。你必须珍惜这些课程在高中阶段本来就不多的课时，认真上好。因为这些课程会使你成为一个有情趣有修养的人。

在我看来，这些课程对人生的影响是很大的。一个懂一点音乐和美术的人，他的人生情趣，乃至个人修养，一定会受到音乐和美术的正面影响。有时工作累了，听一会儿音乐，欣赏一会儿美术作品，会觉得无比轻松。有时遇到高兴或苦闷的事情，音乐和美术也许是较好地释放情感的方式。

高中生学音乐和美术，多数不是把音乐和美术当成今后养家糊口的本领，但了解一些音乐和美术的基本知识，对你今后的工作和生活是有必要的，对你现在学习其他功课，也有一定的帮助。你在高中阶段的学习生活应该说是很紧张的，用音乐和美术来调节一下紧张的生活，应该说是多数同学的首选。

　　当然，也有同学可能会把音乐和美术作为自己将来的事业，这也是不错的选择。如果你真的做出了这样的选择，你就不能用我上面所说的态度来上音乐课和美术课了。你必须拿出自己的学习计划，对音乐和美术知识不是停留于一般了解，而是用专业的目标来要求自己。你仅仅在高中课堂上上几节音乐课和美术课是远远不够的，你还必须在课外上专业的音乐课和美术课。

　　体育课也是这样。现在的高中生，比你们父辈读高中的时候生活条件好了，体质却下降了。走进教室，50% 的学生都戴着眼镜。1500 米长跑测试，一般会有 40% 的学生坚持不下来。从小学到高中，许多学校都是严重"超员"，学生没有场地上体育课。有的学校和家长也对此不怎么重视。这样下去的结果，对学生的健康影响是很大的。

　　进入高中，有的家长要求学生把一切时间都用在功课上面，包括体育课和课余体育锻炼时间。这样做的结果，往往是事与愿违。

　　高中的体育课已经开得够少了。体育课你最好不要做其他课程的练习。课余时间也可以安排一定的时间来锻炼一下身体。比如早晚跑步，就是不错的也是很方便的锻炼方式。你也可以在课外活动时间打球，或者在校园内散散步。这些活动只要不过多地占用时间，对你提高学习成绩是大有裨益的。今年我们学校有一位叫吴晓明的毕业生，平时就喜欢体育运动，学习成绩在高三年级的时候，考一次进步一次，最后被上海交通大学录取。

　　如果你准备高中毕业后报考大学的体育专业，那你就不是一周上几节体育课的问题了。你必须在老师的指导下，进行专业的体育训练。这是件很艰苦的磨炼人意志力的苦活儿，你要有心理准备。体育成绩比文理科文化成绩更难取得，那种文化成绩上不去了才改学体育的观点是不正确的。

　　信息技术和通用技术课，你要按老师的要求完成功课。虽然高中阶段这两门课属于"扫盲"性质，但是，这是两门工具性的课程，你学习好了，现在和将来对你的学习和生活都是很有益处的。信息技术对你运用现代技术手段，学习和掌握其他知识很有帮助。通用技术可以让你掌握日常生活中，需要动手制作物件的一些基本技能。因此，这两门课你也要好好学习。

劳动课对于有些从小就爱劳动，喜欢帮助爸爸妈妈或爷爷奶奶、外公外婆做家务的同学来说，是很简单的一门课程。对于一些农村同学来说，如果你平时休假时，本来就与父母一起下地干活，学校的这点劳动课就不值一提了。如果你生长在一个父母从来不让你参加劳动的家庭，不做一点家务活，那你真要好好上学校的劳动课。不仅要上好劳动课，还要从现在起，从学校回到家里，必须学会做家务活。做家务活不会影响学习成绩，相反，会提高学习成绩。现在有些家庭，不管家里经济条件好坏，都喜欢富养孩子，什么劳动都不让孩子干，只要孩子学习成绩好就行了，把孩子当少爷、公主，我是不赞成的。我见过的一些学生的成长事例，这样做的家庭，孩子成人成才的结果，往往与家长的期望值相反。所以，请你一定不要忽视劳动课。

　　上面给你讲的这些课程都是有学分的，你必须完成规定的学分，才能获得高中毕业证书。

读书也是一种责任

一个时代读书人的有为无为，关系着民族的兴衰成败。明白了读书是一种责任，才能把它肩负起来，用心读书。如果一个学生连读书的责任都不愿肩负，那他走向社会后肩负更大的责任就无从谈起。读书的责任是人生肩负的第一份责任。

家长教育子女是一种责任，学校培养学生是一种责任，学生读书也是一种责任。

学生读书不是简单的个人行为，而是复杂的社会行为。一个家庭里，学生读书的好坏，牵动着全家人的喜怒哀乐，一个时代里，读书人的有为无为，关系着民族的兴衰成败。

明白了读书是一种责任，才能把它肩负起来，用心读书。学生读书不是看休闲书，不能完全凭兴趣。学生读书是一件苦差事，但再苦也得做下去。

读书既然是责任，就不是可做可不做的事，不是做好做坏一个样的事。社会不能要求全体学生在学业上都达到同一个水准，但学校可以通过教育让每一个学生发挥出自己最大的潜能。

读书的责任不是靠玩手机、看电视、听流行音乐肩负得起的，它靠的是正确的人生信念、优秀的道德品质、坚强的个人意志和良好的行为习惯。

如果一个学生连读书的责任都不愿肩负，那他走向社会后肩负更大的责任就无从谈起。树看老，人看小。树成长的年轮铭刻着岁月的风雨，人年轻时的行为将影响一生的历程。

读书的责任是人生肩负的第一份责任，每一个学生都不可以轻视。

第二次考试与高考选科

分数不是考出来的，是你平时学出来的。考试最大的忌讳就是弄虚作假。考试分数都不重要，重要的是平时形成良好的刻苦学习的习惯、正确的学习态度和方法。没有哪一科可以轻轻松松获得好的学习成绩，每一科都必须付出时间和汗水，才会有令人满意的收获。

到了期末考试时间了，这是你高中三年的第一次期末考试。

你要以非常平常的心态来对待这次考试。平时是什么成绩，这次就考出什么水平。不要死死地盯着考试的分数结果，分数不是考出来的，是你平时学出来的。

期末考试其实是很普通的一次考试。这种考试最大的忌讳就是弄虚作假，欺骗老师和同学，欺骗自己和家长。在我看来，你谁也欺骗不了，你欺骗的仅仅是你自己而已。

期末考试毕竟不是高考，学校老师监考有的不那么严，这给少数学生传纸条、发短信以可乘之机。我曾经要学校教务处工作人员提一个水桶到考场，把考试时发短信的手机一个个放入装了水的桶里，以警告学生不要再犯。这种做法虽然极端了一点，但用心是良苦的。新加坡一所中学的副校长在我们学校演讲时，讲过他们学校教育一个上网成瘾的学生的例子。那个学生的家长为了不让小孩沉迷网络，把小孩的笔记本电脑拿到学校，要他当着同学和老师的面，把电脑砸坏。可见国内外都有这样难管的学生。

有些家长找到我说："校长，我的孩子考试成绩忽高忽低，你看应该采取什么办法？"我回答说："如果高分和低分相差在50分以内，那应该是正常现象；如果高分和低分相差离谱，那就只有你的孩子说'实话'，才能知道原因，然后再想办法。"

在我看来，别说第一次期末考试，哪一次考试分数都不重要，包括高考。重要的是平时形成良好的刻苦学习的习惯、正确的学习态度和方法。有了这三点，你哪一次考试都应该有属于你的令人满意的一个分数。只要你尽了自己最大的努力，你的成绩不管在哪一个水准都应该受到充分肯定。

我从来没有为一次具体的考试分数批评和责怪自己的学生。每一个学生的成长环境和经历不同，生理、心理特点不同，学习方法不同，决定了他们的分数肯定不同。看见孩子考试分数不理想，就对孩子训斥，甚至打骂，平时又不关心孩子，对孩子的一些不良习惯听之任之，这是最失败的家长。遗憾的是，中国目前有太多这样的家长。所以，如果你碰到了这样的家长，也没有必要用不真实的分数去骗他们。你是一个高中生，你有了自己辨别是非的能力，不要以不正确的方式去迎合不正确的要求。

高中读了一学期，考试成绩也出来了，你应该对各科成绩做一下比较分析。你可能会发现，有些课程你投入了比较多的时间去学习，收获也比较多；还有一些课程，你所花的精力和所得的收获不成正比。出现这样的情况，你必须找出原因，并且在今后的学习中加以注意。第一学期是刚刚起步，如果剩下的高中两年多的时间你在这些课程上还是这样，那可不得了。这一点必须引起你的足够重视。

按照新高考政策规定，要到高一下学期结束后进行高考选科，不过有的学校高一开学就选科了。我们学校采取的是折中办法，这个学期结束时选科。

期中考试结束后，我给你谈过一次选科的建议，谈得比较抽象，今天谈具体一点。

你可以把你期中考试和期末考试的成绩拿出来分析一下，在选科时扬长避短，选择你自己喜欢学的，考试成绩也好一些的科目。当然，这样的定性是相对而言的，不是绝对的。这个完全靠你自己把握。

你要把选科与你将来的职业放在一起来考虑。如果你将来想从事基础自然科学、航空航天、工程技术、医学、农学等方面的工作，你在历史和物理这两科中，一定要选物理。在思想政治、地理、化学、生物这四科中，最好选择化学和生物。如果你将来想从事文化、教育、艺术、管理等方面的工作，你在历史和物理这两科中，最好选择历史。在思想政治、地理、化学、生物这四科中，可以选择你期中和期末考试成绩相对较好的两门学科。

很多人在选科时，考虑最多的是选哪几科，才能取得最优异的高考成绩，考最知名的大学。这样选择不能说不对，但至少不全对。高校排名第 1 名与第 10 名、第 20 名没有本质的差别，第 100 名与第 180 名、第 190 名也是一样，有什么本质的差别呢？但是，你为了进某一所大学，选择了一个自己不喜欢的专业，将来还要从事自己不喜欢的工作，虚荣了一时，讨厌了一生。这应该说是一种失败的选择。

你要确定你这一生要为之奋斗的职业和事业目标，围绕这个目标来选科，克服一切困难，完成自己的学习任务，实现自己的人生目标和价值。这才是选科应该具备的正确的指导思想，并在这个思想的指导下选择你的具体学科。

你应该征求一下你的各科老师的意见，尤其是班主任的意见，听听他们的建议。你不要担心老师不理睬你。一般来说，老师最喜欢向他问问题的学生，这里有他事业上的成就感使然。当然，也有极少数老师，对学生不是那么负责任。若是遇到这样的老师，你就别问他了，问其他老师去。你今后还会与各种各样的人打交道，高中时期的这种"不期而遇"的极少数老师，权当是一种历练吧，不要影响到自己的学习心情。

你还可以征求一下爸爸妈妈、爷爷奶奶、外公外婆、哥哥姐姐们的意见，听听他们有什么好的建议。如果你有哥哥姐姐，那是很幸福的一件事情，他们与你年龄接近，也许提出的建议更能让你接受。

选科最后的决定，还是要由你自己做出。一旦决定了，你就要义无反顾，不要三心二意。不管前面遇到多大的学习上的困难，都要坚持下去。记住：没有哪一科可以轻轻松松获得好的学习成绩，每一科都必须付出时间和汗水，才会有令人满意的收获。

考完了，不管班主任对不对全班成绩进行排名，你都应该对你在班里的名次有一个了解，并定一个比较适当的目标，朝前努力。

如果你是一个有心人，把你们班上这次考试成绩保存下来，三年之后，你会发现，全班同学的高考成绩与第一次期末考试成绩相比，差别真是太大了！第一次考试在前 10 名的，高考还在前 10 名的，可能只有两三个人了。

因此，高中三年的关键不是第一次期末考试成绩，而是 1000 多个日日夜夜一分一秒的努力。

寻找一份属于自己的快乐

你可以为家里做一些力所能及的劳动。你只有亲自去做了，才知道劳动的艰辛，知道爸爸妈妈从地里找一点钱，从打工的地方赚一点钱，来让你读书，是多么不容易！你才会更加珍惜你上学后的学习时光。如果没有这种"傻快乐"，现在我就不可能养成在劳动和工作中找到一份快乐的良好习惯。你还可以利用这个寒假做一些社会实践活动。高中阶段是一个人一生比较特殊的时期，机不可失！

这应该是你高中阶段最轻松的一个寒假。在这个寒假里，学校一般不会安排补课。有些家长只要学生一放假，就喜欢找老师为自己的孩子补课。如果遇到了这样的家长，你也不要与家长对着来，要用充分的理由使家长明白，寒假的几天补课，不一定有助于你学习成绩的提高。你也可以把我的这次谈话内容给家长看一看，家长应该是相信校长的。

我建议，这个寒假，你除了天天早晨坚持背英语单词和课文外，其他的功课你可以暂时放一放，寻找一份属于自己的快乐，做一件自己想做的事。

我建议你寻找的快乐不是毫无节制地玩手机、上网，若玩手机或是上网成瘾，你开学后是戒不下来的；也不是天天在家里睡懒觉，更不是与一些狐朋狗友闲逛喝酒，甚至打架闹事。如果你把这些东西视为快乐的话，那么你这一辈子就很难有出息。

你可以为家里做一些力所能及的劳动。如果你是农村孩子，你应该知道，爸爸妈妈供你读高中是非常不容易的。这时候，你的年龄已经不小了，好多像你这样大的孩子已经成了家里的劳动力，你完全有能力帮爸爸妈妈下地劳动。冬季的农活不是很多，但这个季节冷，农活难做，你应该尽可能地顶替爸爸妈妈做一些。你只有亲自去做了，才知道劳动的艰辛，才知道爸爸妈妈从地里找一点钱，从打工的地方赚一点钱，来让你读书，是多么不容易！你才会更加珍惜你上学后的学习时光。如果你是城里的孩子，你可以把家里买菜做饭、洗衣拖地的活都揽下来，让爸爸妈妈下班回来，享受一下儿女的那份孝心。如果你认为做这些事太累太浪费时间，你有没有想过，你的爸爸妈妈已经为你做了十五六年，并毫无怨言，你做一个寒假有什么过分的呢？

当然，你可能会说：校长，您不是要我们寻找属于自己的快乐吗？您要我做的上面这些事，我一点也不快乐。

这里我要告诉你，快乐与不快乐是相对的。我像你们这么大的时候，学校放假了，我除了做寒假作业，其他时间就是为家里干活。妈妈高兴地逢人便夸她的儿子懂事，我就快乐。每天到田野里找喂猪的野菜野草，有时找多了，扛都扛不动，走一会儿歇一会儿。回到家把野菜野草往猪槽里一扔，看到几头猪同时围上来抢食吃，我快乐。也许你会说，这是一种"傻快乐"。是的，这确实是种"傻快乐"。但是，如果没有这种"傻快乐"，现在我就不可能养成在劳动和工作中找到一份快乐的良好习惯，也就不会在工作之余还为你写这些谈话。校长职责的哪一条要求我这样做啊？没有。

你还可以利用这个寒假，做一些社会实践活动。比如到某个商店去做一个月的店员。春节前后商店生意好，聘用临时工的机会多，你不妨去工作几天，也许除了得到一些报酬外，还会有意想不到的收获。前几年，我有一个小表妹，觉得高中学习苦，压力大，下决心不读书了。假期她到一家酒店端了一个月盘子，才知道生活不易。她说："如果我不读书，要我端一辈子的盘子，还不如要我的命。"结果还是下决心读书，终于考上了一所重点大学外贸英语专业。她大学毕业后，先在深圳一家公司做了几年白领，现在自己开了一家医药器材公司。你也可以到养老院、孤儿院，去帮一帮那些需要帮助的人。你还可以去做一次房地产市场调查，看一看你所在城市房地产的走势，说不定对你和同学家里购房有一定的参考作用，同时也是对自己的一次很好的综合锻炼。

你也可以去打球，去学琴。这可能是不少同学的首选。打球锻炼身体，学琴陶冶情操，也是很不错的。

你当然更可以选择读书。不过，寒假里读的书不一定是功课方面的书。你不妨读一些世界名著，甚至读《史记》《资治通鉴》等经典。这些书你平时是没有时间碰它们的。我反对你读武侠和言情小说，更反对读少儿读的连环画。说来奇怪，我现在发现有的高中生还痴迷连环画，上课都有人看。高中生已经是成人了啊！我不是说这些书不好，而是说高中阶段是一个人一生比较特殊的时期，机不可失！如果你对这类书上瘾，学习成绩肯定会受到很大影响的。因此，你即使在寒假里，也不能读这类书，它太容易让你上瘾了。

你还可以去看看与你不在一起生活的爷爷奶奶，或者外公外婆。他们也是最关心你的人，你到他们家里，为他们做一点事情，也是应该的。如果家里的条件允许，你还可以陪爷爷奶奶或外公外婆到外面旅游。当然，你在这方面不应该向爸爸妈妈提过多的要求。即使家里的经济条件比较好，你也不应该乱花爸爸妈妈的钱。

总之，这个寒假你可以轻松一下，寻找一份属于自己的快乐。

SEMESTER

高一·下学期

寄 语

　　每天清晨背起书包走向学校的时候，你是否会想到，这种平淡而忙碌的生活，就是一种幸福？当我们用一种乐观的态度来对待生活时，它回报给我们的，不仅仅是我们付出之后所应有的收获，还有只有我们自己才能体会得到的那份甜美与自信。有了这样一种心境，你的高中生活就充满快乐。

走班上课，你准备好了吗？

> 我们提倡老师因材施教，学生也要因"才"而学。一些成绩好的学生往往都不是随大流学出来的，而是在学习上有自己鲜明的个性特征。目标不能定得太低，也不能太高。要跳一跳，够得着。选科和走班上课也并不是想象中的那样难。难的是落实，难的是坚持。能坚持到最后的就必定是胜利者。

这是你高中生活的第一个新年。开学后，老师和同学们都带着新年的喜庆来到学校，你应该向老师和同学祝福：新年好！

新的一年往往叫人产生新的遐想和新的希望，尤其是青年学生，这种遐想和希望应该比别的人群更多、更强烈。

为了不使新年的遐想成为空想，希望成为失望，这时候，你需要做的一件事，就是制订出自己新年的学习计划。你也许会说："我每天按照学校的作息时间表上课下课，按照老师的安排学习和做作业，还要个人计划做什么？"我告诉你，学校和老师的安排都是对大多数人做出的，一个学校几千名学生，一个班几十个同学，每一个同学的学习情况都是有差别的。我们提倡老师因材施教，学生也要因"才"而学。一些成绩好的学生往往都不是随大流学出来的，而是在学习上有自己鲜明的个性特征。

你制订的学习计划应该有如下内容:1.目标。就是在新的一年里你的学习成绩要达到一个什么样的具体目标,各科的分数要进入哪一个分数段。目标不能定得太低,也不能太高。要跳一跳,够得着。2.时间安排。要根据进入高中以来的学习状况,调整制订出有利于自己各科成绩齐头并进的一个学习时间安排表,并在今后的学习过程中自觉地执行。3.学习进度。学校对学习进度有一个安排,每个学生要结合自己的情况,确定各学科的进度。如果你认为老师讲课的进度比较慢,你完全可以通过自学把进度加快一点;如果你认为老师讲课的进度快了,那么你就要调整时间,在这一科上多下功夫,跟上老师讲课的进度。一般来讲,老师的教学进度是根据班里中等成绩的学生确定的,这个进度不可能照顾到每一个学生。

这个学期我们学校要开始高考选科的走班上课了。按照教育部的课程要求,应该是高一结束后,才开始选科,开始走班上课。但是,各个地方、各类学校的生源状况不同,高考升学的概率也不同,所以,每一所高中学校都会权衡利弊,采取最有利于学生取得更好的高考成绩的方式,来决定具体的选科和走班上课的时间。

一些县以下的高中,在高一第一学期就选科,就走班上课了。北京、上海、天津等城市的高中可以严格执行教育部的课程要求,在高二上学期开始选科走班上课。

选科和走班上课,我们学校既不是在高一上学期开始,也不是在高二上学期开始,而是两相权衡,选取其中,在高一下学期开始。这是根据我们所处的省份高考的竞争压力,还有我们学校的学生生源特点确定下来的。当然,这个也只能是适合大多数同学,具体到每一位同学,感受是不一样的。可能有的会觉得提前了,有的会觉得推后了。但是,我们学校一个年级一千多名学生,不可能满足每一个人的选科和走班上课的时间选择要求。你必须适应学校的统一安排,调整自己的学习状态和学习方法,跟上步伐,与同学们一起共同前进。

新年的计划很好制订,选科和走班上课也并不是想象中的那样难。难的是落实,难的是坚持。有的同学可能坚持一两天,一两周,有的同学可能坚持一两个月,能坚持到最后的就必定是胜利者。

你找到属于自己的学习方法了吗？

你一定不要在各门功课上平均使用时间。你不要认为某门课难学，就怕它，学习时就对它应付了事。这是万万做不得的事情。你应该采取的方法是越难就越要在这门功课上下功夫。

凡是学习成绩优异的高中生，他们都有属于自己的独特的学习方法。这种学习方法不是书上看的，也不是老师教的，而是自己在学习实践中摸索积累的。

诚然，老师也会教你一些学习方法，你也可以读一些成功人士介绍学习方法的文章。但别人讲的和你看的再多，都不如你做的。别人介绍的一些学习方法，是他自己的体会，对他适合，对你不一定适合。一种适合你自己的学习方法，不仅与你自己的各科成绩，与你形象思维和抽象思维的敏锐度，与你长期形成的学习和生活习惯有关，它还与你身处的环境有非常大的关系。比如，教你的老师的水平如何，同学之间在学习上互相帮助的程度如何，学校在各科课程上的时间安排，你是住校还是住家等，这些都是你调整学习方法不得不考虑的重要因素。还有你的心理承受能力、体质状况，也都在你考虑的范围之内。

我读高中时的学习环境，是那个时代特有的现象，学校师资力量非常弱。在这样的环境中学习，我确定了自己高中时期的学习方法，就是以自己学习为主，以听课和与老师、同学探讨问题为辅，整块时间以学习数理化三科课程为主，零星时间以学习语文和政治为主。对当时高考时计算总分的这5门功课的学习，我制订了比较周密的学习计划。正因为有了这种积极主动的学习态度和方法，我才在当时的环境下考出全校第一名的高考成绩。

现在的高中学习环境有了很大的改善。师资条件、教辅材料、教学设施等，都与我的高中时代不可同日而语。生活条件更不必说。在这样的条件下，你应该怎么学习呢？在前面的谈话中，我介绍了一些各门功课的学习方法，你不妨照那些方法尝试着做一做。如果有效果，你就一直这样做下去。如果没有效果，你就参考一下那些方法，找出适合你的方法来。

有些方法上的问题值得引起你的注意。

你一定不要在各门功课上平均使用时间。一个人对某一课程的接受和理解记忆能力不同，决定了他在这门课程上所花的时间不同，而学校在课程安排上是整齐划一的，学校不可能照顾到每一个学生的学习个性。如果这样，学校就不能组织教学了，但学生的学习个性特征是客观存在的。所以，你在学校安排的统一时间里，一定要根据你的个性特点，来安排好你的时间。在高中阶段，时间是非常宝贵的。

你一定不要把对老师的喜欢程度，转化成你在这个老师所教的功课上下功夫的程度。这对你是非常有害的。老师的学识、讲课风格、个人修养等，都是有一定差别的。学生对老师的喜欢程度也是有差别的。这一点我作为校长也不用讳言。不少学生对某个老师有好感，就在这门功课上很用功。这种现象在学校是比较普遍的。你一定要注意，你对老师看法上的差异不一定就是很客观、很准确的。前面我已经讲过，只有你去适应老师，老师不可能来适应你。当然，我并不是说老师的教学方法和水平就不应该改进和提高。多数学校，对老师在这方面都有很严格的要求和考评体系。所以，作为学生而言，你要尽量从主观上找原因和下功夫。如果你在这个问题上处理不好，造成的直接后果就是偏科。

你不要认为某门课难学，就怕它，学习时就对它应付了事。这是万万做不得的事情。高中阶段的每一门课，特别是高考时必考的科目，你都不能应付，而应该认真对待。否则，你应付了它，反过来，它就会应付你。到时吃亏的只能是你，而不是它。你应该采取的方法是越难就越要在这门功课上下功夫。难的东西你弄明白了，就能体会到其中的乐趣，更能享受到收获的喜悦。

你要努力培养自己对各门功课的学习兴趣。这一点很重要。高中学习不是做学问，而是打基础。基础讲究厚实，学问讲究渊博。这两者的要求是不同的，学习和研究的方法也自然就不同。高中的各门基础课，一是为你今后的学习和研究打下一个厚实的基础，二是它们是你进入大学的一道门槛。因此，无论你之前对哪一门或哪几门课没有兴趣，你现在必须培养对它的兴趣。只有对它产生足够的兴趣，你才会自觉地努力学习它。

远离那位偷走你分数的"美丽情人"

在高中阶段，影响学生健康成长的因素有不少，其中最大的因素就是玩手机，沉迷于网络世界。在手机的网络世界里，可以找到虚幻的一切"美好"，永远找不到优异的学习成绩，找不到现实生活的同学友谊和骨肉亲情。如果说手机已经成为你高中时期离不开的"美丽情人"，那么，请你从现在起，远离这个"美丽情人"，直到高考结束的那一天。

　　智能化手机和网络无疑是有充分积极意义的一种现代文明，它已经深入社会生活的各个领域。微信、抖音，各种各样的应用软件令我们应接不暇。

　　我在坐地铁时，经常专门留意同一车厢的人，无论男女老少，大多拿着一个手机在刷屏。我曾经拍了一组照片，记录地铁上的高中生，只有一名学生在坚持看书，其他学生都在看手机。有的人一天可以不吃一两顿饭，但不能一两分钟不看手机。

　　有一年湖北省的高考文科状元，是一名武汉的女生，父亲是某知名大学法学院教授。她在高考成绩公布后，接受记者采访时说，直到高考结束，她才有了第一部智能手机。仅就这一点而言，她就有了考省状元的基础。她没有让时间悄然流逝在手指与手机的滑动之间，而是用在高中的功课上。

玩手机对于高中生而言，消极意义是非常明显的。

高中生的主要精力应该用于学习。高中生玩手机用于学习的人很少，大多是在玩游戏、聊天、听音乐、刷短视频，或是寻求一些其他的"新奇"。其中不乏为逃避学习的压力，在网络中"逍遥自在"的人。

据统计，短视频已经超过手游，成为青少年沉迷其中的最大祸害。许许多多的初中生和高中生，因为沉迷短视频，学习成绩一落千丈。有的家长为了阻止学生玩短视频，把手机都摔了好几个。有的家庭甚至因此爆发家庭"战争"。网上不断有这方面的家庭悲剧新闻，有些发生在父母和孩子之间的事件，令人震惊。

在高中阶段，影响学生健康成长的因素有不少，其中最大的因素就是玩手机，沉迷于网络世界。现在的高中生，去网吧的学生少了，玩手机的学生多了。有的学生有几部手机，老师在课堂上收了一部，他马上会拿出另外一部继续玩。有的学校禁止带手机进校园，学生就采取各种各样的办法逃避检查。一些网络公司不断推出的各种新玩意，会让高中生痴迷。有的学校上午第一节课，在教室里睡觉的学生你摇都摇不醒。

一个高中生只要一天到晚离不开手机，他的成绩就会直线下降。我们学校有一个学生，是以优异成绩考进高中的。高二时开始迷恋手机，学校和家长想了很多办法，他都改不了。高考只考了420分，连第三批本科院校都上不了。

那年暑假，面对进校成绩远在他之后的同学们一个个走进重点大学，他突然一下子醒悟过来。他发现自己花费大量时间和金钱在网络上拓展的"生存空间"完全是虚幻的。同学们上大学后，他成了一只孤雁。有一天，他放下手机，回首"网事"，希望从中搜索出几个闪耀的光点来细细回味。但是，可怕的事情出现了，他竟然一无所获，他所付出的一切换来的是一片茫然。而与此同时，他眼前清晰地浮现的，是一幕幕同学们刻苦学习的画面，是老师一次次将他在课堂上叫醒的情景，是父亲一次次摔他手机时的摇头和无奈的神情……他甚至发现，高二、高三两年时间，他记不起校园内的花开花落，草青草枯。

猛然醒悟的他，下定决心，远离手机，奋战一年。

预支的"快乐"，带给他的是加倍的付出。一年后，还是在我们学校参加高考，他考出了 619 分的高分，被武汉大学录取。复读一年成绩增加近 200 分，不是我们学校创造了什么神话，是这位同学自己用远离手机的意志力战胜了自我。

当然，我并不是绝对地反对学生使用手机，节假日在家里用手机上网，查看一下学习资料，听听音乐，看看新闻，轻松轻松，也未尝不可。但是，我强烈反对学生一天到晚手机不离手，尤其反对玩网络游戏，沉迷短视频。

在手机的网络世界里，可以找到虚幻的一切"美好"，但永远找不到优异的学习成绩，找不到现实生活的同学友谊和骨肉亲情。如果说手机已经成为你高中时期离不开的"美丽情人"，那么，请你从现在起，远离这个"美丽情人"，直到高考结束的那一天。

三年的高中生活一晃而过，当三载光阴流过，物是人非，你是喜是乐、是悔是恨？从你走进高中的那一刻起，这一点就很重要——远离手机，把握今天。

只要你这样做了，迎接你的是每一个充满希望的早晨。

你有把书读厚的本领吗？

如何才能把书读厚呢？一要反复读，反复钻研，反复练习。二要博览群书，扩大阅读面。把书读厚是你学好高中课程的一种必然要求，你必须在学习中自觉养成这种习惯，逐步具备这个本领。

人们常用一桶水兑一杯水，来形容老师必须有渊博的知识才能教好学生。其实，对学生而言，又何尝不是这样呢？你学了 100 分的知识，你肯定很难考 100 分，你只有学了 150 分，甚至 200 分、300 分的知识，你才有比较大的把握考 100 分。

这就要求你在三年高中阶段一定要把书读"厚"。

何谓把书读厚？一是要对每一门功课都认真地钻研。教材上的内容，老师讲课的内容，都要充分地理解掌握，并能融会贯通。二是要通过自己独立的课外阅读和学习，扩大教学内容要求的知识面，加深对已学知识的深度把握和理解。

有人说，学多了记不住，反而把该掌握的东西忘了。学深了会把浅的东西忽视了，高考时会失分。这样的观点是错误的。人走路只要两只脚宽的路面就行，但如果路面真的只有两只脚距的宽度，两边是万丈悬崖，那谁也不敢上路。如果路面宽达 1 米，就会有人敢走了。如果达到 3 米，就可以放心地走了。如果达到 10 米，路两边即使是万丈深渊，一般的人都可以甩开膀子向前走。还有练跑步时，你在腿上绑一个沙袋，比赛时你跑起来就很轻松。

这就是宽度与深度对人的感觉的影响。学习不是一种感觉，而是对知识的掌握和积累。

如何才能把书读厚呢？一要反复读，反复钻研，反复练习。二要博览群书，扩大阅读面。我前面说过一个学生，她初中就读完了包括《资治通鉴》在内的一些古代经典名著，她的语文成绩想不好都难。理论物理学家、中国科学院院士黄祖洽先生小时候读书的故事，也许你也可以参考。初中毕业时，黄祖洽家里不幸发大火把家里的藏书烧了个精光。他无书可读，翻出了父亲曾经用过的《代数学》课本。这本教科书是老一辈数学家何鲁的著作，除了代数外，还有方程等，内容简练，不容易读懂。看第一遍时许多地方读不懂，他就用铅笔打上问号。回头看第二遍时，先前不懂的有些懂了。再看第三遍，边看边拿起笔来自己推导一番，兴致越来越浓。连续看了六遍，全书的内容基本都弄明白了。通过这样反复阅读，反复推导，打下了扎实的自学基础，上高中就轻松了许多。黄祖洽先生曾经感慨地说："我那时才 15 岁，读这本书，在自己演算、推导、证明的过程中，既培养了自学的兴趣，又锻炼了解决问题的能力，终身受益啊！"黄先生读高中时阅读面也很广。高一时读《史记》《庄子》，高二时读《通鉴纪事本末》，都是商务印书馆"万有文库"丛书里的。这种读深、读宽的本领，对他 1944 年考入西南联大，直至 1950 年从清华大学研究院毕业，都有很大的帮助。

把书读厚是你学好高中课程的一种必然要求，你必须在学习中自觉养成这种习惯，逐步具备这个本领。只有这样，你才会在高中三年的时间里如鱼得水。

集体活动中有你的身影吗？

一般来说，学校和班级组织的集体活动，都是高中教育教学活动中必不可少的一个重要内容。只有融入了这个集体，你才会感到自己是生活、学习在一个不错的大集体之中。多年的教育实践证明，兴趣爱好广泛的学生，品行和学习成绩同样优异。无论在哪一个集体中，你一定要有集体荣誉感。只有在集体活动中，你才会充分地感受到自己的存在和价值，也只有在这个时候，你向上向善的愿望才变得更加强烈起来。

人不是孤立地生活在世界上，尤其是青年学生，需要大家在一个集体里互相学习，互相关爱，共同成长。

有的同学会说，高中三年，家长寄予了厚望，自己也下定了决心，一门心思搞学习，两耳不闻窗外事，学校和班级组织的集体活动没有必要参加，那是浪费时间。

我要告诉你，这个观点是错的。一般来说，学校和班级组织的集体活动，都是高中教育教学活动中必不可少的重要内容。你作为这个集体的一分子，必须积极参加，这对你的身心健康和学习进步是有积极意义的。比如学校的各种集会、比赛、劳动、演讲、晚会等，你都应该尽你所能，热心参加，并努力为自己所在的集体争得荣誉。即使你不是主力队员，当啦啦队员也不错呀！因为只有融入了这个集体，你才会感到自己是生活、学习在一个不错的大集体之中。否则，你会这也不顺眼，那也不顺心，一天到晚尽是烦恼的事，还哪来心思学习？

集体对人的重要性，一般的时候同学们感觉不到。但是，当你置身于一个没有集体的地方时，你就会知道，离开人群，没有正常的交流和沟通的人，精神会变得沮丧，甚至崩溃。有几个战士，长期驻守在南海的某个礁岛，他们的生活里除了海，还是海。有一次，一个回家探亲的战士把一只小狗带到了岛上。小狗开始几天在小岛上东转转，西转转，觉得好玩，与战士们相处得也不错。十几天后，小狗开始烦躁地叫唤。二十几天后，小狗不吃也不喝，沿着小岛面向大海边跑边狂叫。又过了几天，小狗开始见人就咬。战士们都知道，小狗的这种举动，与他们自己一样，是一种强烈的孤寂感造成的。小狗已经咬伤了几个战士，他们不忍心直接处理掉小狗，于是，找来几块木板，把小狗放在上面，放入大海。狗通人性，狗都如此，何况人类，更需要生活在一个集体之中。

在学校，你会身处很多个集体之中。小组是一个集体，班是一个集体，寝室也是一个集体，还有各种各样的学习兴趣小组、文学社、球队、课余竞赛班，还有党团组织等，都是校内的"集体"。在校际交流中，你就是学校这个大集体中的一员。

每一个集体就是一个团队，有些"集体"你是不可选择的。比如你进了某个学校、某个班，你就自然成了这个学校、这个班集体中的一员，别无选择。而学校内的一些组织，你可以有选择地参加。你可以根据自己的兴趣爱好，加入篮球队这个集体，而不加入排球队这个集体。你可以加入数学竞赛小组，而不加入校园文学社。

我在多年的教育实践中发现，兴趣爱好广泛的学生，品行和学习成绩同样优异。而那些性格孤僻，不参加集体活动，不愿与同学、老师和家长沟通的学生，一般难得有优秀成绩。这样的学生即使在考试中能获得高分，走入社会后也很难成为社会有用人才。

无论在哪一个集体中，你一定要有集体荣誉感。不要一切都无所谓，一切都觉得与己无关。如果这样，时间久了，你就会慢慢变得冷漠起来，你会冷漠集体，冷漠学习，冷漠生活。你会一遇到烦心的事情，便一个人在心里憋着，不与人沟通，甚至会走极端。

　　只有在集体活动中，你才会充分地感受到自己的存在和价值，也只有在这个时候，你向上向善的愿望才变得更加强烈起来，这对你高中三年的成长是很有作用的。

尊重别人，尊重自己

> 你只有尊重了他们，他们才会尊重你。尊重别人最重要的是要学会宽容。你用智慧宽容了别人，也为自己赢得了一个融洽的人际环境。宽容别人，尊重别人，就是宽容自己，尊重自己。要别人尊重你自己，最重要的是你要成为一个高雅的人，优秀的人，也就是本身值得别人尊重的人。

你在高中三年学习生活中，打交道最多的是同学、老师，还有家长。你几乎天天与他们在一起，你一定要学会尊重他们。你只有尊重了他们，他们才会尊重你。

你的周围一定不乏值得你尊重的人。对这类人，你从心底里敬佩他们，你会很自然地尊重他们。这对你来说很容易做到。

你的同学都是很有自尊心的同龄人，你的老师的自尊心应该更强，家长也一样。在学校和班里，如果你做错了某件事，并且确实是无意的，只要你解释清楚，大家会原谅你。但是，如果你的错误是侮辱了别人，那么别人是很难原谅你的。不管你是在多久之前侮辱过他，对方都会牢记在心。尊重别人最重要的是要学会宽容。

英国前首相丘吉尔退出政坛后，有一次骑着一辆自行车在路上闲逛。这时有一位女士也骑着自行车，从另一个方向疾驶而来，由于来不及刹车，撞倒了丘吉尔。

"你这个糟老头会不会骑车？"这位女士破口大骂，"骑车不长眼睛吗？"

"对不起！对不起！我还不太会骑车。"丘吉尔对那位女士的恶言恶语并不介意，只是不断地向对方道歉，"看来你已经学会很久了，对不对？"

这位女士的气立刻消了，再仔细一看，他竟然是前首相，只好羞愧地说道："不，不，您知道吗？我是刚刚才学会的。"

丘吉尔的语言充满智慧，令人惊叹，然而更令人敬佩的是他那宽以待人的美德。他用智慧宽容了别人，也为自己赢得了一个融洽的人际环境。如果他不用这种方式，而是针锋相对，那结果可想而知。

我曾经遇到过一个很智慧很宽容我的人。那是 1984 年，我从广播里听武汉大学中文系毛治中教授讲授中国古代文学。我把听课的一些想法写信告诉毛教授，毛教授回信时，结尾特别提到了我在信封上写的字很难认。我一看毛教授回信的落款，毛教授的名字是"毛治中"，不是"毛志中"。我听广播听的是音，把教授的名字写成了"毛志中"。这无意间造成的不尊重，毛教授很智慧地点出来了。虽然我至今没有与毛教授见过面，但这件事留给我的印象非常深刻。

宽容别人，尊重别人，就是宽容自己，尊重自己。

当然，我要求你尊重别人，不是要你去刻意讨好别人。如果你这样做，首先就失去了自尊。如果你刻意讨好某一个人，会失去周围所有的人对你的尊重。如果你刻意讨好周围所有的人，那你就已经变得不可救药，你会成为周围的大多数人讨厌的对象。

要别人尊重你自己，最重要的是你成为一个高雅的人，优秀的人，也就是本身值得别人尊重的人。你的性格、志趣、爱好等，都要有值得别人尊重的地方。如果你自己是一个低俗的人，即使你尊重了别人，别人也难以尊重你。他们会以与你为伍感到不自在，甚至感到耻辱。那样，将会是你一辈子的悲哀。

人要学会独立

高中生学会独立的第一步是学会自理、自学。也就是生活上要自理，不能什么都依靠父母。学习上要养成自学的习惯，不能一切都依靠老师。第二步是要培养独立的思考和判断能力，要有自己的见解。第三步是要学会独立地处理矛盾和问题，独立地面对困难和挫折。第四步是要逐步培养自己坚强的意志力。

在学校里，我经常看到这样一些现象：开学的时候，家长到学校来，为学生报名，找教室，找寝室，在寝室里帮学生整理行李，整理床铺，学生则袖手旁观。中午和下午放学后，许多家长跑三四千米路，专程送饭菜到学校，学生天天心安理得地享用。有的学生说住集体宿舍不习惯，于是家长就在学校附近租房子陪读……这些现象一方面表现了家长对子女的关爱，另一方面也表现出这些学生独立生活能力不强。要知道，你可是高中生了呀！

你可以找一些做出了伟大事业的人物传记来读一读，你会发现，他们绝大多数都不是在父辈的庇护下成长的。他们从小虽然不一定是什么天才，但从小一定是具有独立生活能力和独立思维习惯的人。你也可以打听一下你的那些学有所成的学长们，哪一个是在父母的娇宠下成才的？回答是没有。天门中学每年考入清华、北大的那些骄子，几乎都是农家子女，二十多年都是如此。这些农家子女吃大食堂，睡大通铺，照样考状元。相反一些早晨要家长催起床，晚上要家长催睡觉，一天要家长送几遍饭的娇娇宝贝们，过惯了衣来伸手、饭来张口的日子，连生活上都不能独立，何谈学习上的独立和刻苦。

高中生应该独立了，或者应该学会独立了。

有人做过一个有趣的调查，结论是，如果一个人到了高中时期的15~20岁这个年龄还不能独立，那么他这一辈子的依赖性就很强。男人女人都是如此。这类人一辈子是这样过的：小时候靠父母，成家后靠丈夫（妻子），年老后靠子女。这类人做事无主见，性格不坚毅，很难成大事。

高中生学会独立的第一步是学会自理、自学。也就是生活上要自理，不能什么都依靠父母。学习上要养成自学的习惯，不能一切都依靠老师。第二步是要培养独立的思考和判断能力，要有自己的见解。第三步是要学会独立地处理矛盾和问题，独立地面对困难和挫折。第四步是要逐步培养自己坚强的意志力。

能做到以上这些，你就是一个独立性很强的高中生了。

为自己创造一个良好的学习环境

环境是影响高中生健康成长的一个很重要的因素。学习环境不是别人为我们创造的，而是我们自己为自己创造的。只有从各方面为自己创造一个良好的学习环境，你才能进入学习的最佳境界，从而创造出优异的成绩。

环境是影响高中生健康成长的一个很重要的因素，就学习成绩而言，一些学生和家长采取的提高学习成绩的最直接的办法有三种：择校、转班、留级。我们姑且不论这三种办法的正确与否，这些办法归结到一点，就是变换学习环境。

其实，学习环境不是别人为我们创造的，是我们自己为自己创造的。你能否进一所好的高级中学就读，取决于你自己初中三年的努力程度。进了一所好的高中，你能不能心情愉快地度过三年学习时光，并取得优异成绩，环境也很重要。对于一个学校的几千名学生来说，总体上讲，环境基本上是一样的。对于每一个学生来讲，则有千差万别。有的学生会在一所学校里如鱼得水，有的学生也许会成天抱怨学习环境这也不好，那也不行。后一类学生忽视了一个很关键的因素，在同一所学校和同一个班，好的学习环境是自己为自己创造的。

你要把整洁作为一个最直接的环境。你的手脸要干净，衣着要整洁，你的课桌内外的学习用品和书籍资料要摆放有序，你的宿舍用品要保持干净并时刻整理好，你不要用牺牲公共环境的整洁来保持你个人的整洁，你要及时修剪头发和指甲，你不要穿奇装异服，不要穿拖鞋、背心、短裤进教室。做到了这几点，你就会给周围人一个良好的印象，会赢得别人第一眼的尊重。

你要注意和家长沟通思想。现在的初中生和高中生，一般都会有一个叛逆期。有的同学的叛逆期是在初中，有的则在高中。在叛逆期内，你觉得你自己什么都是正确的，对父母的任何苦口婆心的话都听不进去。父母也拿你没有办法。这时期的你，与父母好像是一对冤家。你觉得有不少委屈，而父母把你辛辛苦苦养育了十几年，他们的委屈更多。怎样才能正常地度过这一非常时期，关键还是取决于你自己。最有效的办法是遇事多与父母沟通。有一点你不得不承认，不管父母的态度和方法如何，天下父母恐怕没有哪一个不为自己的孩子着想。不少家长省吃俭用，拼命工作，就是为了自己的孩子受到良好的教育，他们花钱把孩子送到最好的高中，希望孩子能考上大学。假如你承认了这一点，你还有什么不能理解父母的呢？反之，如果你与父母相互不能理解，一天到晚烦都烦不过来，还哪来好心情专心学习？再说父母经历的事毕竟比你多，他们的一些观点对你的学习和生活肯定会有帮助。也许你憋在心里想不通的一些事情，他们一句话就让你豁然开朗。

你要注意同学之间的交流。要建立正常的同学友谊，要在生活上互相关心，在学习上互相帮助。要有几个知心朋友，知心朋友的情感基础要建立在互相鼓励、共同进步之上，不能建立在玩游戏、抽烟、打牌之上，更不能在异性同学之间发展超乎同学友情的其他情感。高中三年你能否健康成长，交友很重要。交友不慎，轻则影响学习成绩的提高和个人性格的养成，重则被拖下水，走上违法犯罪之路。近年来媒体上时常有校园恶性事件发生的报道，这些事情虽属少数极端事件，但高中期间同学玩在一起不用心学习的大有人在，这应该引起你足够的注意。

你要注意培养与老师的感情。一般来说，学生喜欢听哪一科老师的课，或者喜欢哪一个老师，他会很自然地在这个老师所教的课上多下一些功夫，这一门课的成绩自然就会好一些。老师对学生应该说是没有偏爱的，只要你认真学习，多问多思，老师自然会喜欢你这个学生。你千万不要因为自己成绩还不错，就对老师表现出不尊重，也不要因为自己成绩不理想，就感到自卑。千万不能这样。你努力了，你付出了，老师会记在心里。你取得了好成绩，他会从心底里为你高兴。你的成绩不尽如人意，他会为你分析原因。他不会因为你成绩不好对你另眼相看。即使有少数老师这样做了，你也不能以偏概全，对老师失去信心，对自己失去信心。

你要注意培养自己良好的心态。高中三年，你肯定会遇到一些不顺心的人和事，这很正常。你不要一遇到这样的事就愁眉苦脸，并天天把不愉快的事放在心上。要快乐一点，阳光一点。要学会忘记，学会放弃。即使遇到了比较大的挫折和困难，只要天不塌，人不死，就要继续朝前走。因为高中三年，你等待不起，蹉跎不起，这三年对你一辈子太重要了。培养良好心态的最好办法是，凡事多从几个角度想一想，多从积极的方面去想。

只有从各方面为自己创造一个良好的学习环境，你才能进入学习的最佳境界，从而创造出优异的成绩。

家庭困难不是你的错

家庭困难不是你的错，也不是你父母的错。我们所要做的是踏踏实实做人，认认真真学习，自立自强。

有一次学校开展一项活动，希望在座的"阳光班"和"维新班"的同学们把手举起来。这两个班的学生都是品学兼优，但家庭比较困难的学生。奇怪的是，主持人连说了几遍，举手的人只有几个。原因是这两个班的同学都接受了每人每年 3000 元的补助，不愿意在公开场合"亮相"。

这怎么行？

那次活动结束后，我把"阳光班""维新班"的同学留下来，专门为他们做了一个"家庭困难不是你的错"的演讲。希望这两个班的同学正视家庭困难，消除因家庭困难带来的心理负担，以积极的心态努力学习。在后来的一些活动中，这种不敢亮相的"阳光生"和"维新生"少了许多。

其实，在高中阶段，无论是城市还是农村来的学生，都有家庭不宽裕和困难的。尤其是在农村，一个家庭如果没有其他收入，光靠几亩田很难支付一个高中生的所有开支，何况多数农村家庭不止一个孩子。

对于这一现象，同学们一定要正确认识。家庭困难不是你的错，也不是你父母的错。我们所要做的是踏踏实实做人，认认真真学习，力争在我们这一代改变家里的经济状况。

你不要在心理上认为自己家庭困难，就在各方面都低人一等。你想一想，你除了生活上比有些同学的标准低一些之外，还有什么比他们差呢？没有什么！你能够考进我们学校，就说明你的成绩是不错的。你们中的一些成绩排名在全年级 500 名之前的、家庭特别困难的学生，才被选进了"阳光班"和"维新班"，三年高中读下来享受 9000 元的资助。从某种程度上讲，这是一种资助，也是一种荣誉，你应该感到骄傲才对。你也许不知道，还有多少同学向你投以羡慕的目光。无奈学校每年名额有限，不能满足每个需要资助的同学。

作为一个家庭困难的学生，你应该自强不息才对。武汉大学学生黄来女背着父亲上大学的事迹，不知你听说过没有？黄来女一边读书，一边打工，做家教，养活自己和父亲，还帮瘫痪的父亲治病。这是多么不容易！一个大学生，也比你大不了几岁。你当然不一定需要完全效仿她这样做，但是她的这种精神是完全值得你和你的同学们学习的。有一次，我安排学校政教处在各班调查摸底，看有没有家庭困难的学生愿意在课余做一些简单的工作，学校发给这些学生一点补助。调查摸底的结果令我大失所望。那么多家庭困难的学生，竟然没有一个人报名。可能你们是怕丢面子，可能你们是怕影响学习……你们怕这怕那，我所怕的只有一点，就是你们没有自立自强的精神。你们已经是青年人了呀！

不过值得欣慰的是，家庭困难的学生在学校学习时，一般比家庭条件优越的同学刻苦。你们的成绩一般也比较优秀，你们把目标都定在上重点大学。这一点历来都是如此。

有一点我要提醒家庭困难的学生注意，就是不要因为家庭困难而责怪自己的父母，或者瞧不起自己的父母。俗话说得好，子不嫌家贫。你只要充满信心，以后就定能改变家里的经济状况。

做一个阳光的高中生

> 阳光高中生的标准是"八有"：有远大的志向，有坚忍的毅力，有宽广的胸怀，有开朗的性格，有团结友爱的品质，有勤奋刻苦学习的精神，有良好的语言和行为习惯，有健康的体魄。如果这三年你阳光了，那么你的人生一定会一路阳光。

现在的高中生，多数家长对他的要求就是一个：学习成绩好，能考上重点大学。为此，家长想尽一切办法，为学生创造最好的学习和生活条件。不惜花钱为学生择校，不惜花钱在学校附近租房子，专门陪读三年。学生无论提什么要求，家长基本上都满足他。我不否认这样做的家长能培养出好的大学生。但是，我同样也不否认这样做的结果，是培养了不少这样的学生：一切以"我"为中心，任性，不与人沟通和交流，缺乏社会和家庭责任感，缺乏爱心，不讲文明礼貌，反叛精神强，自己不怎么样却还瞧不起周围的一切人和事。这是何等悲哀！

我要求我们学校的学生，都做一个阳光的高中生。阳光高中生的标准是"八有"：有远大的志向，有坚忍的毅力，有宽广的胸怀，有开朗的性格，有团结友爱的品质，有勤奋刻苦学习的精神，有良好的语言和行为习惯，有健康的体魄。做到了这"八有"，你就是一个很阳光的高中生了。

做到这"八有"并不难，难的是你愿不愿意去做，愿不愿意持之以恒地去做。你愿意这样做，就很容易，否则就很难。

做到这"八有"的过程比结果还重要。比如远大的理想，你一定要有。理想是一个人的精神支柱，有了它，你才不是一具空空的躯壳，才会朝着这个目标一步一步奋斗，而奋斗的过程就是你成为一个阳光高中生的过程。再比如勤奋刻苦的学习精神。我这里没有提出你必须在学业上达到一个什么水准，因为全校那么多学生，不可能人人都是第一名，也不可能人人都考上重点大学。但是你一定要有自觉的刻苦学习的精神，你尽了自己最大的努力，没有浪费宝贵的三年光阴，你一定比用懒散放松的态度去学习的收获大得多。你这样做了，不管学业达到一个什么样的标准，你都问心无愧。

做阳光高中生很重要的一点，就是性格要开朗。让别人了解你，你也能了解别人。性格内向不利于你的学习，也不利于你今后在社会上发展。2006 年我们学校的高考状元蒋毓，就是一个整天快快乐乐的女孩，什么事什么话她都可以与老师、同学和家长交流。高考前几周，学校发的奖学金名单上没有她的名字，她请假两天，回家调整了一下心态，回到学校继续快快乐乐地上课、复习、备考，终于以全校第一名、湖北省第 23 名的成绩考上北京大学。试想，如果她因为奖学金这点事，整天闷闷不乐，憋在心里面冥思苦想，她能考出这么好的成绩吗？显然不能。

另外，如果你在高中阶段能够成为一个阳光的男孩或女孩，对你一辈子都会有很大的影响。这段时间是你的世界观和个人的性格、习惯等形成的重要时期。如果这三年你阳光了，那么你的人生一定会一路阳光。

成绩下滑并不可怕

成绩下滑并不可怕，可怕的是你的思想下滑。一个学生的成绩，很少有直线上升的。你努力少一点，别人就会超过你，更别说你不努力了。只要你在各方面都努力了，在学习上刻苦了，没有浪费时光，成绩不管是上升还是下滑，你都问心无愧。

成绩下滑有两种情况：一种是你的成绩确实下滑了。还有一种是你感觉你的成绩下滑，而实际上并不是这样。对于后一种情况，主要是因为你过去在某个地方读初中，你在全校排名可能一直靠前，老师、家长、同学都给予了你充分的肯定，你那种"优秀"的感觉非常好。你到了我们学校，全市各个地方的"优秀生"都集中在一起，在几次考试中，别说在全校，也许在全班你的成绩都很一般。于是你的直觉是你的成绩下滑了。实际情况是你已经很努力了，成绩也没有真正下滑。对于这种情况，只要认识清楚就好处理了。对于前者，我要着重与你们讨论一下。

成绩下滑并不可怕，可怕的是你的思想下滑。一个学生的成绩，很少有直线上升的。特别是高中生，你在努力，别的同学也在努力。在重点中学尤其如此。高考就像国际性运动会一样，是一种挑战学生的意志力、心理状态、学习方法、体能、智慧等各方面综合极限的考试。你努力少一点，别人就会超过你，更别说你不努力了。你努力了，成绩不一定上升。但是你不努力，成绩肯定会下降。所以说，不管在什么时候，首先不能下滑的是你的思想底线。

有时候成绩下滑是很正常的现象。为什么呢？因为一个高中生，他的身体正在发育成熟，心理处在不断变化的活跃时期，学习方法也在完善调整之中，还有家庭环境、交友情况等，都在变化之中。当这些因素都处在最佳或接近最佳状态时，你的成绩就是你发挥最好的时候。尤其是女生，这种状态非常明显。有些情绪不稳定的男生也是这样。还有，一个中学生从初中到高中，一般都有一个叛逆期。在这个时期，你会自以为是，瞧不起父母、老师、同学，更不要说与他们沟通和交流了。如果你的叛逆期是在初中，就对你升高中有影响。如果你的叛逆期是在高中，就对你升大学有影响。要是在高三的时候，你还没有走出叛逆期，那对你一辈子的影响可大了。这个时期对不同的学生，时间的长短也不一样，一般在一年左右，长的可能是三年，甚至整个青春期。

如果你是因为根本不想学习而成绩下滑的，那你没有必要苦恼。你最好把你的想法告诉家长，该干什么干什么去，不必待在学校闷得慌。你什么时候想通了，再进学校学习也不迟，总比在学校上课望着天花板、下课东游西逛强。现在这个时代是一个非常适合创造探索的时代，只要你用心地去做一件事，勤奋地去做一件事，什么行业都可以取得成就，不必来挤高考这个独木桥。

如果你主观上想学习，客观上也很勤奋努力了，成绩还是不理想，那你就好好找一下原因。你首先考虑一下，你这段时间注意力是否集中，有没有事情让你分心了。比如家里父母之间闹矛盾，生活上有困难，对异性同学产生了好感，对哪一个老师的课不喜欢，对哪一门课有一定的畏惧感，等等。这些都是可能让你注意力集中不起来的直接原因。找准了原因，你就与老师、家长多商量，尽量换几个角度去思考怎么解决问题。别人无论说什么，起作用的关键还在于你自己调整好心态。只有这样，你才能把注意力集中到学习上来。

你还可以检查一下你的学习方法是否得当，这也是影响你学习成绩的一个重要原因。关于这一点，我在第 22 周已经专门谈过了。除了我谈的那些，你还可以与你的每一科的老师多探讨交流。这样做应该有一定的效果。

你必须正视这一点，也就是全年级、全班这么多学生，由于家庭教育环境不同，基础教育阶段各门功课打的基础不同，个人的爱好、习惯不同，学习方法不同，乃至智商不同，等等。大家同样做了100%的努力，100个同学会考出100个分数，绝对不可能都在一个分数层次。这一点你必须充分认识到，并以积极的心态去正视它。你应该知道，你做了100%的努力，你还不如别人。那么，假如你不努力，就会更加不如别人。你可以这样想一想，你高二时的知识水平是不是比高一时强了许多，高三的时候就会更强一些。因此，与你自己相比，你还是进步了不少，收获也是很大的，只不过是别人可能比你收获更大一些。这一点你也要认识到。

关于你在高中三年的每一次考试成绩，你应该看重，但又不能过分看重，特别是不能背上成绩的包袱。正确的态度是，只要你在各方面都努力了，在学习上刻苦了，没有浪费时光，成绩不管是上升，还是下滑，你都问心无愧，你都对得起自己，对得起家长和学校。我们学校在评价你时，也理所应当地会把你归到优秀学生之列。

用一个个小行为编织人生修养

人生的修养是从一个个小行为开始的。年轻时候的修养影响你的整个人生。很小很小的事情，可以看出你的行为习惯和为人处世的态度。很多事情都不可能在一分钟内做好，但很多事情都可以在一分钟内做坏。

人生的修养是从一个个小行为开始的。年轻时候的修养影响你的整个人生。

你应该学会从每一天、每件事做起，练就你的人生修养。早晨起来自己把被子叠好，把房间收拾干净，把自己收拾整洁，向爸爸、妈妈说声再见。如果父母还没起床，收拾的动作就轻一点，走的时候轻轻关上门。这些细小的行为你做到了吗？如果你做到了，就说明你是一个比较注重修养的人。这些很小很小的事情，可以看出你的行为习惯和为人处世的态度。

有一位大心理学家的名言你肯定早就知道：播下一种行为，收获一种习惯；播下一种习惯，收获一种性格；播下一种性格，收获一种命运。照这个推理，一个人的命运是由一个人的行为决定的。这不一定十分准确，但有一定的道理。

有一位大学老师在给新生上课时说："你们大学四年能不能有所成就，不是看你们在课堂上干什么，而是看你们在课外干什么。"这话也很有道理。如果一个大学生课外的行为都值得充分肯定，那他课堂内就应该是更值得肯定的了。大学生是这样，高中生又何尝不是这样呢？

那么，我们应该注意哪些小行为呢？比如，在校园内碰到老师要问好，进办公室要喊报告，不要随地扔垃圾，不要随地吐痰，上完厕所要冲水，不要在公共场所大声喧哗，要保持个人卫生和衣着整洁，回到家里要叫长辈。还有很多我们生活、学习中的一些小行为，我这里不可能一一列举，只有靠你自己在平时去积累，并认真慎重地对待。切不能以为这些是小事而忽视它。

我有一次去理发，看见那个理发店的墙上贴着这样一句话：很多事情都不可能在一分钟内做好，但很多事情都可以在一分钟内做坏。这句话出自哪里我不知道，但这句话给我的印象很深。我们同样可以这样说：一个行为不可能成就你的人生修养，但你的人生修养可以在一个行为中被毁掉。

优秀生一定要踩理科课程的"风火轮"吗？

究竟应该选学理科类课程，还是选学文科类课程？你一定不能跟风。学理科类课程和学文科类课程的人，在社会上都是大有用武之地的。理科类课程不是你今后人生前程似锦的"风火轮"，文科类课程也不是你今后人生顺风顺水的"白帆"。你的人生之路怎么样？我们的习近平总书记有一年的新年献词说得特别好，我把其中的一句话送给你："幸福是奋斗出来的。"读大学选专业与就业有很直接的关系，但绝对不是非此即彼的关系。选文选理不是最重要的，最重要的是选择你的兴趣和长处，选择你今后的发展方向。

选科走班有一段时间了，你适应了吗？不管你是适应了，还是没有适应，我们还是再聊一聊这个话题。今天聊理科类课程。

我不知道在其他学校怎么样，在我们学校，选科走班时，那些成绩优异的学生往往都会选择理科类课程，而不选择文科类课程。这种选择不能说是错的，但就我在学生和家长中的调查情况来看，他们选择理科类课程，理性成分少，跟风成分多。好像踩上了理科这个"风火轮"，他们就会前程似锦似的。

究竟应该选理科类课程还是选文科类课程？你一定不能跟风。应该说，这是你人生一次比较重要的选择，所以，你应该慎重，再慎重。选理科类课程和选文科类课程，并没有什么对错之分。这要看你将来打算做什么，你给自己未来的社会角色怎样定位？或者考虑近一点，你准备读一个什么样的大学，什么样的专业，你只有把这些问题弄明白了，你才能确定好选理科类课程还是选文科类课程。

学习理科类课程和学习文科类课程的人，在社会上都是大有用武之地的，没有什么好或者不好。这要看你的兴趣。拿治国来讲，学理学文的人都可以成为治国之才。纵观世界各国元首，大致有三种背景经历：第一类是行伍出身。一般是战乱时期的建国元首，或国家处于不稳定时期的"非常"元首。第二类是理工科背景。一般是国家处于从农业国到工业国过渡，或者说国家经济发展处于由不发达向发达过渡时期的元首。第三类是人文社科和经济法律学科背景。一般是发达国家和地区的元首。你可以按照我这个分类，查一查近代以来各国元首的经历，虽然有少数例外，但大体如此。

至于说学习理科类课程和学习文科类课程的人对社会的贡献，那也不能简单地说孰大孰小。只要你在一个岗位上能做出有益于社会、有益于国家的事情，就是有贡献。美国 18—19 世纪是各种发明创造不断涌现和工业化进程非常迅猛的发展时期，为美国成为当今之美国打下了坚实的工业基础。毫无疑问，理工科出身的人在推动这一进程的过程中起到了至关重要的作用。但是，我们可以设想，如果没有从事国家法律制度建设的文科背景的人，制定出符合当时社会发展规律的《联邦宪法》，以及其他的法律制度体系，美国的土地上就不可能出现那么多的发明创造。所以说，当时的社会科学工作者对美国成为当今之美国也功不可没。

当然，上面这些话，你可能会觉得离你选择理科类课程和文科类课程时的考虑太遥远，你这时候考虑最多的，可能还只是你高中毕业后升大学或者直接就业的问题。我要告诉你，读大学选专业与就业有很直接的关系，但绝对不是非此即彼的关系。大学主要是培养人的一种能力。真正走上社会，光靠大学学的那一点专业知识是远远不够用的。很多人走向社会后从事的是与所学专业毫不相干的工作。这样说，是不是读大学的某个专业就没有用了呢？肯定不是。你在读某个专业时，同时也在训练自己的某种能力。

武汉大学杰出校友雷军在武汉大学 2023 届学生毕业典礼上，分享了他刚入武汉大学时，作为计算机系的学生，他听到了化学系一位老教授的讲话："有的同学上了化学系，思想负担比较重，担心将来不好找工作。其实，在大学里，最重要的不是学知识，而是掌握学习方法。只要会学习，无论做什么，你都能胜任。"雷军说："这句话真的醍醐灌顶，给我打通了任督二脉。原来，学习能力比知识重要。"雷军接着说："这是我在武汉大学上的第一课，也是最重要的一课。因为拥有了这些能力，在以后的职业生涯中，面对任何未知的领域，我都拥有莫名的自信。"雷军在武汉大学，两年修完了四年的学分。大学毕业后，雷军做软件、做手机、造汽车，事业干得风生水起，给母校武汉大学捐一亿元建雷军科技楼。他说："大学毕业 30 多年，他受惠最大的是母校给予他的能力培养，而不是简单的专业教育"。

现在在中国，大学招生规模和专业不能满足社会需求的矛盾仍然很大。虽然前些年大学不断扩招，本科和专科生加起来，升学的人数可以达到 90% 以上，但是仍然有半数以上的高中毕业生进不了自己理想的大学。在多数省份，有超过 80% 的高中生进不了一类本科院校。

在升学压力如此大的前提下，有一个好的大学读就很不错了。我这样说，不是让你随随便便读一个大学，选一个专业，而是要让你知道，选学理科类课程和选学文科类课程不是最重要的，最重要的是选择你的兴趣和长处，选择你今后的发展方向。

理科类课程不是你今后人生前程似锦的"风火轮"，文科类课程也不是你今后人生顺风顺水的"白帆"。你的人生之路怎么样？我们的习近平总书记有一年的新年献词说得特别好，我把其中的一句话送给你："幸福是奋斗出来的。"

让我们插上文科类课程的"翅膀"

文科类课程与理科类课程一样，兴趣是最好的动力。理科知识的用途是让你有一种服务社会的本领。往小处说，有一种养家糊口的本领。文科知识的运用，则可以让你把握社会或者社会的某一个地方、某一个领域、某一个单位的发展方向。这个社会本来就很复杂。我建议你插上文科类课程的翅膀，就是想让你知道这个社会的规律后，循着规律在广阔天空展翅翱翔，而不是违背规律四处碰壁。

今天，我们接着上一次的话题，继续聊一聊选科走班。今天聊文科类课程。

历史知识对一个高中生来讲是不可缺少的，它能够让你了解你所生活的这个社会的历史和未来，了解这个社会的各个层面的一般规律，从而使你在这个社会中，找到自己的人生定位。

高中阶段，是一个人的人生定位开始形成的重要时期，所以，你应该认真地学习一些历史方面的知识。这有益于你的人生观和世界观的形成。

如果你升高二时准备选学包括历史在内的文科类课程，而你又确实喜欢文科，那你就是插上文科类课程的"翅膀"了。学习文科类课程与理科类课程一样，兴趣是最好的动力。选学历史的学生，大多会同时选学其他文科类课程。加上文科知识以读和记为主，抽象思维的东西少。一个高中生如果是发自内心地想学好文科，而在行动上又那样做了，他的文科成绩肯定差不了。

如果你升高二时准备选学包括物理在内的理科类课程，那你也不要忽视对一些包括历史在内的文科知识的了解。你生活在这个世界上，要知道这个世界过去发生的一些事情，这就得学习历史。你要了解我们生活在一个怎样的空间，这就得学习地理。你也要了解这个社会发展的规律和人类社会的意识形态、法律制度，这就得学习政治。了解了这些东西，你就能比较深刻地认识到，自己为什么而活，为什么而学。你就有了学习的目的和生活的目标，你的人生才会有意义，你才会从高中阶段就树立正确的人生理想，并从现在起，朝这一个理想脚踏实地地努力拼搏。

文科知识浩如烟海，高中生对文科知识了解掌握到什么程度才好呢？这里要根据你个人的情况而定。如果你准备高考时选考历史类文科课程，你就得熟练掌握高中文科教材的全部知识，并学会运用这些知识分析问题、解决问题。除此之外，还要读一些与此相关的课外书，丰富、补充和深化课堂上所学的内容。这样，你的文科功课才会优秀。

如果你准备高考时选考物理类理科课程，那么你对文科的知识有一个大致的了解就可以了，但是你的涉猎面最好广一些。这样你的视野就变得比较开阔。有了开阔的视野，你分析问题、处理问题的思想和方式，就不至于处在一个比较狭窄的层面上。这对你的学习和生活，包括为人处世都是很有帮助的。

如果你想在这个法律制度逐渐完备、物质文明日趋发达、贫富差别不可避免的社会上，很好地生存和发展，你就不能不学习和掌握文科知识。我们完全可以这样说，理科知识的用途，是让你有一种服务社会的本领。往小处说，是有一种养家糊口的本领。文科知识的运用，则可以让你把握社会或者社会的某一个地方、某一个领域、某一个单位的发展方向。当然，我这样说，完全没有重文轻理的意思。我自己在高中学的就是理科，参加的理科高考。我的文科知识主要是参加工作以后学的。我现在工作使用的，大多是文科知识。

我不重文轻理，也不重理轻文。我认为，一个高中生的知识结构应该是文理兼而有之。但是为了应付高考，有些中学高一就选科走班教学了。虽然学校是不得已而为之，但一些学生和家长也要求和支持这样做。

面对当前这种状况，我经常建议一些学生和家长，采取非常规的思路处理文理科问题。如果你大学准备读文科，你完全可以在高中阶段学习理科，因为很多大学的文科专业都兼招理科考生，有的还只招理科考生。我是这样认为的：假如你高中学的是文科，大学又读文科，那么你这一辈子都不大可能了解理科知识了。因为理科知识参加工作后很难系统地自学。文科知识就不一样，你高中读了理科，大学又读文科，这样你的知识结构就比较合理。你就既了解了自然界的基本规律，又了解了人类社会发展的基本规律。

也许你会说，我哪里会考虑这么多！我读高中考大学，就是为了将来找一个好工作，这么简单的事，被您说得这么复杂。那么，我要告诉你，这个社会本来就很复杂。我建议你插上文科类课程的"翅膀"，就是想让你知道这个社会的规律后，循着规律在广阔天空展翅翱翔，而不是违背规律四处碰壁。

养成文明有礼的好习惯

> 生活中这些随口而出的简短的语言，是一个人是否有修养的最直接的表现。一句"你好"传递着师生的情谊，同学的友爱，陌生人的印象。一句"谢谢"会让人心中涌动一股暖流，也会让人对你产生一种人格的敬意。一个人的修养就应该从"你好！谢谢！对不起"这些简短的语言开始，从年轻的时候开始。

在校园内外，见到同学、老师，点个头，说一句"你好、您好"，这足以显示出你的礼貌。

别人为你做了一件什么事，哪怕微不足道，哪怕是他职责范围内应该做的，你都应该说一句"谢谢"。这是一种修养，一种尊重他人的良好品德。

你无意间做了一件不正确的事，或者是不应该做的事，这些事与别人有一定的关系，你应该向别人说："对不起！"这是你的涵养的表现。

生活中这些随口而出的简短的语言，是一个人是否有修养的最直接的表现。作为一个高中生，你应该养成说"你好！谢谢！对不起"的良好习惯。

不要认为这些语言既不影响学习成绩，又不影响你的吃饭穿衣，它们在你的高中生活里无足轻重。如果你真是这样认为的，并且在三年的高中生活里，从没有使用过这一类语言，那么我把话说重一点，就从这点小事上我可以看出，即使你的学习成绩再好，你在个人修养方面都得不到别人的赞誉。

一句"你好、您好"传递着师生的情谊，同学的友爱，陌生人的印象。假如师生、同学在走廊上相遇，如同相遇路人一样，那我们是生活在一个什么样的环境里？大家都这样的话，不仅是你们个人的悲哀，也是一个学校的悲哀。在校园里，只要单独相遇，你都应该向对方问好。尤其是对于不认识的人，在判断不出对方究竟是老师、同学、工友还是家长的情况下，可以用通用的语言"你好"，也可以根据大致的判断，说"老师好""同学好""叔叔好""阿姨好"。你投之以桃，对方一定会报之以李，这样才能创造一个充满文明礼貌的校园。

一句"谢谢"会让人心中涌动一股暖流，也会让人对你产生一种人格的敬意。当你一句"谢谢"出口，你付出的仅仅是两个字，但你的人格修养会在对方心里"油然而生"。当然，你说"谢谢"的时候是没有想到有什么回报的。相反，你的"谢谢"本身就是对别人为你付出的某种东西的语言回报。

一句"对不起"会消除许多误会，避免一些不必要的矛盾冲突，会多一些谅解，多一些沟通，会让你从被动变为主动，从尴尬中得以解脱。

一个人的修养就应该从"你好！谢谢！对不起"这些简短的语言开始，从年轻的时候开始。假如你在小学和初中阶段还没有形成这样的语言习惯的话，那么，你在高中阶段一定要养成这个习惯。否则，成人后你就会受人轻视，被人看不起。

这些语言不仅仅在学校使用，在家里也同样应该使用。早晨上学，应该说一句"爸爸、妈妈，我上学去了"；放学回到家，应该说一句"爸爸妈妈，我回来了"；爸爸妈妈为你端出饭菜，你应该说一句"谢谢爸爸妈妈"；放学回来晚了，应该说一句："对不起，因为参加班团活动，我回来晚了，让爸爸妈妈久等了。"我相信，如果你在家里做到了这一点，爸爸妈妈为你付出再多，他们也会从内心里感到欣喜，因为他们从这些语言中看到了一个懂事的、有教养的儿子（女儿）的希望与未来。

我相信，你能够坚持做到说好这些语言的小事，就一定能够完成成就你梦想的大事。让我们一起说："你好！谢谢！对不起！"

多读一点课外书

> 　　学业负担重，不能成为你不读课外书的理由。我建议你不妨读一点史书，读古今中外经典名著。读课外书的方法主要是泛读。养成了读课外书的习惯，走向社会后，你才能成为一个学习型人才。

　　高中生的学业负担很重。在现行的高考体制下，对这一个问题，学校、家长和学生都无能为力。学业负担重，不能成为你不读课外书的理由。你应该尽量挤出一些时间，多读一点课外书。

　　读课外书不能用正常的学功课的时间来读。学校的课外活动时间，吃饭之余，睡觉之前，这些零星的时间用来读课外书是最好不过的。也可以用整块时间来读，那就是星期天、寒暑假和其他几个长假。

　　高中生应该读什么课外书呢？我建议你不妨读一点史书，读古今中外经典名著，也可以读各个领域的一些科普类读物，还可以读一些专业性比较强的书刊——如果你对某一领域有兴趣，而且想深入了解一下的话。当然读一些诸如《读者》《中国青年报》等正规报刊，也是不错的。

　　高中时期你读课外书的目的应该说有两个：一是增加自己的知识积累，扩大视野。二是缓解课程学习上的压力。如果说还有什么的话，那就是一些涉及人生修养方面的书和文章，或多或少地会对你的人生修养起到潜移默化的作用。

　　读课外书的方法主要是泛读。读课外书一定不要有什么压力。饭后和睡觉前翻一翻，了解一下大致内容，真正要用的时候，再去认真地读一读。有些你感兴趣的书也可以精读，甚至做读书笔记。

　　读课外书有几个值得注意的问题：一是利用学业时间来读课外书，这是我很反对的。高中生毕竟要面对高考，这是不可能回避的人生的一次很关键的考试，你必须认真对待，必须完成好每天的学业。二是看一些无聊的书刊。现在的书刊，鱼龙混杂，少数高中生没有辨别能力和自我克制能力，往往陷在这些书刊里不能自拔。这样的学生成天都沉醉在书里的"那个世界"，在课堂内外想尽一切办法躲避家长和老师的耳目，与患网瘾一样很难回到"现实生活"中来，其学习成绩往往直线下滑。三是读课外书太用功。读课外书毕竟是对"课内书"的一种补充，太投入了可能会影响你的学业，也增加了你的负担，这大可不必。

　　最后说一说为什么要读课外书。在写这次谈话稿的当天上午，《中国青年报》的记者来学校采访，我说我是《中国青年报》的老读者。事实确实是这样。我读了二十多年《中国青年报》，从17岁读到了40岁左右，近几年才不读此报。我说："有一份《中国青年报》相伴走过青春岁月的人，他一定是一个追求上进，有良好的人格修养，即使在最普通的岗位上，也能够成就一番事业的人。"记者说："你这话可以成为我们报纸的广告词了。"我个人确实就是这么一路走过来的。课外和工作之余，多数时间我是与书报相伴的。可以说我现在用的大部分知识，都不是在课堂上学的，而是在课堂外学的。

　　养成了读课外书的习惯，走入社会后，你才能成为一个学习型人才。即使你高考时马失前蹄，我相信"是金子总有闪光的那一天"。

学会聆听

"聆听"不仅需要人们用耳朵去听，更需要人们了解和领会说话者的意思。聆听所表现出的正是一种宽容和谦逊的人格，也显示了你对对方的尊重。沟通的最高境界就是静静地聆听。学会聆听，也是学会宽容、谦虚和礼貌。

说起"聆听"这个词，恐怕你会不以为然地说，不就是"听"吗？的确，"聆听"在《现代汉语词典》中就只简单地解释为"听"的意思。但"聆听"在本质上是不同于"听"的。"听"这个字在《现代汉语词典》中是这样解释的："用耳朵接受声音。"它接受的是表面的东西，不分辨真伪，所以从古至今常有听信谗言的事。"聆听"不仅需要人们用耳朵去听，更需要人们了解和领会说话者的意思。所以学会聆听，对于你而言是十分重要的。

学会聆听要做到以下三个方面：一是让对方说话而不打扰他；二是全神贯注地听；三是理解对方想说的真正意思。

你首先要学会聆听老师的教诲。上课时，你要认真听讲，做好笔记，理解老师所讲的要点。有的学生上课漫不经心，虽然也和别的学生一样，听老师讲了一节课，但一点收获也没有。为什么呢？责任并不在老师。那是因为你只是在"听"，而不是在"聆听"。这种情况最极端的是，有学生在课堂上闹出了"圆明园不是我烧的"笑话。上课时学会聆听，你就会听到老师所讲的每一句话，你就会去分析和判断老师所讲的内容，你就能筛选出对你有用的信息，你就能举一反三，创造性地去思考问题。如果能这样听一节课，你肯定会有很大的收获。

同学之间交往时也要学会聆听。沟通的最高境界就是静静地聆听。的确，聆听所表现出来的正是一种宽容和谦逊的人格，也显示了你对对方的尊重。你有没有试过你对某人说话，却发觉他其实并不是在认真听呢？这时你一定会很不高兴。你想，这样的交流怎么能培育友情呢？成功的交流需要彼此坦诚地交谈和细心、专注地聆听对方的谈话。同时，不要老是打断对方，也不要因为对方一两句不合适的话而大发脾气。学会聆听，也是学会宽容、谦虚和礼貌。

和父母交流时你更要学会聆听。你们这一代人，因为时代的原因，大多受到家人的娇宠，从而养成了在家人面前，特别放纵自己情绪的性格。现在很少有孩子能听家长把教育自己的话讲完。绝大多数情况是家长刚一开口，孩子就极不耐烦地说："我知道了。"你为什么不能耐心地让父母把话讲完呢？常言道："当局者迷，旁观者清。"人都很难看到自己的背后。我们性格中的某些缺陷，自己是很难看清的。学会聆听，你就得用他人的眼光来审视自己，以此完善自我，改正错误。更何况，你聆听的是父母的教诲呢！有的同学在父母一开口时就做出判断，以为父母又在误解自己，拒绝和父母交流，和父母闹矛盾，并认为这是父母不理解自己，是所谓的"代沟"。其实，只要你学会聆听，只要你耐心地听下去，你一定会感受到父母对你的爱，你一定会从父母的谈话中获得益处。

聆听是一种积极的生活态度。心情浮躁的人不会聆听，心胸如豆的人不会聆听，盲目自大的人不会聆听。你想想，你愿做这样的人吗？

学会了聆听，你就会少走弯路，少做错事，及时补救可能发生的失误。你才会不自满，不孤独；你才会增长学问，善于思考；你才能健康成长并走向成功。

不妨做一个文学青年

文学能陶冶你的情操，提高你的思想境界，提升你的文化品位。说得更实用一点，它能增加你的知识，增强你的理解能力和表达能力。科学和艺术是一对孪生姊妹，科学也包含人文科学。古往今来，一些著名的科学家，大多是有很深的文化底蕴的。年轻的时候，你如果爱好文学，你就会对生活充满激情，你就会感受到每一天的日子都充满阳光。

文学与我们的生活密不可分，在我们读书、看报、看电视甚至谈话等各种行为中，都可看到文学的影子。作为一个高中生，你应该有一定的文学功底。只有这样，你才能更好地适应社会，做出更大的成绩。所以，我建议你，不妨做一个文学青年。

你也许会说，文学是文科生的事，甚至只与文学爱好者有关，我将来准备学理工科的，要懂文学干什么？我告诉你，你错了，文学与我们每个人都有关。我先给你讲一个故事：一个盲人乞丐在街头乞讨，没有一个人施舍给他。一位诗人见了很同情，找来一块木板，在上面写道："春天来了，可我什么也看不见。"于是路人纷纷捐款。你说这是为什么？这就是文学的力量。可见，文学与做好一个乞丐都有关。我们现在有的同学连一封家书都写不好，三言两语，干巴巴的，将来怎么去求职，怎么去与人做有效交流呢？

文学能陶冶你的情操，提高你的思想境界，提升你的文化品位。说得更实用一点，它能增加你的知识，增强你的理解能力和表达能力。有一定文学基础的人和没有文学基础的人，他们的写作、阅读、交流能力是很不一样的。在高中阶段努力让自己做一个文学青年，对你今后进入社会是大有裨益的。

在这一点上，我有很深的体会。高中时我的作文一直写得不错。师范毕业后我分配到一所中学教书，那是 20 世纪 80 年代初，全国青年中涌动着文学热，我也在工作之余写诗写散文。这种动笔写东西的习惯一直坚持到现在，对我的工作很有帮助。

对那些立志学理工科的同学，我还要特别和你谈谈。科学和艺术是一对孪生姊妹，科学也包含人文科学。古往今来，一些著名的科学家，大多是有很深的文化底蕴的。我国汉代杰出的科学家张衡，同时也是著名的文学家。现代的华罗庚是伟大的数学家，同时又是一位才华横溢的诗人。还有诺贝尔奖得主李政道，数学大师苏步青，都是很有名的诗人。艺术和科学共同的基础是人类的创造力，人类的许多伟大的科学创造，就是在艺术的辅助下完成的。曾经有人说过，如果爱因斯坦没有对于大自然的美的洞察力，没有很高的艺术修养，是很难想象出被称为改造世界的著名的质能方程式的。所以，如果你想将来学理工，并能有所成就，最好还是不妨做一个文学青年。

当然，我说要你不妨做一个文学青年，并不是要你将来一定成为一个作家，而是要你在年轻时的知识积累阶段，打一点文学的基础。如果你不想成为一个靠文学吃饭的作家，那也是很正常的事情，我也很赞同。但年轻的时候你如果爱好文学，你就会对生活充满激情，你就会感受到每一天的日子都充满阳光。

作为高中生，培养文学能力主要是多读、多写。古人说："熟读唐诗三百首，不会作诗也会吟。"只要你多读、多写，你的文学水平就一定会提高。

现在学校里有很好的文学社，你最好能积极参加。学校里有阅览室、图书馆，你可以多去看看。我相信，只要你有兴趣，就可以成为一个文学青年。

为自己加油！

为自己加油是自己在鼓励自己，为自己打气。为自己加油，能让你把一份坦然的自信留在心底；为自己加油，能让你的青春风采展现在举手投足之间；为自己加油，能让你从绝境走向一片光辉灿烂的天空。多为自己加油吧！当你一鼓作气走过这段看似困难的上坡路后，平坦的光明大道就会出现在你面前。

马上就要进行高一年级的学年考试了。这时候，你的心情一定很特别，你想的东西可能有很多很多。我告诉你此时一个有效的办法：为自己加油！在日常生活中，你经常会看到一些喊加油的场景，你也可能曾经大声为别人加过油。在运动会上，你的一句加油，会令场上奋力拼搏的健儿力量大增；在同学遇到困难的时候，你的一句加油，会令人斗志满怀；在朋友遭遇失败的时候，你的一句加油，能滋润他的心田，令他精神振奋。

作为高中生，你心中应该有一个伟大的理想或奋斗目标，但是当你自己奋斗受挫而理想可望而不可即时，你曾经为自己加过油吗？有一些同学在学习中一遇到挫折，就灰心失意，彷徨痛苦，有的甚至自暴自弃，就是不知道为自己加油。想想你在别人遇到困难时为别人加油的劲头，你不觉得你对待自己的态度很不对吗？前几天我走在天门大桥上，忽然听到后面有"加油——加油"的叫喊声，循声望去，原来是我后边蹬三轮车的师傅在加油。只见他左右来回扭动着身体，吃力地蹬车爬着上坡，嘴里大喊着加油，自己在为自己鼓劲。作为青年学子，你不也是在书山上拉车吗？你希望装上满车的知识，拉着车，顺利地到达理想的山巅。在拉车途中，难免会遇到崎岖不平的道路，你为什么不能像这位蹬三轮车的师傅那样，为自己加油呢？每当遇到挫折或烦恼时，许多人总想得到别人的鼓励和帮助，可为什么不对自己大喊一声"加油"呢？

不要以为为自己加油是自欺欺人，其实为自己加油，是自己在鼓励自己，为自己打气。新东方学校创始人俞敏洪曾经说："生活中其实没有绝境，绝境在于你自己的心没有打开。你把自己的心封闭起来，使它陷于一片黑暗，你的生活怎么能有光明！封闭的心，如同没有窗户的房间，你会处在永恒的黑暗中。但实际上四周只是一层纸，一捅就破，外面则是一片光辉灿烂的天空。"人处于绝境的时候，自己鼓励自己是非常重要的，甚至比别人的鼓励更重要。因为有些窗户纸，只能由自己去捅破。

为自己加油，能让你把一份坦然的自信留在心底；为自己加油，能让你的青春风采展现在举手投足之间；为自己加油，能让你从绝境走向一片光辉灿烂的天空。

我有一个学生，高三开始的时候为自己定的目标是在期末考试中获得好成绩，能在全年级居文科前 20 名。但在复习过程中，总遇到极不如意的事情，我以为她会垂头丧气，悲观失望。当我找她谈心，想鼓励她一下时，她却说："您不用担心，我相信我能行。"她还说："不如意时，我就在心里默默为自己喊加油，心中的不快马上就烟消云散了，压力也舒缓了，学习起来感到精神也更旺盛了。"这个学生最后如愿考上了北京师范大学。

你现在面临的竞争是非常激烈的。现在离高考还有两年时间，这中间可能会遇到各种各样的挫折和困难，多为自己加油吧！当你一鼓作气走过这段看似困难的上坡路后，平坦的光明大道就会出现在你面前。

帮一下爸爸妈妈

农活虽然很苦，但很多活你是可以做的。你多做一点，你的父母就少流一点汗。靠自己的力量养活自己，也是一种光荣。我要你帮父母一下，首先是想让你用行动来表示对父母的感谢。暑期里帮一下父母，实际上是在参加一些社会实践活动。

马上要放暑假了。这是你高中阶段的第一个暑假，你打算怎样度过呢？你也许早就计划好了，或者要在紧张地学习了一学年后好好放松一下，或者要按家长的要求继续学习，或是凭自己的兴趣做一些社会实践活动。不管你计划做什么，只要是不违法的，只要是有益于身心健康的，我都支持。不过，我对你有一个建议：暑假里，帮一下爸爸妈妈。

如果你是农村的孩子，暑假里你应该为你的爸爸妈妈做一些力所能及的农活。我有深刻的体验，农村的父母是最苦的，他们脸朝黄土背朝天种几亩薄田，养家糊口已够艰难，还要供你读书，他们的艰辛可想而知。你现在是一个高中生了，应该为家里分担一点责任。农活虽然很苦，但很多活你是可以做的。你多做一点，你的父母就少流一点汗。你应该知道我要求你做的事的意义了吧！

如果你是做生意人家的孩子，暑假里你可以帮父母看店，照顾生意。不要以为看店、送货是丢人的事，许多大学生在校学习期间，都是边打工边上学，何况你是在帮自己的爸爸妈妈。再说，靠自己的力量养活自己，也是一种光荣。黄来女靠打工挣钱背着父亲上大学，不是成为青年学生的精神楷模了吗？我要你帮爸爸妈妈一下，还不是要你自己养活自己，只是适当地替他们干一点活儿，减轻一下他们的负担，你应该能做到。

如果你是工薪阶层家的孩子，暑假里你可以帮爸爸妈妈做一些简单的家务。拖地、洗衣服、买菜都是完全可以做到的。如果你能干一点，还可帮爸爸妈妈做饭。你想一下，当他们在外忙碌了一天，回到家看到整洁的房子、香喷喷的饭菜时，该是多么欣喜！

我读高中的时候，每年暑假我都要替父母干活。那时农村还是人民公社，小孩子是不用上工的。我就每天拿着镰刀去割牛草，担回来晒干后，为母亲去挣工分。至今，我还深深地记得母亲从生产队出纳手里，接过全队最厚的一沓票子时欣慰的笑容。

我要你帮父母一下，首先是想让你用行动来表示对父母的感谢。父母无怨无悔地为你做一切，如果你帮他们一下，他们还可能会因为心疼你，或者怕耽误你的学习，不让你帮他们。但是如果你做了，他们会觉得你懂事了，他们的付出得到了认可，他们会感到莫大的安慰。

我要你帮一下父母，其实也是你自身素质提高的需要。作为一名校长，我希望你能成长为综合素质高，对社会有用的人才。暑期里帮一下父母，实际上是在参加一些社会实践活动。在这些社会实践中，你不但能明白父母养育子女的艰辛，学会尊重、体谅、感激父母，懂得"一粥一饭当思来之不易，半丝半缕恒念物力维艰"的道理，而且还可以磨炼意志，培养健全的人格和独立生活的能力。这样有益的事，你何乐而不为呢？

当然，你早已计划好了的事，也可以去做，但也要记得帮一下父母。

　　一个高中生的健康成长，重要的因素是性格，而不是分数。分数只能改变你生活的轨迹，而性格则能够决定你一生的命运。在我眼里，一个700分的高考状元不一定就是社会有用人才，一个300分的高考落榜者也不一定就是平庸之辈。正确的理想和世界观，良好的性格和修养，在大千世界里找准自己的人生目标并坚持为之奋斗，比随波逐流单纯地追求一个分数重要得多。

高二是一个转折年

这一学年的挑战当然还有很多，而且每个人遇到的挑战不尽相同。你最好在开学的这一周，分析一下你将会遇到的困难，然后拿出解决这些困难的计划和办法。这样才能打有准备之仗，才不至于一天一天混下去。这一年如果混过去了，你高中阶段会是一个怎样的结局基本上就定型了。

结束一个漫长的暑假，你又回到了学校。走进课堂，你有什么感想呢？

这时候的你，与一年前刚进高中的时候大不一样了。教室里的一切东西，包括人和物，都从陌生到熟悉了。学习的内容从新鲜到深奥了，老师、同学从不了解到了解了。还有你的品行、学习成绩等，都应该与一年前不一样了。这些对你今后的发展来讲，又是一个新的起点。如果你对过去一年所取得的成绩比较满意，你就继续发扬光大；如果不满意，就分析一下不满意在什么地方，新的学年里就要在这些地方下一番功夫；如果你觉得无所谓，那你就要反思一下你的世界观。一个人在高中时期对自己一年的学习生活感到无所谓，是很可怕的一件事。如果你认识不到这个问题的严重性，最好找爸爸妈妈，或者信得过的老师谈一次心，也可以直接咨询一下学校的心理老师。

这学期开学之初，你将面临一些新的挑战。

选科走班按照教育部门的要求是这时候完成的。我们学校提前一学期就进行了选科走班。你是否真正选择了你所喜欢又适合你的科目，这对你未来两年的高中生活非常重要。如果你上学期觉得有的科目选得不是太适合你，这学期重新做一下选择，也是可以的。只不过是你要把上学期没有上课的内容，通过自学补起来。这个虽然说有一定难度，但是问题不大。因为正常的选科走班，本来就应该在这个学期进行。不过，这样的选择对你来说，应该是一个挑战吧。你要慎重考虑，慎重决定。

高中一年学下来，你的成绩到了什么地步？与中考进校的成绩和第一次期中考试的成绩相比，是提高了，还是下降了？无论怎么样，对你来说都是有压力的。这一点我很明白。我见过不少成绩提高得很快的学生，他们给自己加了很大的压力，成绩下降了的学生更是如此。这时候你就不要考虑上学期的成绩排名了，你应该考虑这学期的课程内容怎样学习才能收到事半功倍的效果。你要放下一切思想包袱，开始新的征程。

高中二年级也是一个学生"变好"和"变坏"的转折年。高一年级时，由于大家刚进入高中学习，优点缺点并没有充分显现出来。高二年级就不一样了，同学之间互相熟悉了，学习方法上不像一年级的时候有点找不到头绪，功课上不像高三年级的学长们那样有压力。于是，有一些同学开始松弛下来，认为离高考还早着呢，先玩一玩再说。但是，实践证明，高二"玩过来"的学生，很少有在高三"回头是岸"的。一年的时光是永远也"玩"不回来的了。所以，高二年级往往是一个高中生能否顺利地走向高三年级的分水岭。我在学校多年的学校管理经验也证明，高二年级的学生最难"管"。因此，你一定要在这一年正确地把握住自己的成长方向。

这一学年的挑战当然还有很多，而且每个人遇到的挑战不尽相同。你最好在开学的这一周，分析一下你将会遇到的困难，然后拿出解决这些困难的计划和办法。这样才能打有准备之仗，才不至于一天一天混下去。这一年如果混过去了，你高中阶段会是一个怎样的结局基本上就定型了。

我特别要提醒你：高二这一学年，你不要受别人的一些坏习惯影响，也不要让自己养成一些坏习惯，更不要用自己的坏习惯去影响别人。

不能偏重哪一科

你要培养自己对每一门功课的学习兴趣，这是不容选择的选择。你自然产生兴趣的学科就不必说了，对于没有兴趣的那些学科，你一定要有意识地去培养兴趣。你可以找几个对这些学科有兴趣的学生交流一下思想，看一看他们是怎样对这些学科产生兴趣的。

如果你是一个勤奋好学的高中生，如果你的悟性还不错，就是人们常说的比较聪明的那一种，这时候，你应该注意的一个问题，就是不能偏科。

一个学生对哪一科，或者哪两科的学习兴趣浓一些，是很正常的现象。因为学生们的志趣各异，爱好也不相同。但是对哪一科有兴趣，绝对不是意味着放弃没有兴趣的那些科目。如果放弃，其直接结果就是你上不了大学，至少是上不了一所理想的大学。

高中阶段你学文科也好，学理科也好，其实都是打基础的阶段。这一阶段的知识基础，如果你打牢固了，对你一辈子都有好处。即使你高中毕业后，不进入全日制大学深造，而是直接走入社会参加工作，你利用高中时期的这个基础，边学习边工作，也还是可以达到你所期望的知识积累，以及你所追求的人生成就。高中阶段的基础知识，涵盖了社会、自然和人类历史发展的一些基本规律。你掌握了这些基本规律，你就对自己所生存的时间和空间里的人、事、物有一个大致了解。你今后想在哪一个领域选择你的发展方向，也就是说你打算在哪一方面为这个社会、为自己的国家和人民，往大一点说是为整个人类做出一点贡献，也只有在高中阶段把知识的基础打牢，你才能够如鱼得水。

无论你今后怎样发展，年轻的时候能够上一所理想的大学还是最好的选择，这会让你插上理想的翅膀。高中毕业上大学，对你来讲是一道不得不面对的门槛。这道门槛跨不跨得过去？怎样跨过去？只有靠你自己努力，靠你用扎实的基础知识来"抬高你的双腿"。高考750分的总分，你仅在一两科的200~300分上下功夫，肯定是不行的，你必须全面发展。全面发展与你今后想在哪一个领域干出成就也并不矛盾。因为即使你将来做专业性很强的工作，也需要相关学科的一些基础知识垫底。不仅在高中阶段是这样，就是到了大学，也不是数学专业就只学数学，物理专业就只学物理。你不学好语文，不能够很好地把自己的成果变成文字，你就成不了学者。不学好英语，看不懂原版的英文资料，你就不能站在一个领域的知识最前沿。

你要培养自己对每一门功课的学习兴趣，这是不容选择的选择。你自然产生兴趣的学科就不必说了，对于没有兴趣的那些学科，你一定要有意识地去培养兴趣。你可以找几个对这些学科有兴趣的学生交流一下思想，看一看他们是怎样对这些学科产生兴趣的。你也可以找一下这些学科的老师，向老师请教，与老师一起分析你对该学科没有兴趣的原因，探讨培养兴趣的方法。你还可以多找一些这些学科的，或者与这些学科相关的科普类读物来读一读，时间一长，了解的知识一多，你对这些学科的学习兴趣也许就慢慢产生了。

你一定不要因为自己哪一科的成绩好就注重哪一科，哪一科总是考不出好成绩而忽视哪一科，更不能对某个学科产生畏惧心理。学习再难，也没长征路上过雪山草地难，那是要用生命做代价的。你某一门学科相对于同学来讲，成绩可能差一些。这很正常，你也有你的优势科目呀！对于那些相对于同学来讲差一些的科目，只要你不怕它，多下功夫，一定会有所收获。你不妨把你对这些科目内容的掌握程度做一次回顾，你会发现，虽然考试成绩没有如你所愿，但你高中一年来在这门学科上还是学习了不少新的知识，如果减去一年时间，你在这些知识上则为空白。

坚持晨练 5 分钟

一个不知道休息和锻炼身体，一天到晚把自己搞得筋疲力尽的人，学习也只能是事倍功半，效果不好。晨练其实也是对一个人意志力的磨炼。晨练的时候也是你思考问题的最佳时段。

一个人的作息习惯，对他一辈子的事业是有一定影响的。一个天天睡懒觉的人，你说他的学习成绩会很好吗？不可能。他走向社会后，也不可能成就什么大事。一个不知道休息和锻炼身体，一天到晚把自己搞得筋疲力尽的人，学习也只能是事倍功半，效果不好。长期这样还会积劳成疾，乃至英年早逝。一些年轻的科学家、企业家不到 50 岁就离开他所热爱的事业和这个美好的世界，其精神固然可嘉，但这种做法我是不提倡的。

我建议你在高中阶段就养成你一辈子的作息习惯——坚持晨练 5 分钟。

你最好是按照学校安排的到校时间，来确定你的起床时间。如果你住家里，你可以根据学校与家里的远近，选择骑自行车，跑步，或是乘车等方式上学。到校后，在学校操场上跑上几圈。如果你是住校生，你就把起床、漱洗、整理被子的时间计划好，留出 5~8 分钟到操场上做一会儿运动。

坚持晨练 5 分钟，可以养成你早起早睡的好习惯。一天，一月，一年，三年，你如果坚持下来了，那么你就不会有早晨睡懒觉的毛病了。每天到了你自己养成的起床的习惯时间，你的生物钟会自动地催你起床，你想睡也睡不着。不起来跑几圈，运动几下，你会觉得浑身不舒服。早晨锻炼之后，你一整天都会有使不完的劲。不知你做过这样的比较没有？上学的时候，天天早起，你虽然感觉到累，但最多休息几小时就好了。放长假的时候，你天天早晨可以在家里睡到太阳高照，你却感到一天到晚腰酸背疼，昏昏沉沉。

晨练其实也是对一个人意志力的磨炼。说实话，早晨天才刚刚亮，你就要起床锻炼，天天坚持也不是一件容易的事情。但是如果你坚持下来了，就说明你是一个有坚毅精神的人。你在做其他事情的时候，也会体现出你不同一般的意志力，而意志力是一个人做成一项事业的重要因素。

晨练的时候也是你思考问题的最佳时段。你可以用这个时间回顾一下昨天学过的知识，计划一下今天或近期将要学习的内容；也可以思考一下你对某一个问题、某一件事情的处理是否正确。还可以对你的未来做一些设想。总之，这个时段是你的头脑非常清晰的时候，周围虽然会有老师、同学也在锻炼，但没有人会在这时候与你讨论问题而打扰你，你在这个时候考虑问题，对你做出正确的决定会有很大的帮助。我记得曾任微软中国总裁的高耀群先生，在他的一本书里讲到，他有好多大的决策，都是在早晨跑步的时候思考并决定下来的。高先生是留美博士，在美国学习了将近 20 年，无论读书还是工作期间，也无论是出差在外，还是在工作的常居地，他天天坚持晨跑。他辞去微软中国总裁这个大的决定，就是一次在香港晨跑时最后决定下来的。

我要你坚持晨练 5 分钟，其实不光是想与你讨论晨练的问题，我主要是想让你有一个良好的作息习惯。高中生的学习生活是很苦很累的，你一定要有一个你适应的作息时间表。中午你尽量要休息一下，哪怕 20~30 分钟都行。晚上也不要学得太晚，最晚也不要超过 11 点钟。我有时查寝时看到不少学生在寝室熄灯后，还偷偷用应急灯学习，有的还跑到宿舍管理员的窗前"凿壁借光"。同学们的精神令我深为感动。但是，这种做法不能够在大范围内提倡。学习与休息，在时间的安排上有一个度的问题，这个度每个人是不一样的，你自己一定要把握好，不能借口休息是为了学习而一味地"休息"，也不能拼命学习，不顾休息。

晨练的时候，你不妨面对天空，大声吼几声，你会觉得前一天的所有劳累，都随你的吼声而消散，而你生活中的一些不愉快的东西，也会在你的吼声中随风飘逝。

把快乐传递给周围的人

快乐是一种感觉，是一种心境。快乐不是靠别人给予的，是自己寻找和体会的。那些所谓的不愉快的事情，根本就不值得你浪费大好的光阴和情感去琢磨它。做一个快乐的人很重要的一点，就是要有一种平和的心态。与其让一种烦恼困扰自己，并传递给别人，不如让一种快乐环绕自己，并让别人也得到快乐。

快乐是一种感觉，是一种心境。有一些人活在世界上，天天都不快乐，苦恼了一辈子；有一些人则天天快乐，舒心了一辈子。你愿意做哪一种人呢？我想肯定是后者。高中时期是你为人处世之道形成的重要时期，你要注意修炼自己的快乐之道，并把快乐传递给周围的人。

快乐不是靠别人给予的，是自己寻找和体会的。同样一件事情，在有的人看来是不快乐的，在有的人看来却是快乐的。例如，你的功课压力很大，你可能会为此不快乐。你也许会说："一天到晚都要学习、学习、学习，烦死我了。"但是，山区里一些家庭困难的孩子，由于家庭原因，不得不过早地离开学校，有的帮父母种地，有的去外地打工。他们是多么羡慕你们呀！在他们看来，你们应该天天快快乐乐才对。

怎样才能找到快乐呢？在你高中三年的学习生活中，你遇到的人和事，不可能事事都让你快乐，人人都让你开心。你会遇到一些不快乐的事情。这时候你是一天到晚闷闷不乐呢，还是多换几个角度，来思考一下这些人和事，甚至把自己的视角放高放远一点，来看眼前发生的不愉快呢？如果你按后一种做法去做了，你会发现，那些所谓的不愉快的事情，根本就不值得你浪费大好的光阴和情感去琢磨它。如果你与某一位同学在球场上发生了争执，那位同学赛后纠集人来与你打架，这是很不愉快的事。你是与他决一雌雄呢，还是报告老师合理地解决此事？这两者你都可以选择。如果你为了一时的"面子"，大家打得头破血流，你想一想，这样值吗？高中就是你人生的一个过程，毕业后大家各奔东西，感情好的同学，大家还会联络联络。感情不好的视同路人也无可厚非，并且对你的人生不会有什么影响。相反，如果打架斗殴，对你的影响可大了。

做一个快乐的人很重要的一点，就是要有一种平和的心态。如果你是个功利心很强的人，一个有着强烈的私心的人，一个非常争强好胜的人，一个对一点小事都耿耿于怀的人，你就快乐不起来。你偶尔也会因为某件值得高兴的事快乐一下，但快乐过后，你必然再回到你的烦恼世界之中。

无论是在学校，还是在家里，你都千万不要为一些很小的事情烦恼。比如，下雨天你没带雨具，回到家里，不要怪父母没给你送伞，他们也要上班呀！你完全可以换一种心态，你可以说："今天好大的雨，把我淋成落汤鸡了，正好我可以洗个热水澡，有劳妈妈帮我多洗一次衣服啊！"这样家里的气氛就会被你的情绪感染，妈妈再累也高兴。相反，如果你说："倒霉，倒霉，真倒霉，今天上学怎么没叫我带雨具呢？害得我全身都淋湿了，说不定会感冒。"这样，妈妈就会为你担心，也许还会埋怨爸爸为什么不提醒你带雨具，家里的气氛就紧张起来。其实，下雨没带雨具有什么大不了的呢？与其让一种烦恼困扰自己，并传递给别人，不如让一种快乐环绕自己，并让别人也得到快乐。

在教室里，你可能遇到不少同学为了一次考试少考了两三分而摔书、拍桌子，甚至哭鼻子，搞得周围的同学莫名其妙。这种同学，即使成绩再好，也是得不到我这个校长的肯定的。现在读书学习，将来工作生活，良好的心态、快乐的心态非常重要。现在养成了遇到一点小事就烦的习惯，将来要改就很难了。

我希望从现在起，你做一个快乐的人，并且把你的快乐传递给你的父母、老师和同学，形成一个良好的快乐的学习氛围，这对于你高中三年的成长是很有利的。

珍视异性同学的友情

高中三年，我建议你与异性的交往就停留在同学友情这一步。眼光要放长远。若干年后，当你已经是一个成熟的社会人士之后，你会觉得，高中时代的异性同学的友情确实值得珍惜。你会庆幸，那时候没有把情感天平的砝码放错位置，这时候自己多幸福啊！

人之所以为人，是因为我们有情有义有理智。这是我们与草木禽兽的根本区别。一个人与生相随而来的是亲情。友情则是你走入社会后，与家人之外的人产生的情感。同学情、战友情、同事情等，都属于友情。应该说同学情在你一辈子的记忆中是友情里最弥足珍贵的。尤其是高中阶段，你不再是一个不懂事的小孩子了，你有了自己的是非观、世界观，你懂得了哪些是值得你珍视的友情。

高中时期产生的同学友情可以让你受益一辈子。异性同学的友情，你处理好了，会在无形之中让你平添双翼；处理不得当，你就会抱憾许多年，甚至一辈子。

异性同学的友情与同性同学的友情建立的基础是一样的。互相信任，彼此关心帮助，性格和谐，志向一致，世界观相同，等等。这些都是产生友情的基础。高中时的友情应该是没有多少私心杂念的。如果有很功利的目的，那么这种友情是不会长久的。高中时期的友情不一定要兴趣相同，性格一样。有时候，完全不同性格的两个同学，可能成为很要好的朋友，而性格完全相同的，说不定走不到一起。

异性同学的友情与同性同学的友情也是有区别的。高中生一般都是十七八岁了，这个时期异性的交往不同于七八岁的小孩子，也不同于二十七八岁的青年人。这时候的友情是比较微妙的，也是很不好处理的。如果你这时候没有异性友情，甚至见了异性就脸红，就像避瘟疫似的躲开，那么你以后就很难与异性有正常的交往。这样对你的学习和工作是非常不利的。这个社会是信息时代，是合作的时代。一件事靠一个人的智慧是不能完成好的，它需要有人配合。与你合作的人，有同性的，也会有异性的。因此，这个时候你对异性同学的友情一定要处理得当，不能太疏远，也不能过于亲密，因为毕竟有性别差异。不能让周围的人产生误解，误解了本来也没有什么了不起，但它会影响你正常的学习生活，会无端地引出一些不必要的烦恼。

建议你建立广泛的异性同学的友情。为人要大方，胸怀要宽广，同学有困难要主动热情地帮助。不要抱着什么目的与异性同学交往，不要刻意与一个或两个异性同学交往。要把异性同学的友情与同性同学的友情放在同一个天平上。做到了这些，你的同学才会觉得你是一个可以交往的人，一个值得交往的人。

在与异性同学的交往过程中，你还要注意尽量与同学分享你的快乐。尽量不要老是去麻烦别人，有困难尽可能自己解决。当然，如果困难大了，你一个人确实承担不起，就不妨找友情深一些的同学帮忙出主意、想办法。一定不要在自己心里憋着，这样不好。有困难，没有人帮助，那还谈什么友情呢？但是也不能把那些自己能克服的困难，随意转嫁给他人。

高中三年，我建议你与异性的交往就停留在同学友情这一步。眼光要放长远。若干年后，当你已经是一个成熟的社会人士之后，你会觉得，高中时代的异性同学的友情确实值得珍惜。你会庆幸，那时候没有把情感天平的砝码放错位置，这时候自己多幸福啊！

随手扔垃圾就是随手扔修养

　　如果一个人"随手扔"的习惯养成了，那他的很多修养也会在不知不觉中被随手扔掉。在校园内，你不仅不应该随手扔垃圾，还应该在你经过的地方，把别人随手扔在地上的垃圾捡起来。如果大家都这样做了，我们就能在一个洁净明亮的校园里学习生活，那该是多么快乐的事啊！

　　如果你是一个细心的人，你就会发现，在学校的教室内、走廊里、宿舍里、食堂里、操场上和道路上，总之，只要是有人去的地方，都有随手扔垃圾的现象。随手扔垃圾的人虽然不多，但给学校的形象带来很不好的影响。如果一个人"随手扔"的习惯养成了，那他的很多修养也会在不知不觉中被随手扔掉。

　　你想一想，我们学校有 6000 多名学生，假如每人每天只扔一张纸到地上，每天就会有 6000 多张纸随风满地飘起，那将是一个什么样的"景象"啊！那还是学校吗？与垃圾场何异？好在大多数学生都没有"随手扔"的不良习惯，"随手扔"的现象只是少数。

　　我仔细观察过一段时间，"随手扔"一般有这样两种：一种是把吃喝用的包装盒、袋、瓶等随手扔在地上，走到哪儿就扔到哪儿。第二种是在教室、寝室里随手向窗外扔东西。这些现象在学校里每天都有发生。假如你是一个"随手扔"，我很难想象你随手扔东西的时候的心理状态，面对那么干净的道路，你"啪"的一下把一个空饮料瓶扔下去，你没有想过别人会因为你的这个行为而看不起你吗？也许你会说，我看见前后没人，我偷偷扔的。那就更不对了！这是一种什么心理呀！你的良好习惯与修养是做给别人看的吗？如果这样，你永远也不会养成良好的行为习惯，就更别谈个人修养了。

有好多次，我在校园里走的时候，发现前面的学生"随手扔"，我说："这位同学，你的东西掉了。"有的同学回过头来，马上意识到自己的行为不对，弯腰把扔在地上的东西捡起来，连声说："对不起，校长。"然后朝垃圾桶走去。也有的同学说："没有啊，校长，我没有掉东西。"这时旁边的同学会一边笑一边把垃圾捡起来，那位扔垃圾的同学会面红耳赤。这就是说，随手扔垃圾的同学对自己的行为也是否定的，他有可能是无意而为。即使是这样，也说明了他没有注意培养个人习惯和修养的意识。

在校园散步的时候，我经常与遇到的同学随意聊起"随手扔"的问题。我问他们："你随手扔东西吗？"同学们的回答完全是一样的："我不扔。"我接着问："你愿意把看到的'随手扔'捡起来吗？"同学们的回答也是一样的，他们会把经过的地方的垃圾捡起来，扔进垃圾桶。这就让我奇怪了，为什么同学们做得都不错，校园内每天总还是有"随手扔"呢？我自己为自己找答案：6000 多名学生的一个学校，有几个随意扔东西的学生不足为奇。其实，这个答案是错的。不仅如此，就连我的问话都是愚蠢的，哪一个学生愿意当着校长的面，承认自己随手扔东西？又有哪一个学生在校长的眼皮底下，不按校长的要求去做呢？

"随手扔"的习惯一旦养成，你的很多修养就会被"随手扔掉"，这不是我给你扣大帽子。如果我说你的"随手扔"会影响别人对你的看法，影响学校形象，甚至影响国家的形象，你会说这帽子扣得太大了。但事实确实如此。

在校园内，你不仅不应该随手扔垃圾，还应该在你经过的地方，把别人随手扔在地上的垃圾捡起来。如果大家都这样做了，我们就能在一个洁净明亮的校园里学习生活，那该是多么快乐的事啊！

要与老师有非常好的沟通

不注意保持与老师有良好的沟通，你的学习就不会那么顺心，更不可能找到学习上的快乐。提问题可以在课堂上，也可以在下课后。对多问善学的学生，老师绝对不会批评你这也不懂，那也不会的，他表扬你还来不及呢！

高中生掌握的知识比初中生和小学生多多了，但高中生往往与老师沟通变困难了。这有老师的原因，也有学生的原因。有一些老师大学毕业后走上讲台，不注意知识更新和继续学习，满足不了学生对知识的渴求，造成学生对老师产生不了敬佩感，学生会觉得，老师脑子里的东西还不如我们多呢！因此他们不愿意与老师沟通。有少数高中生确实是有一点自以为是，以为自己读了十来年书，什么都懂了，这些学生瞧不起老师，瞧不起家长，也瞧不起同学，他不仅与老师不能很好地沟通，与家长和同学的沟通也很难。当然，还有一些学生，虽然也不能够与老师进行良好的沟通，但他们不属于这种情况，而是这一年龄段的孩子们的"通病"——装深沉。

不知道你留意过你从幼儿园到高中阶段的课堂没有，你仔细回想一下就会发现，幼儿园的时候，老师说："谁来帮老师把苹果分给同学们呀？"老师的话刚说完，就呼啦一下，几乎所有的同学都举起手来，对着老师喊："老师，我来！"小学的时候，老师说："这个题目大家会做了吗？"班里立刻会有半数以上的学生举手。初中的时候，老师说："这一节课我们学习了哪些东西？请一个同学站起来复述一遍，好吗？"举手的就不到三分之一了。高中的时候，老师说："现在我们运用刚才讲过的知识做这道练习，我想请几位同学在黑板上做，谁上来呀？"举手的寥寥无几，甚至没有。学生们多数在干什么呢？在座位上装深沉呢！这种现象不是在一两所学校存在，而是一个普遍现象。

不注意保持与老师有良好的沟通，你的学习就不会那么顺心，更不可能找到学习上的快乐。时间久了，你的成绩就会下降，甚至会产生厌学的心理。前不久，一位农村学生家长跑到我的办公室，她是一个高二女生的母亲，进门就哭，说她女儿中考600多分，现在只考了400多分，要求留级到一年级就读。她说女儿坚决要留级，向她要求多少次了，一定要她来找校长。我说："你女儿为什么不来找我呢？"她说女儿不敢。我看到她那么坚决的态度，就放下手头的工作，到二年级教室找这位女生谈话。当上课的老师把这位学生找出来时，我的直觉告诉我，这是一个很勤奋很用功的学生。我一边与她在校园里散步，一边问她："你为什么要留级呢？"她回答："我的成绩太差了，只有留一级才能赶上去。"我又问："留一级就能保证赶上去吗？"她回答说："一定能！"我告诉她，如果她不找到成绩下滑的真正原因，别说留一级，就是留两级，到高三也会掉下队来。通过进一步的交谈，我认为，她成绩下滑的最大原因是与老师、同学没有良好的沟通。她从农村来，在教室里不敢向老师提问，作业弄不明白，也不敢问同学，总是一个人在书里找答案，或被动地等老师讲解，老师讲不到她的这个问题，她就让这个问题过去了。这种学习方法，基础再好也不行呀！她过去在农村初中的环境不同，她什么都敢大胆去问老师，去和同学们讨论。针对这个原因，我告诉她："城里的老师与农村的老师一样，都是你的老师，同学们也来自四面八方，你要主动与老师沟通，与同学交流，探讨学习上不懂的问题，没什么好怕的。你看，我这个校长不是一样可以与你在校园里散步吗？"说完这些话后，我拍了拍她的肩膀，最后说："我的女儿比你大，我可以做你的父亲，以后在学习和生活上有什么问题，就直接找我，别让你的爸爸妈妈在农村担心。"她说："好的，我先试试看。"后来我问她还想不想留级，她说不留级了。从这以后，她的成绩开始提高了。多好的女孩呀！保持了与老师的良好沟通，不光成绩会提高，性格也会变得开朗许多。

学生毕竟是学生，学习和生活上肯定会遇到各种各样的问题，只有保持与老师良好的沟通，才能在老师的指导下，一步一步顺顺利利地走过三年高中时光。

怎样才能与老师保持良好的沟通呢?

第一，要尊重老师，热爱老师，甚至原谅老师身上的某些缺点。这种尊重、热爱和原谅是相互的，你这样对待老师，老师同样会这样对待你。见到老师要问好，要主动帮助老师组织一些班里的活动，甚至做老师的"助理老师"。还可以做一些让老师感动的事。比如如果老师生日那一天走进课堂，你组织全班同学站起来齐声说："老师，生日快乐！"你说老师该有多感动啊！也许他自己都忘了今天是他生日呢！

第二，要跟着老师的教学进度预习、听讲、做作业和复习。特别是上课，要紧跟老师的思路，这样才能将你不懂的问题提出来。提问题可以在课堂上，也可以在下课后。对多问善学的学生，老师绝对不会批评你这也不懂，那也不会的，他表扬你还来不及呢！

第三，既不能对老师有畏惧心理，又不能把老师不放在眼里。这两种态度的结果，都是从心理上对老师的排斥。这是万万不行的。有了心理排斥的因素，你就不可能与老师有良好的沟通。

人身安全要确保

一个高中生要是出了安全事故，对学校来讲是几千分之一，对你和你的家庭来讲，就是百分之百。我认为，高中生的身体健康是第一位的，良好的个人修养是第二位的，考试成绩是第三位的。

对于一个高中生来讲，没有什么东西比人身安全更重要的了。如果你在校内外出了安全事故，轻则可能受伤、致残，重则可能连命都搭上，那还有什么理想抱负可言，就更别说什么勤奋刻苦学习了。

也许你会说，安全问题离你非常遥远，你一不打架，二不在危险的地方玩耍，何来"安全问题"可言？但事实完全不是你想象的这样，全国各地学校的安全事故几乎每天都在发生，数字我就不给你列举了。

高中生的人身安全有大安全和小安全。大安全就是容易引发生命问题的安全，小安全则是受皮肉之苦的安全。

大安全要注意的范围包括这样一些：交通安全，与人发生冲突导致械斗，在高楼层栏杆处活动，上下楼梯拥挤，游泳，爬山，身体不适应做剧烈运动，等等。小安全要注意的范围主要是：与同学打闹，体育运动，参加集体活动，饮食卫生，高低床的起床与就寝，开水的使用，正确使用刀具，按操作要求与规程做理化实验，等等。

这么多要注意的安全问题，你应该怎么做才好呢？其实只要做到这样几点就可以了：一是要有良好的行为习惯，如走路靠右行，不闯红灯。二是不与社会上和校园内的是非之徒为伍。三是学会宽容，退一步海阔天空。四是按规律、规矩做事，不莽撞。

一个高中生要是出了安全事故，对学校来讲是几千分之一，对你和你的家庭来讲，就是百分之百。生命是可贵的。每当从新闻媒体上看到某个学校有学生在安全事故中死亡，我的内心就会受到强烈的震动。学校对校园安全有义不容辞的责任，但作为学生，你更应该时刻注意保护你的人身安全，加强自我防范意识。这样你才能拥有学习的生命之躯。

我有一个观点，是绝大多数人都赞成的，也是绝大多数人都难以做到的。我认为，高中生的身体健康是第一位的，良好的个人修养是第二位的，考试成绩是第三位的。有很多家长，嘴上认可我这个观点，实际上却只看重孩子的考试成绩。为了成绩，让孩子拼命苦读，成为书呆子；为了成绩，愿意为孩子当牛做马，让孩子衣来伸手，饭来张口。这是何苦呢！

有什么比健康、安全更重要的呢？作为一个高中生，如果没有了健康和安全，你今后的人生磨难就会比常人多得多。这并不是说我们害怕磨难。如果我们有意识地去防范那些不必要的磨难，何乐而不为呢？

当然，你也许会说，生命算什么？"生命诚可贵，爱情价更高。若为自由故，二者皆可抛。"不过，你应该与我一样清楚，这里的生命已经是另外一个话题了。当一个人的生命与国家、民族的命运连在一起，一个自然人的生命是渺小的，如果这个渺小的生命活得有意义，即使是短暂的也是伟大的。

用正确冷静的方式解决同学纠纷

高中三年，你可能会与同学有一些大大小小的纠纷。再过三年，五年，十年，当同学相聚，回首高中时的一些纠纷，我想绝大多数同学都会一笑而过。只要我们心胸开阔一点，眼前的一切纠纷都是过眼云烟。

一般来讲，高中生要比初中生理智许多，遇事开始有一些理性的思考。但是在高中学校，同学之间发生不愉快的事情，产生纠纷，甚至发展到打架斗殴的地步，也并不是没有。在有些学校还经常见到。

高中三年要顺利地完成学业，成人成才，同学关系非常重要。这也是你这个阶段的一个重要的生活学习的环境。人的一生就那么几十年，每一年都耽误不得，特别是在你年轻的时候。何况高中三年，是你从一个不懂事的少年向青年过渡的三年，是你即将进入大学深造，或者即将进入社会的三年。这三年你是在为自己的人生迈入一个新的起点而积蓄知识和力量。你不能有半点闪失。当你用不冷静的方式来处理同学之间的纠纷，受闪失的不仅有别人，还有你自己。

高中阶段同学之间容易产生纠纷的事情不外乎这样一些：说别人或者别人说自己不中听的话，为了某个观点而争执，为了某本书或学习用具而争执，为了本班的某件事情与别的班同学一争高低，在球场上争斗，看不惯别人或者别人看不惯自己的某些习惯而冷语相讥，为了某个自己喜欢的男（女）同学而与别人发生语言和肢体冲突，等等。你可以冷静地想一想：这些纠纷有多少是为有利于你的成长而产生的呢？你会发现，没有多少！

高中生处在青春的躁动期，情绪最容易冲动。为了一件小事，酿成大错，甚至酿成惨剧的事情，在高中校园里每年都发生过。人的生命是最为可贵的，当一个人无视法律把别人的生命终止了，自己的生命也会被终止。这是何苦啊！冲动之下做出的事情，给自己，给家人，给别人带来的是无法挽回的损失和伤痛。

高中三年，你应该学会避免产生纠纷。这段时间，你的主要任务是学习，学习之外的事情，你没有必要与别人争一个高低。与同学在一起，多讨论学习，少说些是非。你要加强个人修养，成为一个说话做事都让同学们敬佩的人。你最好不要与那些有不良行为和习惯的同学为伍。

做到了这几点，与别人产生纠纷的可能性就少了许多。

如果纠纷已经产生了，这时候你最应该注意的就是冷静，不要激起更大的矛盾冲突。你可以先走开，让对方也冷静下来，过一段时间之后，与对方再平静地沟通。同学嘛，有什么大不了的矛盾，有什么必要成为一对冤家。如果直接沟通不好，你可以找相好的同学从中协调。同学还协调不好，就报告老师，让老师分别找你们谈心，找到解决矛盾的办法。还可以让老师找来双方家长共同解决矛盾。切忌在与同学产生纠纷后，找别的相好的同学，找社会闲散人员，找家长，来把对方狠狠地教训一通。这不是解决问题的办法，只能将矛盾引向更加激化的地步。在天门中学，如果有学生这样做，无论是谁，都要受到退学的处分。

同学之间，有多少纠纷解决不了的呢？没有。时间是最好的化解矛盾的良方。只要在产生纠纷的当时当地，大家冷静下来，多退让一步，也就过去了。若干年后，当你们走入社会，有了各自的事业、家庭，大家再相聚时，提起这段往事，你们会为自己的行为感到好笑。有一次我在国家教育行政学院培训，几个在北京工作的天门中学校友约我吃饭，饭桌上，他们谈起当年在学校时的情景，都说："我们在学校时太调皮了，干了许多'坏事'，害得老师一天到晚为我们操心。"他们说这话的时候，多少有一点调侃的味道，但调侃之中，也充分地流露出他们回首高中时代的某种追悔的心情。

　　人这一生中很多事情就是这样，年轻的时候，父母、老师说的话很难听进去，当自己亲身体验了，经历了，也明白了，然而时间都过去了，不可能再回来了。同学之间的纠纷也是这样，高中三年，你可能会与同学有一些大大小小的纠纷。再过三年，五年，十年，当同学相聚，回首高中时的一些纠纷，我想绝大多数同学都会一笑而过。只要我们心胸开阔一点，眼前的一切纠纷都是过眼云烟。

不能把学习上的问题积攒起来

你不妨准备一个"难题本"、一个"错题本"，把每天你不容易解决的问题记在难题本上，把你认为简单却又解答错了的问题记在错题本上，每周末把这两个本子拿出来翻一翻，每月也拿出来看一看，每学期拿出来整理一次。这样做，你这个学期的问题就绝对不会留到下个学期去解决了。

学习的过程其实就是一个解决问题的过程。高中三年，如果你每一天每一节课都把该解决的问题解决了，毕业时你就会有一个优异的成绩，有一个令自己和家长满意的结果。如果你不是这样，而是相反，每天都留下一些没有解决的问题，那你的学习成绩一定不可能好，甚至会很糟糕。

那首"今日复明日，明日何其多"的歌谣，小时候你就能倒背如流。但真正从这首歌谣里领悟到人生的哲理，而且还在每一天的学习或工作中，按照这种哲理去做的人，不是很多。谁做到了，谁就属于优秀人群中的一员。我希望我们学校的学生，大多都能按照这首歌谣里的哲理去做，大多数同学都成为优秀的人。

怎样才能做到不把学习上的问题积攒起来呢？

要养成不放过学习上的问题的良好习惯。高中期间在学习上遇到问题是非常正常的事，没有问题我们就不用上高中了。今天的课堂上老师教的内容一定要弄明白，没有弄明白的地方要找同学，找老师，或者自己查阅资料弄明白。不要认为这个问题不是很重要，也不要说今天有特殊原因，这个问题可以先放一放，更不要认为这个问题太难了，我没办法解决。如果每天都给自己这样一些"借口"，你就不可能养成良好的学习习惯，学习上的问题就会越积越多，慢慢地会多到你觉得自己什么都不知道，你对自己的学习就会失去信心。如果到了这个地步，将是一件可怕的事情，我对你的学习前途就很担忧了。

要充分认识到不解决前面的问题，后面的问题就很难解决的道理。高中的知识前后是有联系的，很多课程前面不学好，留下一些不明白的问题，后面的知识往往是建立在前面知识的基础之上的，这样你就很难真正了解并掌握它，就会造成恶性循环。出现了这样的结果，即使你主观上再努力，客观上你都很难收到理想的效果。文理科知识都是如此，只不过是有的关联紧一点，有的直接联系少一些。

在具体的方法上，你不妨准备一个"难题本"、一个"错题本"，把每天你不容易解决的问题记在难题本上，把你认为简单却又解答错了的问题记在错题本上，每周末把这两个本子拿出来翻一翻，每月也拿出来看一看，每学期拿出来整理一次。这样做，你这个学期的问题就绝对不会留到下个学期去解决了。三年下来，如果你天天如此，周周如此，月月如此，年年如此，你的学习成绩如果不理想，不仅我不相信，你也不会相信。关键是你能坚持这样做吗？

容易使你把学习上的问题积攒起来的因素主要有这样一些：

懒惰。今天遇到一个问题，心里想："算了吧，找同学、找老师去问明白，多麻烦。自己去找那么多资料就为解决这一个问题，多不值。"明天遇到一个问题，心里想："算了吧，等同学们弄明白后，我把它抄过来不就得了，多简单，多省事，还可以节约好多时间去打球呢！"

无所谓。"就这么一个问题，不至于影响我的学习成绩吧？别听老师在课堂上讲得那么危言耸听，到高考前我把它们一并解决不就得了。"

惧怕。遇到学习上的问题产生惧怕心理，对自己独立解决学习上的问题没有信心，即使解答正确了，也对自己的解决方法和结果持怀疑态度。久而久之，养成一切问题都依赖别人的习惯。

放弃。可能是由于成绩不太好，觉得再怎么努力也是白搭，于是干脆放弃。有问题就有问题吧，高考分数能考多少是多少，天无绝人之路。

这些都是把学习上的问题积攒下来的最常见的一些因素。这些因素有学习方法上的，但主要是主观思想上的。只要你主观上愿意克服这些因素，并按照我前面说的要求去做，相对来讲，你积攒的问题就会少一些，你毕业时的成绩就会好一些，你的进步也就会大一些。到时候，高考不论是个什么结果，你都问心无愧!

有什么话不能对家长说呢？

你不要以为你长大了，什么都懂。其实，你只懂了人生和社会的一部分，甚至只是一小部分。一个长期保持什么话都能向家长讲的学生，他一定是一个心理健康，懂事理，知甘苦，勤学上进，将来在社会上也会有所成就的人。

高中生思想交流的对象主要是老师、同学和家长。如果一个学生高中时期很难与老师、同学和家长沟通，性格孤僻内向，那么他走入社会后就很难深入社会，更谈不上成为对社会有用的人才了。

相较而言，你对家长应该是无话不说的。你的成绩可以给家长分享，你的困惑可以让家长解答，你的苦恼可以让家长分担，你的前途可以让家长指引，你的失败可以让家长为你总结教训，甚至你偷偷地喜欢上谁或谁喜欢上了你，你都可以说出来让家长为你出谋划策。家长的话不一定都是正确的，但家长的话主观上肯定是为你好，也一定是他们的肺腑之言。这一点，你现在不会太明白，等有一天，你像家长这么大年纪了，再回想起高中时代家长给你说的一些话，你就真正明白了家长在这一时期花在你身上的心血。

你不要以为你长大了，什么都懂。其实，你只懂了人生和社会的一部分，甚至只是一小部分。有些你看似明白了的东西，其实你并没有明白。有人说，假如人能再活一次，那么世界上至少有一半的人能成为伟人。虽然这个假如是不可能的，但这句话非常深刻地说明了一个人成长的一般规律。人，特别是学生，往往是这样，老师和家长教育的话他听不进去，非得自己去摸索，去闯，等到走了许多弯路，甚至撞得头破血流了，再回头时，年龄已大，物事已非，时光已非过去的时光，事情已不可能从头再来。

人生的好多东西都是间接得来的，没有必要做一些毫无意义的探索。从小学到高中的课本上的知识，对你来讲都是间接知识。这些知识是人类在改造自然和社会的过程中，我们的先人们直接探索得来的。你从小到大的身心成长，除学校教育以外，家庭教育是很重要的。我们认为，对一个高中生的品行来说，家庭教育比学校教育重要。在家庭里，父亲是校长，母亲是老师，你是学生。好多课本上、教室里学不到，也不可能讨论的东西，只能在家里靠父母的教育和与父母一起讨论来完成。我从网上看到，某地有 11 名高中生，相约集体投河。我想他们一定是思想上遇到了一个靠自己的力量迈不过去的坎，但他们又不好向老师和其他同学说。假如其中有一个人能向家长诉说，与家长一起讨论这个坎怎样迈过去，悲剧就不会发生了。

也许你会认为，好多东西就是不能向家长说，说了家长也不理解，还会挨批评，甚至挨骂挨打。我想，如果你的思想是健康向上的，行为是积极进取的，家长为什么要批评你，为什么要打你骂你？不讲理和不顾自己子女前途，只顾自己享乐的家长毕竟是极少数。我听一位家长说，他儿子在我们学校读书，脚上非 1000 元以上的鞋不穿，这样的行为家长能理解吗？我这个校长也不可能容忍！

高中生不愿与家长说的话，无非是两个方面：一是学习成绩。特别是一些学习成绩与家长的期望值有一定距离的学生，最怕家长问起学习成绩。在这方面，我认为，多数时候是家长的错，而不是你们的错。我不是无原则地为你们说话。很多家长只要求学生的成绩要在全班是多少名，全校是多少名，他不想一想，全班全校那么多学生，不可能都是前 10 名、前 100 名啊！不少学生付出了很大的努力，成绩与自己相比有进步，但他在努力，别人也没有玩啊！大家都在进步，不可能都是前 10 名啊！好多家长不管这些，孩子没进入他要求的名次就批评孩子，这是家长的不是。遇到这样的家长，你可以把有关情况告诉老师，告诉我，由学校派老师去做家访。

　　二是品行表现。主要是一些上课不认真学习，不按要求完成作业，下课玩手机成瘾，谈情说爱，甚至打架闹事的学生。对这部分学生，家长总是抱着这样的想法：让你们待在学校，多少总能学一些东西。尤其是把你们放在我们这个校风好、学风正的学校，他们比较放心一些。如果你的确成了这样的一类学生，我建议你还是与家长认真地谈一次。你最好是回到家，帮爸爸、妈妈去打点生意，你也可以帮爸爸、妈妈去种田，体会一下劳动的艰辛。一段时间之后，如果你再回到学校，你就不可能像现在这样，在学校里混时间了。总之，你不应该拿了父母的钱，堂而皇之地在学校里"混"。如果你"混"成了学校里的"混混"，你能与家长沟通交流吗？显然不能。

　　一个长期保持什么话都能向家长讲的学生，他一定是一个心理健康，懂事理，知甘苦，勤学上进，将来在社会上也会有所成就的人。你愿意成为这样的一个人吗？让我们一起努力！

你是否在睡觉前反思一下今天的行为？

养成了睡觉之前反思的习惯，你就不可能做那些于人于己于社会无益的事，更不可能去做违法犯罪或者有悖社会公理、公德的事。高中生自我克制能力差，容易情绪化地处理一些问题。有时候做错了事自己也很后悔，有时也不知道自己做错了。如果每天反思一下，就会少做错事，少犯错误，对自己的品行修养是大有裨益的。

学会反思，是一个人不断加强自我修养，让自己成为社会的一个优秀分子的重要途径之一。我可以坦诚地告诉你，我虽然算不上一个十分优秀的人，但我从学校毕业走入社会二十多年来，多少做过一些对社会有益的事。睡觉前反思今天的行为，是我长期坚持的一种习惯。

我们每天都要面对各种各样的人和事。虽然高中阶段面对的东西，比走向社会后相对来说单一一些，但这仅仅是相对而言。其实高中生面对的人和事，也并不简单。一天之内，从早到晚，我们要面对复杂的人际关系，面对快乐的，或者烦恼的事情，面对学习的压力，面对生活的无奈、贫乏，乃至窘迫。我们面对的这些东西，需要我们进行分析判断，采取正确的办法，做出自己的选择。白天，我们将该做的事情做了，按照当时当地的分析判断处理了。当时做得正确与否，你最好在睡觉前反思一下。特别是对一些比较大的事情，应该反复琢磨一下。

睡觉之前是一个人一天最冷静的时候，这时候你思考问题比较理智。你把白天发生的一些事情，在脑海里像放电影一样过一遍，然后仔细分析一下你当时为什么会那样做，做得正确与否。对于那些明显不正确的做法，你一定要在明天，或者找一个适当的时候更正过来；对于那些不太正确的做法，只要不影响大局，你可以不改正，但以后要尽量避免犯类似的错误；对于那些你认为值得骄傲的事情，你今后就应该发扬光大。

我读高中的时候经常这样做：躺在床上，回想一下今天上了几节课，学了多少东西，按照老师的要求，做了多少练习，按照自己的学习计划，做了哪些阅读和练习。如果今天的收获很大，我会在被窝里会心地笑一下，表示对自己的满意，然后美美地睡一个好觉。如果今天没多少收获，我会叹一口气，下决心明天努力。如果今天浪费了许多时光，我会用手拍打一下自己的脑袋，然后对自己说："怎么能这样呢？明天不能这样了。"

我高中时期养成的这个习惯，为我高考时帮了大忙。要不是有这个良好的习惯，我怎么可能在全年级考第一名，这个习惯我一直坚持到现在。今天我管理这个 6000 多名师生的学校，每天遇到的事，都必须及时处理，各种矛盾都不可能回避。在处理这些事情和矛盾的过程中，不可能每一件事都处理得十分正确。睡觉前把一天的事情回想一下，认真地从头梳理一遍，对我今后的工作非常有用。有时候，人已经躺在床上了，突然想到某件事情应该这样处理，而不应该那样处理，又担心第二天早上起床后忘记，我就又从被窝里爬起来，把应该采取的办法记在一张纸上，之后才安心地睡下。正是有了这个良好的习惯，我才在二十多年的工作实践中，没有犯什么大的错误。我不是一个圣人，不敢说自己就没有做过一件错事。

以我的体会，高中时期如果一个人把这个习惯养成了，确实是受益终身。俗话说，黄金难买回头瞄。做过了的事，回过头来再看一看，我们就会有一些新的启迪和收获。

养成了睡觉之前反思的习惯，你就不可能做那些于人于己于社会无益的事，更不可能去做违法犯罪或者有悖社会公理、公德的事。高中生自我克制能力差，容易情绪化地处理一些问题。有时候做错了事自己也很后悔，有时也不知道自己做错了。如果每天反思一下，就会少做错事，少犯错误，对自己的品行修养是大有裨益的。

你也可以在睡觉之前反思一下今天的功课。哪些功课掌握得好，哪些掌握得不好，分别是什么原因，在睡觉前可以分析一下。还有，今天的练习中，有几道错题，为什么错，以后应该怎样注意，也可以回顾一下。特别是又过去一天了，意味着高中生活又少了一天，这一天哪件事情最值得骄傲，哪件事做得最失败，也应该偷着乐一下，偷着下决心改一下。这对你明天的行为是很有意义的。

德重于才

"德"重于"才"。"德"不是空洞的说教，是有具体内容的。它体现在你的信仰、你的思想、你的言语、你的行为之中。"德"有大，有小，有长远的，有近期的，有随时的。在你人生的整个时空中，"德"随时随地都可以体现出来。有了"德"，你才能够成为一个真正意义上的人。

有一位同事，很骄傲地向我讲了这样一件事：初秋的某一天，他在出差途中，早晨出门，正感觉一阵凉意袭来时，收到了女儿的短信："爸，今天感觉有一点凉，出门时多穿一点衣服。我不在家，你和妈妈一定要注意身体。"这位同事说："看了短信，我顿时感到一股暖流在全身涌动。"是啊，谁都会这样！他的女儿今年才 18 岁，刚上大学。现在有多少孩子早晨起来感觉天凉时，还记得叮嘱父母要多穿点衣服？事情虽小，却体现出一个女儿对父母的关心之情。

这就是一种德，是实实在在的德。所以说，德不是像有些学生和家长认为的那样，是一种"空"的东西。这样的人只要"才"，说白了是只要分数，也并不是真正意义上的"才"。

前些天参加高二（23）班的一个主题班会活动，我把上面的这件事讲给同学们听，然后问他们："我们班有没有像这个大一学生一样关心父母的人？若有，请举手。"现场举手的只有两三名同学。作为校长，当时站在讲台上心里确实感到有一些悲凉，也感到了肩上的一份责任。如果一个学生连生养自己的父母都不关心，他能成为一个热爱生活，一个品德高尚的人吗？显然不能！

我向来把学生的"德"放在比"才"重要的位置。我一直认为：一个胸怀大志，情操高尚，品行端正，为人正直谦逊，学习勤奋努力的学生，因为一些客观原因，造成学习成绩不好，并不能说明这名学生就不优秀。特别是像我们这样的重点中学，全年级排名在 1000 名之后，都可以上大学本科，你能说这些学生的成绩不优秀吗？

再说，即使考不上好大学，也并不意味着你成不了才。你只要有"德"，只要肯用功学习，就一定能成才。2000 年天门中学有一名叫陈娟的毕业生，高考成绩只有 300 多分，当时只能上大专。陈娟对垂头丧气的父亲说："爸爸，我就读专科，四年后我一定要考上研究生。"陈娟说到做到，读大专时，考了专升本，大学毕业的 2004 年考研究生，因英语成绩差 2 分没有被学校录取，2005 年再考，终于如愿考上重点大学中文系的硕士研究生。陈娟立了志，修养了一种"德"。没有这种"德"，人们可能会放弃对人生的美好追求。如果那样，还何"才"之有啊！

天门中学还有一名校友，高中毕业时连大专线都没有过，这个成绩在全校肯定在倒数 80 名之内。但是，这位校友分数低，"德"不低，立志要学有所成，并且不复读，不将大好的青春岁月去挤高考的独木桥，她读了中南财经政法大学的自学助考班，四年之后拿到了自考本科文凭并考取了中南财经政法大学的硕士研究生，硕士毕业又考取了中国人民大学的博士研究生，现在在中央机关工作。

这两个活生生的例子，就发生在我们学校，发生在我们身边。每当有些家长为了学生的某次考试成绩不理想而批评学生的时候，每当有的同学为了自己的成绩而苦恼的时候，我就讲这两个例子给他们听。这两个学生的父亲都是我原来在市直机关工作的同事和朋友。应该说，他们教育子女的方式是正确的，结果也是成功的。相反，如果他们不注重对孩子的个人修养、意志品质、理想抱负等德育方面的教育，一心只关注孩子的分数，即使高考时有一个好成绩，能上一所好大学，走入社会后能不能成人成才，仍是一个问号。

当然，我讲这些，并不是鼓励你不认真学习，专门用差成绩来锻炼你的意志。如果你这样理解就错了。我的意思是，只要你有了"德"，心中有一个奋斗目标，并且锲而不舍地追求它，在奋斗的过程中，即使出现暂时的挫折，你最终也会在社会上找准自己的位置，成人成才。从这一层意义上讲，"德"重于"才"，你说是吗？

目前，尽管我们在学校教育中，社会公认的教育内容"德智体美劳"中，是把"德"放在首位，但是，由于"德"是一个不太好用具体数字来考评的东西，所以，班级、学校、社会在实际操作时，往往忽视了这一点，而有些家长也不太重视这一点，只要孩子成绩好，其他的什么都不顾。在这样的社会环境中，作为高中生，你一定要自己加强"德"的修养，平时老师可能对你有要求，家长也可能有时提醒你，但关键的还是你自己在平常的语言行为中用心去做。

"德"重于"才"。"德"不是空洞的说教，是有具体内容的。它体现在你的信仰、你的思想、你的言语、你的行为之中。"德"有大，有小，有长远的，有近期的，有随时的。在你人生的整个时空中，"德"随时随地都可以体现出来。有了"德"，你才能够成为一个真正意义上的人。

有困难，找老师

困难出现了不可怕，重要的是你以什么样的心态去迎接困难，用什么样的方式去解决困难。你始终是解决困难的主动者，你不能被动地等别人来帮你解决。你主动的直接有效的方式，就是找老师。有困难一定不能憋在心里。

高中三年你会遇到很多困难。有的困难小，你自己完全可以克服；有的困难大，你克服不了，最好的办法是去找老师。

在学习和生活上遇到困难是很正常的事情。三年的高中生活，就是一个克服困难，解决困难，最后达到求学目的的过程。困难出现了不可怕，重要的是你以什么样的心态去迎接困难，用什么样的方式去解决困难。

高中生的困难无非是这样一些——

学习上的困难。主要是学习成绩上不去，花了很多时间还是没有明显的效果。偏科，对学习产生了畏惧或厌倦心理，抽象思维能力或者是形象思维能力明显不如同学，学习上的一些习惯性的毛病想改但总是难以改掉，找不到一套好的适应自己的学习方法。

生活上的困难。主要是有的同学家庭经济有困难，有的同学适应不了集体生活，有的独立生活能力不强，有的经常想家，有的吃不惯食堂里的"大锅饭"，有的不会做洗衣叠被之类的生活小事。

交往上的困难。主要是不会与同学、老师进行有效的交流沟通，性格过于内向，对身边发生的事情，不会做出正确的判断并采取正确的处理办法，要么与周围的人不相往来，要么在往来中与多数人的关系搞得很僵。

心理上的困难。主要是不能用乐观的心态对待学习和生活，心胸狭窄，思考问题、处理事情有些偏激，爱钻牛角尖，小事无限放大，大事又不太在乎，凡事按照自己想象的一套逻辑去做。

上述种种困难，有些靠你自己解决，有些靠你和家长共同解决，有些靠你和同学、老师共同解决，有些靠你和学校共同解决。无论靠谁来解决，都离不开你这个主体，你始终是解决困难的主动者，你不能被动地等别人来帮你解决。你主动直接有效的方式，就是找老师，向老师请教解决困难的办法，哪怕是找老师谈一次心，即使老师什么具体的行动也没有采取，你也有可能从思想上增强了克服困难的勇气。

其实，我前面列举的那么多的困难，无非是两个方面：一是客观方面的，二是主观方面的。客观方面的如家庭经济困难，这是你作为一个高中生当前无法解决的，你可以去找老师，共同寻找解决困难的办法。我们学校目前有"阳光班"和"维新班"，是专门为家庭困难、品学兼优的同学而开办的，每年每生可以获得几千元的资助。还有社会爱心人士的一些不固定的资助款，也可以解决一小部分同学的困难。学校每年也拿出一定的资金对特困生发放补助。对于有些家庭困难，又不符合资助条件的学生，学校曾经拿出一些课后服务岗位，让学生课余为同学们做一点公共服务，领取一定的报酬。我认为这是非常好的一种获得稳定收入的途径，可以帮助一些家庭困难的学生顺利完成学业。但是，政教处在学生中发动了几次，没有一个学生愿意报名。学校调查原因，经济困难的学生和家长异口同声地说，不报名的原因是为了不丢面子。我看这些学生最应该解决的不是经济困难，而是"思想困难"。你如果属于这一类型，一定要找老师解决这一"困难"。

主观方面的困难看起来没有客观方面的困难实际，你往往忽视它，甚至感觉不到它的存在，但它对你健康成长的影响，其实比客观方面的困难要大得多。

交往的困难和心理上的困难，大多是主观方面的困难。如果你有了主观方面的困难，稍有觉察，你就应该去找老师汇报思想，让老师帮你想办法。如果你主观方面的困难比较大了，那么你可能自己就感觉不到了，那就不是你找老师谈心交流了，而是老师要找你进行"心理医治"了。

在我们学校现在的管理体制下，你有困难找老师，该找哪一个老师呢？你可以找班主任老师，找科任老师，找年级办公室的管理老师，找学校心理室的老师，甚至找校长。这个顺序你不能颠倒过来，一定要按照这个顺序去找老师。班主任和直接教你课的科任老师能帮你解决的困难，他们会帮你解决的；他们解决不了，会建议你去找谁，免得你花时间到处乱找，收不到应有的效果。

我要特别提醒你，有困难一定不能憋在心里，特别是那些靠你个人的力量克服不了的困难，一定要找老师，要说出来，老师和同学会帮你共同想办法的。个人的力量是有限的，而集体的力量是无穷的。

学会感恩

> 每天清晨，当我醒来时，发现自己还健康地活着，并且有那么多工作等着我去完成，我就感到自己是一个幸福的人。我就感激生活，感激家人和朋友，感激与我一起为了一份事业而共同努力的同事。我就忘却了过去一天的疲劳与不快，以美好的心情和战胜困难的信心，投入新的一天的工作之中。

你周围不乏这样的同学，他一天到晚抱怨。抱怨学习压力大，抱怨课堂纪律乱，抱怨老师的课讲得没有其他班里的老师好，抱怨同学不帮助他，抱怨家长不理解他，抱怨食堂伙食差，抱怨宿舍条件不好。总之，周围很少有他满意的地方，他从来不审视一下自己留给别人的是什么印象。

你周围一定也有这样的同学：他珍惜家长、学校和社会为他提供的学习机会，感谢老师对他的教诲，感激同学给予他的哪怕是微不足道的帮助。他把挫折看成是青年人应该经受的磨难，把痛苦看成是幸福的前奏曲。他没有抱怨，有的是一颗对美好人生的执着追求，并对在追求的过程中给他关爱的人感恩的心。

你是属于前者，还是属于后者呢？如果你以前没有认真考虑过这个问题，那么从今天起，你应该对自己进行一番认真的审视，看一看你有没有一颗滚烫的感恩之心。

武汉大学学生黄来女背着瘫痪在床的父亲上大学的故事，不知你听说过没有？黄来女一边上学，一边打工，用打工挣的钱来求学，用打工挣的钱来为父亲治病，来维持她和父亲的生计。面对这些磨难她没有抱怨，相反她认为父母把她养大，让她考上重点大学，她已经是很幸运的了。她感激父亲的养育之恩，现在父亲病重，尽管她还是一个身无分文的大学生，但她认为照顾父亲、报答父亲，是她的责任，是她该尽的一份孝心。

也许你会说，这样的事发生在我的身上，我也一样会那样做。不是我对你的这种说法持怀疑态度，你的确应该思考一下，不要说像黄来女这样感恩的大事，就是日常生活中一些感恩的小事，你做得如何呢？每个月从父母那里要学习和生活费用时，你是否心安理得？是否觉得，他们生了你就应该供你读书？你是否考虑过父母给的这些钱是流多少汗、吃多少苦才换来的？尤其是农村的学生，父母在田地里一年四季地劳作，播种、育苗、浇水、施肥、治虫、抗旱、排涝……从地里弄一分钱都不容易。你是否在节假日回家时，帮助父母干过一些农活？如果你这样做了，我才相信你有黄来女一样的感恩之心。有些城里的学生，嘴上讲得头头是道，行动上却令人大失所望。有的早晨起来，母亲不把牙膏挤到牙刷上他不刷牙漱口，不把热水打在脸盆里他不洗脸，这是感恩的样子吗？是封建社会里的少爷小姐，母亲成了他的女佣。你不要以为我这是信口开河，我听不少家长在我的办公室讲过这样的实例，而且讲的就是他们的儿女。

学会感恩，实际上是学会一种积极的生活态度。一个人在世上生存，少不了会与各种各样的人或事有千丝万缕的联系。如果你对周围的一切都持冷漠和无所谓的态度，你的生活就毫无激情可言，你就不会感恩。你会觉得别人都欠你的，别人为你做的一切都是应该的。如果你持这样一种生活态度，说严重一点，你不是一个精神健康的人。我在《人民日报》上看到，山西省永济市赵伊村八旬老人王秀英，一生养育了7个子女，晚年生病后却没有一个子女愿意照顾她，最后老人死在一个素不相识的村民家里。你想想看，这些子女还算是精神健康的人吗？

如果你在高中阶段没有养成感恩的生活态度，或者说是感恩的精神境界，你成年后会不会像前面所说的那 7 个子女一样，我很难下结论。生活中没有感恩之心的人，绝对是一个心理上存在缺失的人。这样的人，不会有正确的人生追求，更别谈什么理想、抱负、事业，也别谈什么爱情、家庭了。这样的人，心中只有自我，自私自利，自暴自弃，而他自己往往还感觉不到。你愿意成为这样的人吗？我相信你不愿意。

我曾经在一篇散文里写道："每天清晨，当我醒来时，发现自己还健康地活着，并且有那么多工作等着我去完成，我就感到自己是一个幸福的人。我就感激生活，感激家人和朋友，感激与我一起为了一份事业而共同努力的同事。我就忘却了过去一天的疲劳与不快，以美好的心情和战胜困难的信心，投入新的一天的工作之中。"

真的，如果在遇到困难与挫折时，换一个方式去思考，你会发现困难也是美好的，也值得你去感恩。当你对困难都持有感恩之心，那还有什么不值得你去感恩的呢？你不妨试试看。

分担忧愁，分享快乐

忧愁也好，快乐也好，其实就是一种心情。只要你把自己的心情调整好，即使遇到一点小小的不快，甚至比较大的挫折，你都能够积极面对，并顺利地翻过人生这关键的一页。正如一位同学在我们学校的"发泄墙"上写的："早晨起来不可能每天都是晴天，但高中三年，我每天都要在心中升起一轮光辉的太阳！"

作为高中生，你是生活在一个群体之中，这个群体就是你的同学，你应该与他们分担忧愁，分享快乐。

你如果遇到自己的力量排解不了的忧愁，可以请同学和老师帮你分担。本学期我校二年级有一名农村来的学生，不小心把腿摔断了，住院费用花了6000多元，他家里本来就困难，父母亲面对高额的住院费一筹莫展。这位学生把家里的困难告诉了来看望他的同学，同学们马上在本班和同年级的其他几个班组织捐款，半天就募集到1万多元，除了帮这位同学解决了住院费之外，同时还解决了本班其他几位同学生活困难的问题。

同学遇到什么困难，你应该主动地替他分担。你不能光要别人为你分担而不去帮助别人，那样做你就太自私了。去年我们学校高三年级有位女生遇到一名男同学追她。这名男同学也不错，成绩、性格都比较优秀。但这名女生不想谈恋爱，第一次遇到这样的情况，不知道怎么处理，告诉家长、老师怕产生误解，拒绝那名男同学怕伤他的自尊心，拖下去那名男生又经常有事没事地来找她，搞得她整天心神不宁，成绩也下降了许多。她的情况被一位要好的女同学知道了，这位女同学性格直率，做事干脆果断，她一半调侃一半认真地说："还有几个月就要高考了，你还为情所困，这样拖下去你会后悔一辈子的。我告诉你一个绝招——直接拒绝。"被男同学追求的这位女生果真这样做了，第二天就觉得一身轻松毫无杂念地投入高考复习之中，终于考上了一所理想的大学。

你遇到了快乐，不要偷着乐，要和同学分享。比如：你有了对某类数学题好的解题方法，应该把这个方法告诉同学；你解答了一个同学们都难以解答的难题，你应该乐意向同学们讲解；你找到了某门课的某种好的学习方法，你应该说出来让同学们也参考使用。你考好了让大家为你高兴，你获了一个什么奖，评上了三好学生和优秀学生干部，应该让同学们共同分享你成功的喜悦。

同样地，有同学遇到了快乐的事情，你也应该与他一起快乐。同学进步了，你应该祝贺他，并打心里为他高兴。你可以与他竞赛，争取下一次考试超过他，但不应该忌妒他，更不应该讥讽他。

那句人人皆知的话说得好："一个快乐让两个人知道，就成了两个快乐；一个痛苦让两个人承担，就成了半个痛苦。"高中三年，在与同学们打交道时，你一定要随时记住这句话，并按照这句话去做。这样，你就会成为一个无忧愁的人，一个天天快快乐乐的人，你才会集中精力投入紧张有序的学习之中，你才会取得令自己满意的学习成绩。

忧愁也好，快乐也好，其实就是一种心情。只要你把自己的心情调整好，即使遇到一点小小的不快，甚至比较大的挫折，你都能够积极面对，并顺利地翻过人生这关键的一页。正如一位同学在我们学校的"发泄墙"上写的："早晨起来不可能每天都是晴天，但高中三年，我每天都要在心中升起一轮光辉的太阳！"

把微笑带进班里

微笑是一种生活态度，也是一种情绪。大家都把微笑带进班里，这个班就充满欢声笑语，就朝气蓬勃。如果大家都把愁苦带进班里，这个班就会死气沉沉。一个班集体的活力，要靠这个集体里的每一个成员共同努力。一个好的班集体，对这个集体的每一个成员会产生良好的影响力。因此你一定要随时把微笑带进班里，成为班里积极的一员，而不要成为消极的一员。

我们学校 2006 届的毕业生中，有一名同学叫江紫亚，父母亲都是残疾人，家里生活特别困难，他靠学校和社会资助读完高中，并以 638 分的优异成绩考入南开大学。收到大学录取通知书后，面对 4000 多元的学费和路费，全家人一筹莫展，想不出更好的办法。一位社会热心人士知道江紫亚的困难后，送给他 1 万元作为两年的学费。江紫亚在高兴之余，想到了还有与他一样困难的大学新生，于是他委托《楚天都市报》将 5000 元转送给和他一样有困难的同学。他对记者表示：他只需要第一年的 5000 元学费和路费就行了，剩下几年上大学的费用，他会利用课余时间做家教或者打工来解决。

我至今都还记得江紫亚转送 5000 元资助款时甜甜的微笑。在自己急需用钱的时候，在人生最困难的时刻，江紫亚能够给周围的人一个微笑。这不仅仅是一个笑容，而是一个阳光的高中生一种充满自信力的生活态度。有了这种态度，你的高中生活才会阳光灿烂。

我们在生活中，会遇到许多不如意的事情。你的高中生活不可能每天都阳光灿烂，但你的心里一定要永远闪耀一个火红的太阳，这个太阳就是你的人生梦想。有了它，你才会在生活的挫折面前，笑对每一个平凡的日子。你才会在一次考试失利之后，躲在一个老师和同学看不到的角落，大哭一场，然后又带着微笑走进教室。

坚定地为一个梦想的实现一步一步走下去，这是你每天把微笑带进班里的法宝。我从报纸上曾看到这样一篇报道：在郑州市做图书生意的老罗，为了培养三个儿子的意志品质，2007 年 2 月 4—14 日，他带着三个儿子从郑州出发，步行 350 千米，回到新蔡县农村老家过春节。他的大儿子是老板，平时几百米都要开奔驰车，二儿子是河南大学大二的学生，三儿子是 14 岁的初中生。他们面对采访的记者，谈到了共同的感受。大儿子和二儿子原来是坚决反对步行回家的，三儿子开始是出于小孩的好奇心坚决支持。一两天走下来，四个人从有说有笑到默不作声地一步一步向前走，一直走到自己的老屋门前。三个儿子告诉记者：回到家他们才感受到父亲的良苦用心。一个人只要心中有了目标，并朝着这个目标一步一步走下去，走一步就离这个目标近一步。在丢掉坐车回家的幻想后，他们只能跟着 50 多岁的父亲一步一步往家里走，别无选择。他们很感激父亲用这种形式对他们进行的教育。

你的三年高中生活，可以说与罗氏父子步行回家过春节有点相似。高中生都有自己的奋斗目标，这个目标只能靠你自己一步一步走过去。在这个过程中，你抱怨没用，苦恼没用，忧愁没用，你只有笑着面对每一个人每一件事，用乐观的生活态度，去处理生活、学习上的艰难困苦，你才能在三年高中生活结束时，露出胜利的、甜美的微笑。

微笑是一种生活态度，也是一种情绪。大家都把微笑带进班里，这个班就充满欢声笑语，就朝气蓬勃。如果大家都把愁苦带进班里，这个班就会死气沉沉。一个班集体的活力，要靠这个集体里的每一个成员共同努力。一个好的班集体，对这个集体的每一个成员会产生良好的影响力。因此你一定要随时把微笑带进班里，成为班里积极的一员，而不要成为消极的一员。

其实，在你的父辈和老师看来，现在的高中生没有什么好苦恼的，应该每天都充满快乐。你们绝大多数同学生活无忧，不像你们父辈的高中时代，连吃饱饭都存在问题。你们这个时代大学的升学率高，高职高专加起来全省有90%的升学率。特别是像我们天门中学这样的学校，升入重点大学的比例达到60%以上，升入本科的达到80%以上。在这样的时代，你何忧之有？当然，我这样说也不一定对。各个时代的高中生，有各个时代不同的"忧"。你们"忧手游""忧短视频""忧早恋""忧酷""优帅""忧靓"，这都是你们父辈所没有的。在他们看来，你们这完全是无病呻吟，没事找事。我们学校有一个学生，问她父亲读高中时，一天到晚最想做的一件事是什么。这个学生的父亲告诉她："我最想做的事，是哪儿能找到东西填饱肚子。"这个学生说："你怎么那么傻呀！拿钱到食堂去买不就行了吗？"她父亲摇头苦笑。她永远也不可能体会到，她的父亲在艰难的生活条件下完成高中学业的那份苦楚。但是，即使是这样，这个学生的父亲读高中时整天也是一脸微笑。一直到现在，他都用一种开朗积极的态度生活和工作。如果你要问我为什么这么清楚一个学生家长的过去和现在，我只好实话告诉你，这个学生的家长是我小学、初中、高中时的同学。高中毕业后我去读师范，他重新在天门中学从高一读起，然后再考大学。即使多走了几年的弯路，他仍然笑对生活。如今他已是一名不错的医学专家了。

把微笑带进班里，也带进家里。你带给同学、老师和父母兄妹以微笑时，他们回报给你的，也一定是同样的微笑。这样，你的生活就充满微笑，你的三年高中就会在笑声中愉快地度过每一天。

专注地去做一件事情

高中时期，值得你专注到痴迷地步的，只能是你的功课。如果你对功课的专注达到了这样的地步，你的学习成绩不可能没有进步，你就会很顺利地迈好高考这个人生很关键的一步。

现代社会充满着浮躁。这一社会情绪也渗透到高中学校来了，有一些学生总静不下心来专注地学习。同样是上课、听课、做练习，花了同样多的时间和精力，有的人成绩就是不如人。原因可能有不少，这里我提醒你注意一个原因，就是你是否在专注地上课、听讲、做练习。

我曾经跟很多一边做练习一边听流行歌曲的同学探讨过，我说：你耳朵在听歌，嘴在跟着哼，手上的练习能做好吗？他们说能。但我翻看了一下这些人的成绩册，他们没有一个在班里属于上等成绩。俗话说得好：心无二用。你一心一意都不一定能提高学习成绩，何况你一心二用。如果你养成了这样的习惯，你一辈子都很难专注地去做一件事情。这对你一生的工作生活，乃至命运都是有很大影响的。

我经常对老师和同学们讲：人这一辈子的时间和精力有限，能够坚持把一件小事做好，就是在做大事。世界上在几个领域同时做出成就的人是非常少的。这些人是天才。我们要正视天才，但也不能随意地把自己定为蠢材。只要我们专注地去做一件事情，就能把它做好。

高中时期你最应该做的事情，就是你的功课，没有什么比这个东西更值得你去专注了。你可以听音乐，可以打球，也可以广泛地阅读那些有意义的课外书，还可以做你想做的任何有意义的事情，并且专注地做好它。但是，这些事情只能培养你养成专注地做事情的习惯，你不能够痴迷它。高中时期，值得你专注到痴迷地步的，只能是你的功课。如果你对功课的专注达到了这样的地步，你的学习成绩不可能没有进步，你就会很顺利地迈好高考这个人生很关键的一步。

我有一位同学，她现在已经是我们学校主管部门的领导了。她儿子在我们学校读高一，成绩怎么也上不来。我的这位同学很着急，要我找她儿子谈一次话。谈话前，我仔细留心观察了几天她儿子上课和上自习的情况。我发现，这个高一的学生上课时不调皮，不左顾右盼，但就是喜欢把笔头衔在嘴里，两眼漠然地望着黑板发呆，根本没有用心听讲，完成作业也是敷衍了事，没有用心地去做。长期这样怎么可能有良好的成绩？针对这种情况，我找这个学生谈了一次话，但收效甚微。前不久，我又与这位同学讨论她儿子的问题，这位同学说，她儿子小时候与伙伴打篮球都不专心，别人在专注地拼、抢、运、投，他在一旁摆出一副无所谓的样子。这种不专注地做事的习惯，对他的学习成绩的影响非常之大。这位学生要提高学习成绩，只能从改变不专注做事的习惯做起。

我不知道你是否是一个做事专注的人。如果不是，从今天开始你一定要专注起来。这里我可以告诉你，我是一个做事非常专注的人。我现在做校长就到了痴迷的地步。目前唯一的想法就是把学校办好。刚到学校的第一年，我每天24小时都在学校。现在我也是每天早晨来到学校，夜晚10点以后才回家。学校之外的东西，我知之甚少，也毫不关心。我一天到晚都在研究学校管理，研究怎样提高教育教学质量，研究怎样更好地为师生服务。如果不是这样，我们学校的高考成绩能逐年提升吗？显然不能。当然，学校整体成绩的提高不是我个人的功劳，是全校师生共同努力的结果。但是校长专注地做事，老师也自然会专注地教书。老师有什么教风，学生必然有什么学风。学校有良好的、专注的教风和学风，自然会取得好的高考成绩。

我的这种专注做事的习惯，应该说就是从你这个年龄开始的，也许比你现在还更早一些吧。小时候的农村孩子，没什么事情可做，但我只要找到一件喜欢做的事情，就痴迷地去做。比如说我初中时代开始养兔，从一对兔一直繁育到几十对，满屋都是白花花的兔子，我几乎成为"养兔专家"。类似的"专注"还有不少。不过到了高中，我就专注地痴迷功课了。那时候刚恢复高考，老师和教辅资料都奇缺，即使有好的教辅资料，家里也买不起，我就找老师借资料抄。我清楚地记得，我抄了数理化三科一套完整的复习资料，都是前一天夜晚抄，第二天早自习还给老师。好像是用了两三个月时间才抄完。你说我的专注程度都到这样的地步了，高考不取得全校第一名才怪，毕竟功夫不负有心人呀。

　　无论你现在能不能真正地认识到这个问题，事实就是如此——专注地去做一件事，将会有利于你成就一生的事业。

第 59 周

到了第二次检讨自己学习方法的时候

> 你最需要反思的是你那些相对来讲成绩不太好的科目。你应该考虑调整一下各门功课的用功力度。真正属于你的正确方法，只有靠你自己在学习的实践中找到。

现在离高二上学期放寒假只有一周多一点的时间了，你可能正在进行紧张的期末复习。这一段时间不知道是不是有这样一个问题困扰着你，就是你感到学习很吃力，总觉得自己有一点力不从心。如果没有这个问题，那我由衷地为你感到高兴，说明你已经找到了高中时期属于你自己的学习方法，也就是你在学习掌握高中各科知识方面比较轻松自如了。如果有这个问题，说明你的学习方法还不是很恰当，或者根本没有找到一个适合于你的学习方法。无论有或没有，这时候你检讨一下自己的学习方法，是很有必要的。

高中二年级上学期的功课结束后，你的高中学习生活已经过了一半。在我们学校，你高中的知识有的科目学了 60%，有的科目可能学了 80%。因为要留出一些时间来进行高考复习，所以，我们把教学进度放快了许多。其他学校也大多如此。老师教了这么多知识，你是不是掌握了？学习方法很重要。剩下的一半高中时光，你还要面对学习上的许多新的知识和问题。这时候检讨一下前面的学习方法，对后面的知识学习和问题解决会有很大帮助。

也许你天天上课下课，天天听讲做练习，一天一天地重复着这个简单的过程，根本没有思考、检讨自己的学习方法，也不知道怎样去检讨。这里我给你谈一些我对这个问题的看法，供你参考。

我这里所谓的检讨，实际上就是反思，也就是要你对前三个学期的高中课程的学习方法进行一次全面的回顾，思考一些学习过程中的方法性问题。对于某一门功课，你为什么要采取这种方法来学习？会不会有其他更好的方法？用目前这种方法学习效果如何？那些在这门功课上成绩优秀的人，采取的是怎样的学习方法？这些都应该是你反思的内容。

你最需要反思的是你那些相对来讲成绩不太好的科目。这要引起你足够的重视。时间已经过半了，在剩下的时间里，你如果不找到解决这门功课的学习方法的钥匙，那么这门功课的大门就不可能完全向你打开。你不妨找科任老师谈一次心，把你学习这门课的方法告诉老师，请老师帮你指点。然后按老师指点的方法，尝试地去做一段时间，再根据这样做的效果，与老师讨论几次。这样经过几次往复，也许有一定的效果。你也可以找这门功课成绩好的同学，向他们讨教学习方法，看看他们的那些方法，你可不可以借鉴。当然完全照搬也不一定适合你。你还是要从别人的方法中得到一点启示，把它变成自己的东西。你还可以找一些与你一样，在这门功课上学习吃力的同学共同研究一下，看看你们"吃力"的地方是不是相同，为什么你们"吃力"，而别的同学不"吃力"。三个臭皮匠赛过诸葛亮，也许你们可以研究出一个更好的学习方法来。

你最不能做的一件事是放弃。这种现象在高二的学生中很容易出现。你也许认为，我在某门功课上已经很努力了，成绩却还是不行。你会很简单地认为自己没有学习这门功课的天赋，于是就产生放弃的思想。这是万万不可以的。高考不仅不能放弃哪一科，甚至不能放弃任何一门课的一个知识点。放弃就意味着失败。天赋这东西不能说没有，但也不能屈服于它，你多努力一点，就会多收获一点。你放弃了，就一点收获也没有。

你应该考虑调整一下各门功课的用功力度。这个方法对那些总体成绩比较优秀的学生尤其适用。比如说，你的数学经常考 140 多分，甚至满分，理科综合经常是 280 分以上，而你的语文、外语一直在 110 分左右徘徊，甚至还不到这个分数，你就应该在语文和外语这两门功课上多花点时间。你想想看，140分以上只有 10 分的提升空间了，280 分是三门课相加，也只有 20 分的提升空间了。即使把这个空间挖掘完，也只有 10 分和 20 分，何况高考时挖掘完的可能性很小。语文和外语是 40 分的空间，加起来共 80 分，只挖掘一半就是 40 分，相对来说就容易一些。

每年高考，那些考上清华大学、北京大学的同学，基本上没有明显的薄弱科目。对于竞争清华大学、北京大学的优秀同学来讲，单纯从分数来看，就是5~10 分的竞争，甚至是 2~3 分的竞争。比如 2006 年高考，我们学校在清华大学、北京大学录取线下 2~3 分的有 5 人，这 5 名同学要多 2~3 分，就进清华大学、北京大学了。你说遗憾不遗憾？

今天就谈这些。还是那句老话，学习方法的第一次寻找也好，第二次反思也好，我说的这些对你来讲，仅仅只是一种参考，真正属于你的正确方法，只有靠你自己在学习的实践中找到。

寻找丢失的知识点

你一定不要因为自己马马虎虎地寻找，给自己带来一种没有丢多少知识点的错觉。你能把每门功课的绝大部分丢失的知识点找出来，就是成功。把每一次考试的试卷和平时测验的试题，还有作业本都找出来，看是哪些地方容易错，然后对症下药。

这个星期是期末考试时间，考完之后要放寒假了。这是你的第二个寒假。第一个寒假我建议你寻找一份属于自己的快乐，因为那个时候你上高中才一个学期，学习相对来讲比较轻松。现在不一样了，你的高中生活已经走过一年半，课程内容也远超过一半，有的课程可能达到了高中全部课程的 70%~80%。这 70%~80% 的课程内容你掌握得怎样？利用这个寒假，你应该好好回顾一下，特别是那些你认为掌握得不够扎实的地方，或者学习之后又丢失了的知识点，你应该把它们找出来，以便以后的学习和复习。

你不妨把每一次考试的试卷和平时测验的试题，还有作业本都找出来，认真寻找，看是哪些地方容易错，每次错的知识类型是不是一样。这时候做这样一次全面的分析是非常有意义的。做早了，你的知识学得不多，总结起来不全面，做晚了，你想努力时间又不够了。只有这时候最好。你要把每门功课中那些几次都出错的知识点和那一类的试题，用专门的笔记本记下来。这些东西记下来后，你不要想在这个寒假把这些问题都解决好，这个寒假只有 20~30 天时间，一年半积攒的问题，怎么可能一下子都解决好呢？这个时间你能把每门功课的绝大部分丢失的知识点找出来，就是成功。把它们找出来并记在专用笔记本上，在后面的学习过程中，你要时常拿出来翻一翻。遇到利用这些知识解决其他问题的时候，你一定要与老师、同学一起把它弄懂，并记牢它。在进行复习的时候，你更要勤于把它们拿出来翻看，不能放过这些知识点。

你还应该把已经上过的所有教材拿出来，一本一本地读教材目录。读目录时，你要一边读一边想，这一章有几节内容，每一节内容有几个什么样的公式定理法则，或者有哪些值得重点掌握的内容，运用它们解决的是哪一类试题。这些东西你掌握得怎样，要进行一次梳理。对于那些不是很清晰，或者根本就忘了的内容，你一定要在专用笔记本上记下来，以便以后在学习时关注这些问题。

如果你在寻找的过程中发现你丢失的知识点比较多，你不要产生畏惧心理。一边学一边忘的现象非常正常。有谁能只记不忘？没有人。正是因为有遗忘，有丢失，学校才安排了第一轮复习，第二轮复习，第三轮复习。通过多次复习，把那些忘了的、丢了的知识弄懂记牢，高考时才能把你的知识累积的最大值发挥出来。

如果你觉得你没有丢什么知识点，那真该向你表示祝贺，因为这样的学生是很少的。这类学生不仅学习方法得当，记忆力也很强。不过我要提醒你一句，你一定不要因为自己马马虎虎地寻找，给自己带来一种没有丢多少知识点的错觉，那对你是很不利的。

寻找完丢失的知识点，利用寒假走亲访友，或做一些没有什么压力的社会调查，也是一件很好的事情，你也不妨做一做。

SEMESTER

高二·下学期

寄　语

　　如果把高中生简单地划分为爱学习与不爱学习这两个类别，那么完成这个简单划分的关键时期就在这一学期。高考是挑战学生综合素质极限的一种竞争。这种竞争，不是在哪一刻，而是在高中三年。其中最难熬的就是从高二到高三的这个转折时期。谁能很好地完成这个转折，谁就能够成为爱学习的那一类。

高考从这里起跑

> 无论你是自觉地开始也好，被动地开始也好，高考的起跑就这样开始了。谁坚持跑到最后，谁就是胜利者。在人生的跑道上，胜利者不一定是高考的时候冲在最前面的那一个人。

这是高二年级下学期的第一周。春节刚过，你又开始了新的一年的学习生活。

不知道你的习惯怎样？就我来讲，每年春节刚过的那段时间，都是我一年心情最好，也是最激动的时候。年轻时读书是这样，现在人到中年工作了还是这样。我会把过去一年的学习和工作进行一次盘点，把新的一年的计划筹划好。最重要的是，我会在这个春暖花开的时节产生许多美丽的遐想。我因这些遐想而心潮澎湃，而感慨万千，而奋发努力，而信心百倍地向自己确定的目标前进。在这一点上，我觉得你应该比我强许多才对！因为时代不同了。这个时代为那些勤奋努力、富于创造力的人们提供了广阔的发展空间。

这时候，你筹划的最大的事情，就是备考了。你千万不要以为现在离高考还早着呢！如果你再过一个学期才准备高考，那就晚了。高考不是百米冲刺，而是马拉松。高考起跑，就从现在开始。

怎样起跑呢？你首先要做的就是丢开一切思想的羁绊，振奋起精神来。还有一年半的高中时光，你什么也不要想。除了吃饭、睡觉和必要的身体锻炼外，就是学习和高考。你的注意力只能集中到这里。也许你家里的困难和矛盾很多，有的家庭父母甚至在这个时候离异，不论发生什么事情，你的情绪都不能有大的波动。只有这样，你才能有良好的心态和全神贯注的精神来学习。天门中学有一位毕业生，读高二时父母离婚，他成为单亲家庭的孩子。这名学生的意志不仅没有消沉，反而更加发奋读书，终于以他进入高中以来的最好成绩考入上海交通大学。

你一定不要总是瞻前顾后，头脑里不要想太多与学习没有多大关系甚至是起副作用的东西。比如老想自己会不会考不上大学，会不会考不上重点大学，考不上理想的大学要不要复读，等等。老想这些东西没有一点用。有用的是一节课一节课地把该掌握的知识尽量掌握好，一天复一天地把老师安排的功课和自己计划学习的内容弄明白，并反反复复地记住这些内容。这样做比一天到晚"空想"要有用得多。

你要把自己的身体搞好。高考的赛跑也需要好的体质和充沛的精力。每天的功课再多，你都要挤出一点时间来做一些运动。运动强度不要太大，慢跑、散步、打球等，都是比较好的选择。运动量大了容易伤筋动骨，造成不必要的麻烦。有一位高三的学生，9月考试成绩为全年级第67名，很不错的。他10月踢球不小心，把腿弄骨折了，两三个月不能上学，成绩一下子就滑了下来。眼看就要高考了，这位同学和家长都很着急。但是，这时候着急有什么办法呢？

除了运动，你还要注意饮食。要坚持一日三餐，也可以四餐，就是下了晚自习之后吃一点东西。切忌暴饮暴食。你还要注意饮食卫生。不要因吃了不卫生的食品，把身体搞病了。你不要对食品有过多的挑剔。无论是家庭条件好的，还是不好的，都不能在这方面对家长提过多的要求。父母能给你们创造什么条件，他们在这个时候都会尽力而为的，你不说他们也会做。父母只能解决你的温饱问题，你吃饱饭就足够了。我们这一代人在高中时代，都是以填饱肚子为最高要求。现在，每当我看到许多家长跑上四五千米路，到学校给学生送饭，风雨无阻，我经常生出许多感慨，真是可怜天下父母心啊！

上面的这些东西，都是你高考起跑的前提条件，是基础。真正的起跑，还是要在学习上用功。无论现在你的学习成绩处在一个什么样的水平，你都不要有什么思想负担。你可以找一个比你成绩稍好一点的同学作为参照，在心里暗暗地与他比赛。如果你通过一段时间的努力，超过他了，你就再找下一个参照目标。如此坚持下去，你就会获得比较大的成功。

至于你应该从学习的哪些方面和哪些知识开始起跑，我建议你先花一点时间做一下自我剖析。你的学习态度、学习方法和各门功课的掌握程度，特别是你偏不偏科，有没有特别喜欢或讨厌的学科，在某一门学科上所用功夫和所收到的效果是不是成正比，这些方面的原因何在，等等。这些东西你都要分析到。自我剖析之后，你最好是找你的每一个科任老师汇报一下你自我剖析的情况，听听他们的意见，看看他们与你分析的结果是不是一样。如果一样，你就可以试着去做。如果不大一样，或者完全不一样，你就再反思一下，然后先采取其中的某一种方式去做一段时间，有作用就继续做下去，不行就再换新的方式方法。对于同一个班的同一个老师，教法是一样的，学法则可以千差万别。要不然同一个老师教的学生，为什么考试成绩总是不一样呢？

无论你是自觉地开始也好，被动地开始也好，高考的起跑就这样开始了。谁坚持跑到最后，谁就是胜利者。

在人生的跑道上，胜利者不一定是高考的时候冲在最前面的那一个人。

自己组建一个备考小组

> 组建一个高考的备考小组，并一直坚持到高考结束。这是一个被一届又一届考取好大学的同学们证明了的成功经验。你应该用一用这个现存的经验，不需要再花时间精力去进行其他探究。平时你和哪几位同学讨论学习上的问题多一些，就是一个很自然的备考小组。

学习是一个自主性很强的活动，也是一个需要经常与别人讨论研究才能有更快长进的活动。如果你把高考备考的希望完全寄托在老师"教"这一个方面，而忽视自主性学习，忽视与同学的讨论研究，那你肯定不可能在高考中有一个很好的发挥，当然就上不了令你满意的大学。

因此，我建议你与几个同学一起，组建一个高考的备考小组，并一直坚持到高考结束。这是一个被一届又一届考取好大学的同学们证明了的成功经验。你应该用一用这个现存的经验，不需要再花时间精力去进行其他探究。

组建这样一个小组一定要顺其自然，不能刻意地把谁拉进来，把谁赶出去。平时你和哪几位同学讨论学习上的问题多一些，就是一个很自然的备考小组。这个备考小组与原来的自然小组的区别在于，现在离高考的时间不远了，你们要制订一下备考小组的学习计划，每个人要有不同的学习任务分工。小组成员承担的任务应该是扬长避短，学习讨论和研究时应该补短扬长，这样就有利于共同提高和进步。

备考小组成员的功课特长最好具有互补性。也就是高考的所有科目，这个小组里最好至少有一名同学成绩优秀，不能出现一个小组里全部成员在某一学科上都成绩平平的现象，这样就不能互相促进、共同提高了。

备考小组成员的学习成绩有好有坏，你不能因为自己成绩好，就瞧不起比你差的同学，也不能因为你的成绩比别人差，就不愿意参加备考小组的活动，或者不积极参与讨论和研究。如果这样就失去参加备考小组活动的意义了。

你要记住，参加备考小组活动，你不仅仅是来向别人学习的，同时也是来帮助别人的。也就是说，你要恰当地处理好在备考小组里的"取"与"给"的关系。光"给"不"取"你没有兴趣，光"取"不"给"别人对你没兴趣。其实"取"和"给"都是相对的，也许你在"给"的过程中，也有"取"的成分在里面。比如，你为同学讲一道他不懂的题目，你一边讲也是一边在巩固和加深对这个题目的理解和记忆，这是"给"还是"取"呢？不能严格界定的。大家共同讨论，共同提高。

备考小组成员之间应该建立起很好的同学友谊。除学习之外，生活上也要相互关心，精神上要相互鼓励和支持。住校生和非住校生，城里的学生和农村的学生，在很多方面都是可以相互关心的。如天气突然凉了，非住校生就可以从家里拿一些衣、被来，给住校生解燃眉之急。城里学生的自理能力可能不如农村的学生，农村的学生可以给他们一些力所能及的帮助。类似的一些方面，都可以让备考小组成员感受到这个小组的温暖。这样，这个小组才充满生机和活力，才能坚持到高考胜利的那一刻。

你还要注意的是，学会原谅备考小组成员身上的一些特点和缺点。人的个性特点千差万别。你不能要求别人的性格都与你一样，那是不可能的。再说，性格与你一样的人，与你在一起也不一定能相处得好。性格再好的人也会有一些缺点，别人是这样，你同样是这样。要站在别人的角度想一想，看一看。只要不是原则问题，原谅别人的一些缺点有什么不行的呢？如果你在参加备考小组活动中过于挑剔，那你就不可能很好地成为这个小组中的一员，甚至没有人愿意与你成为一组。

让我们的校园绿起来

> 树木无言人有情。春天她枝条上的一棵棵嫩芽，会为你带来美好的梦想和希望；夏天她浑身的葱绿，会让你平添果敢和刚毅；秋天她一片片飘逝的叶子，会让你体会到一个根植于大地的生命的顽强与执着；冬天她赤条条的枝丫挺拔向上，会使你生出许多人生感悟与怀想。

真正能让校园绿起来的，不是学校领导，也不是花工，而是你和你的同学们。

现在是阳春三月，我们学校已经是桃红柳绿了。尤其是篮球场旁的那两排樱花，开得艳丽多姿。走在那条路上，我们的心情也会灿烂起来。

这真是一个美好的时节！站在教室的走廊里，你极目远望，一层层绿油油的麦子随风波动，一片片金灿灿的油菜花让春天的气息中弥漫着一种沁人心脾的芬芳，还有附近的农舍四周刚刚吐出新绿的杨柳，校园内草坪上发出的新芽，以及附近湖畔传出的蛙鸣，都让人感受到春天的活力，让人萌生关于人生、关于未来、关于社会的许多美好的遐想。青春时节好读书啊！

也许在这样美好的时节和环境里，我不该与你讨论"让我们的校园绿起来"这个话题。你会说，我们的校园不是已经很绿很美了吗？是的，比起过去的老校区，现在新校区的绿化面积确实大了许多。但不知你仔细观察过没有，打球时把衣服挂在小树上的，走路时不走正道专走草坪的，玩耍时摇晃树干的，还有冬天里在草坪上放野火烧死草坪树木的，这些现象在校园里时有发生。去年冬天，因有人放野火，烧死了当年春天栽种的几十棵樟树。你说，这样下去，我们的校园能绿得起来吗？

我不知道上面说的这些现象，有没有你的参与？如果你参与了，不论是有意的，还是无意的，你都要反思一下，改正过来。这种行为改正过来应该是很容易的，比提高某门功课的学习成绩容易多了，无非是多走几步路，多洗一次衣服，少找一些无谓的开心。你说呢？如果你没有参与到这样不好的现象中来，说明你是一个行为习惯很好的学生，在"让我们的校园绿起来"的活动中，你可以提醒那些有不良行为的同学，让他们别那样做。如果有人及时提醒他们在这方面的不良行为，我想他们也许多了一次改正的机会。

每次新生到校，学校都开展了树木认养活动，这个活动完全是自愿的。不知道你参加了没有？我觉得你应该参加。认养一棵树，不仅仅意味着你的高中三年与这棵树一同成长，还意味着你肩负对这棵树的责任，承载着你三年的青春岁月。高中三年说短暂也很短暂，说漫长也是很漫长的，你会有喜有忧，有苦有甜，有开心也有委屈。无论在什么时候，你都可以跑到那棵树下，把心里的话说给她听。树木无言人有情。春天她枝条上的一棵棵嫩芽，会为你带来美好的梦想和希望；夏天她浑身的葱绿，会让你平添果敢和刚毅；秋天她一片片飘逝的叶子，会让你体会到一个根植于大地的生命的顽强与执着；冬天她赤条条的枝丫挺拔向上，会使你生出许多人生感悟与怀想。如果你是一个有心人，从现在起，每天收藏一片她的叶子作为书笺，你是否会想到三年之后，七年之后，三十年之后，七十年之后，你将会有怎样的人生收获？一个人要做到这一点并不难，难的是要像你认养的这棵树一样，坚守那颗绿色的心，坚守那份生命的执着。一年如是，一生如是。

我们学校搬进新校址才两年，校园要绿起来，除了学校投入资金和管理，还要靠同学们的自觉参与。否则，那只能是年年栽树年年无绿，年年新芽年年无青。所以真正能让校园绿起来的，不是学校领导，也不是花工，而是你和你的同学们。

　　在此，我向你和全校同学倡议，让我们从自己的一次迈步、一个招手做起，用自觉的行动，绿化我们的校园。

你想上哪一所大学呢？

　　不要为自己不能上那些双一流名校而苦恼，也不要为自己不能上第一批重点大学而苦恼。你定下经过一番努力能够达到的升学目标，并用实际行动朝这个目标努力奋斗，就行了。至于高考是一个什么样的结果，你都顺其自然，无怨无悔。

　　也许你觉得这一个话题谈起来为时过早，但以我们学校历届毕业生中那些成功者的经验来看，现在应该是考虑这个问题的时候了。

　　人无远虑，必有近忧。这时候离你上大学不到一年半的时间了。你只有把目标定好了，才能用行动朝这个目标奋斗。

　　你上哪一所大学，这要根据你个人的情况来定。总的原则我想应该是这样，就是要制定一个"跳一跳，可以上"的升学目标，这样才对你有激励作用。目标定得太高不行，那样会使你失去信心；目标定得太低也不行，那样会使你缺乏进取精神。

　　现在的大学招生录取，种类比较多，大概有这样几类：

　　普通类：有本科、特殊本科、军队院校本科、高职高专等。

　　艺术类：有本科和高职高专。专业类别有美术学类、设计学类、广播电视编导、播音与主持艺术、表演、服装表演、舞蹈学类、音乐学类等。

体育类：有本科和高职高专。

还有技能高考类和高水平运动队。

你可以根据这个大致情况和你个人在全校、全班的成绩水平，来考虑你冲刺哪一个批次的学校。另外，同一批次的学校，录取时对分数的要求也有很大不同。拿特殊本科说，清华大学、北京大学录取线最高，这两所学校每年在湖北省招 160 人左右，我们学校平均每年是 4~5 人，最多的时候超过 10 人，前100 名的同学都可以冲刺这个目标。去年毕业的蒋毓同学，读高三期间历次考试的最好成绩是全校第 18 名，一般是 30 名左右，高考时她考出了全校第 1 名，全省第 23 名的好成绩，如愿走进北京大学。清华大学、北京大学之后，按非官方的一些机构公布的中国大学排名情况，第 3~10 名大致是这样一些高校：浙江大学、上海交通大学、南京大学、复旦大学、华中科技大学、武汉大学、吉林大学、西安交通大学等。其实，这个排名是不是准确科学的呢？我看也不一定。北京还有中国人民大学、北京邮电大学、北京航天工业大学、北京师范大学等，也都是相当不错的大学。上海还有同济大学、华东师范大学等也不差，武汉还有武汉理工大学、中国地质大学（武汉）、华中师范大学、中南财经政法大学、华中农业大学，合肥有中国科学技术大学，天津有南开大学，广州有中山大学，西北、东北也都有一些很好的大学。过去一段时间，中国的好大学都集中在 "211" 大学和 "985" 大学。现在叫 "双一流" 大学，也就是世界一流大学和世界一流学科，简称 "双一流"，是中共中央、国务院做出的重大战略决策，也是中国高等教育领域继 "211 工程" "985 工程" 之后的又一国家战略，有利于提升中国高等教育综合实力和国际竞争力，为实现 "两个一百年" 奋斗目标和实现中华民族伟大复兴的中国梦提供有力支撑。所以，现在的好大学就集中在 "双一流"。当然，有一些没有进入 "双一流" 的大学，其实也很不错的。如果你选择师范大学，有些省属师范大学，虽然没有进入 "双一流"，但办学水平较高，毕业生也很受欢迎。

我有一个观念是一般的家长和学生都不太愿意接受的。我认为，在我们学校读高中，只要你努力，大学是肯定有上的。不管上什么大学，走进社会后，关键还在于你的综合素质能力。个人综合素质不高，读再好的大学也没用。

当然我这不是否认优质大学教育。在同样的素质条件下，受到良好的教育与不受良好的教育还是不一样的。我说的是如果一个人只有好的学习成绩，只会考好大学，走入社会后不能很好地融入社会、服务社会，那还不如不读大学。

我这样讲，其实是想告诉你，你不要为自己不能上那些一流名校而苦恼，也不要为自己不能上"双一流"大学而苦恼。你定下经过一番努力能够达到的升学目标，并用实际行动朝这个目标奋斗，就行了。至于高考是一个什么样的结果，你都顺其自然，无怨无悔。这样做了，对得起社会和家长，也对得起自己的过去和未来。我相信，如果你用这样一种心态来制定目标，来奋发学习，来正确做人，不管你上一个什么样的大学，你的人生都将会是一个成功的人生。

相信我的话，也相信你自己定下的目标。在剩下的高中时光里，我们一起朝你这个时候定下的目标努力，好吗？

收获一份人生友情

高中时代的友情是很自然的。你没有必要刻意地与谁交往，也不能够用麻木不仁的态度对待同学之间的交往，这两种极端做法都会给你的友情带来扭曲。这样做不仅收获不到真正的人生友情，还会使你的性格产生某种缺陷，不利于你今后与人沟通交流。这是我不愿意在你身上看到的。这个社会就是人的社会，不能正常地与别人交往，你将寸步难行。

人生有许多友情，你这时候收获的，是一份同学友情。

高中同学的友情可以说是一个人一生中弥足珍贵的一份情谊。小时候不懂事，小朋友们在一起玩耍，完全出自那份童真，没有太多的理智。什么思想啦，人生追求啦，个人修养啦，一概没有，就是大家在一起玩玩而已。成年后，尤其是人过中年之后，在人与人之间的交往中，社会因素的影响很多，说俗一点，就是利益性的东西往往渗透在人们之间的交往活动中。就自身来讲，中年之后，你有了自己的人生观和价值观，有了自己对人、对事的清晰判断，交友就比较困难了。大家都彼此在心理上设置了一道无形的屏障，难得形成心与心的交流，也就难得收获真正的友情了。高中时代就不一样了，这时候的你，血气方刚，既带着一分青涩，又开始有点成熟。这时候交友，不是纯自然的，也不是纯理性的。这时候的一份人生友情，可能让你受益终身，也可能对你一辈子的发展都带来非常大的负面影响。

我在高中时候收获的那份人生友情，对我来讲，是一份非常值得珍惜的情感。我那时候要好的几位同学，现在有的教书，有的从医，我们连从事的职业都大致相同。三四十年过去了，现在我们都还保持着非常好的友情。遇到高兴事、烦心事，即使远隔千山万水，我们也要热线交流。有什么困难，大家都相互鼓励与支持。有一位现在在祖国西部省城工作的同学，是一位医生，他女儿三岁之后就再也没见到过她的亲生妈妈，我和妻子把这位同学的女儿当作我们的女儿一样对待。他女儿读初中时，我就把她接到身边来上学，那时我还没有当校长，在市委机关工作，照顾他女儿读书并不是我职责范围内的事。但想想一个女孩子在人生最关键的成长发育时期，没有母亲的关心照顾，那将会对她的身心健康产生很大的影响，于是我们全家决定把她接到我们家，她正好与我的女儿的年龄差不多，她们也成了很好的朋友。

俗话说，物以类聚，人以群分。这话一点不假。我在高中时代的好朋友现在基本上都事业有成。我们毕业的那一年只有两人考上师范学校，另外有三四个好友，有的经过一两年，有的经过三四年的刻苦攻读，才考上大学，但比我们第一年考上的学校要好得多。当时我们班玩在一起的同学，还有其他几个"圈子"，那些"圈子"里的同学，也有他们的友情。二三十年后的今天，他们在自己的"圈子"里的联系也非常紧密，也过着自己平平常常、有苦有乐的生活。

以我的经历和我当老师后总结的经验来看，高中时代收获什么友情，你就会有什么样的人生。我的那几个经过几年努力才考上大学的同学，有的在我参加工作后他们还在高中复读。我们寒暑假回到村里，大家彼此鼓励，终于有了我们今天共同的事业与家庭。现在在我们学校，你的周围也有许多像我高中时代那样刻苦学习、互相鼓励、共同进步的同学"圈子"，这份友谊将是你们一辈子都值得珍惜的美好情感。但是，你可以看得到，即使在我们这样的重点中学，也有少数"玩"在一起的"圈子"。你一定要远离这样的"圈子"。当然如果你有能力协助班主任改造这样的"圈子"，使班上的少数"玩圈子"变成"学圈子", 也是一件很有意义的事。不过, 这不能作为我对你的一种责任要求, 改造他们的事主要还是由老师和家长来完成。

高中时代的友情是很自然的。你没有必要刻意地与谁交往, 也不能够用麻木不仁的态度对待同学之间的交往, 这两种极端做法都会给你的友情带来扭曲。这样做不仅收获不到真正的人生友情, 还会使你的性格产生某种缺陷, 不利于你今后与人沟通交流。这是我不愿意在你身上看到的。这个社会就是人的社会, 不能正常地与别人交往, 你将寸步难行。

可能有女生（男生）喜欢上你

如果碰到了女生（男生）喜欢上你，或者你喜欢上别人这样的情况，你应该正确地对待和处理。在心理上，你不要有害怕感，也不能觉得无所谓，更不应该有"罪过"的感觉。在行为上，你要把握好分寸，也就是要把握好这种别人喜欢你和你喜欢别人的度。这个度如果把握好了，可能会增进你们的友谊，增加你学习的动力和信心。

在高中三年的青春岁月里，有女生（男生）喜欢上你，或者你喜欢上哪个女生（男生），这都是很正常的事。相反，如果这个时候女生（男生）都对你不屑一顾，或者你对女生（男生）产生不了一种特别的好感，那才叫不正常。要知道，这可是你最美好的一段青春岁月呀！怎么可能没有女生（男生）喜欢上你呢？

女生（男生）喜欢上你一般有这样几种表现形式：一是偷偷地喜欢，让你和同学毫不察觉，她（他）把这份情感深藏在自己心里，写在自己日记本上。二是找机会与你接近，并不把那种特别的情感告诉你和她（他）的好友，看上去还是那种同学之间的友情，但是在她（他）心里其实已经把这种友情深化了。三是直接向你表白，告诉你她（他）喜欢你，或者通过要好的同学向你表达她（他）喜欢你，也想了解一下你对她（他）的感觉。四是像影视剧那样不顾一切地追求你，把你也带进角色，你们完全沉迷于恋爱之中。这样几种表现形式，应该说前三种我是可以理解的，最后一种我是坚决反对的。同时我也告诉你，最后的这种形式也是违反校纪校规的。轻则教育，重则劝你退学。

十七八岁的年龄，用情窦初开这个词来形容是再恰当不过的。如果碰到了女生（男生）喜欢上你，或者你喜欢上别人这样的情况，你应该正确地对待和处理。在心理上，你不要有害怕感，也不能觉得无所谓，更不应该有"罪过"的感觉。我前面说过，这种现象是你这个年龄阶段正常的生理和心理表现。在行为上，你要把握好分寸，也就是要把握好这种别人喜欢你和你喜欢别人的度。这个度如果把握得不好，可能会伤害同学的情感，也可能伤害到你的心灵，对你和她（他）的影响很大。这个度如果把握好了，可能会增进你们的友谊，增加你学习的动力和信心。我们学校的校友中，目前有 20 多对夫妻。他们高中时期并没有谈恋爱，而是有一些好感，高中三年来互相鼓励，大家都考上了一流的大学，又到美国继续深造和工作，在那里恋爱，结婚，生儿育女。你说这多好啊！如果高中阶段把时间和精力都用到了恋爱上，哪还有心思学习、备考呀？

这里我给你讲一个关于人生的哲学话题。一个人活在世界上，无论他生活在哪一个社会阶层，他都是有自然属性和社会属性的。从自然属性来讲，他有七情六欲，他要传宗接代。这是与生俱来的，谁都会，不用进学校，不用先生教。小到一个家族、一个民族，大到人类社会的自然繁衍，都是这种自然属性的结果。从社会属性来讲，他有不同的社会身份，必须承担不同的社会责任和义务。作为一个公民，他必须遵守他所在国家的法律制度，作为某一个社会职业的一员，他必须按照这个职业对他的特定要求来履行自己的职责，作为一个家庭成员，他必须担当起他在这个家庭的角色所应该担当的责任和义务。比如，你现在是家里的高中生，你的主要责任就是认真学习，主要义务就是孝敬长辈、关心弟妹。

一个人如果把这两种属性的度把握得很好，他就是一个优秀的人。否则他在社会上就会四处碰壁。如果他过分张扬了自然属性，那与动物无异。如果他过分张扬社会属性，而压抑自然属性，就会成为一个郁郁寡欢的人。

用上面的两种属性来分析你现在遇到的情况，你会发现，这个时候有女生（男生）喜欢你，或者你喜欢女生（男生），这是自然属性，没有什么值得大惊小怪的。你现在的主要任务是学习，你的社会知识和阅历也不丰富，还不是谈恋爱的时候，这就属于社会属性了。按照我前面讲的，这两种属性你现在都不能张扬，否则你就成为一个社会接受不了的另类，你的人生之路就会走得很艰难。

在特殊的青春时期，要处理好这类"青涩的感情"问题，对你来讲，是一次人生考验；对家长来讲，同样也是一种考验。我已经向你讲过我们学校一个学生和家长处理这类事情的不当办法。那个学生与同班的一名女生关系不错，经常在一起讨论学习上的问题。他们俩也许彼此有一定的好感，仅此而已。但是，这位男生的母亲天天到学校偷偷监督儿子与这位女同学交往的细节，回家后把自己观察到的和猜测的东西讲给这位男生的父亲听。这位男生的父亲听说儿子在学校"谈恋爱"之后大发脾气，并动手打了儿子。在这样的情况下，这位男生干脆就谈起恋爱来了。可是他恋爱的对象并不是前面与他一起讨论学习问题的女生，而是另外一名女生，结果学习成绩一落千丈。高考时，前面说的那名女生考上了一所顶尖的大学，这名男生连二本线都没有过，他和家长都后悔不已。在读"高四"（你们对复读高三的自我解嘲吧）时，他抛开一切杂念，终于如愿考上一所不错的大学。结果虽然不错，但一个人的青春时光有几个 365 天呢？还不说这一年全家人承担了多大的精神压力，以及冤枉花费了多少"高四"投资。

也许你会说，你这个校长就会教训别人，能把你的"青涩情感"告诉我吗？这有什么不可以的呢？我又不是什么圣人，也有过你今天这么美好的青春岁月。读高中时，我是班长，也是学校文艺宣传队队员，在学校里应该说是比较优秀、比较活跃的一类，所以关注我的同学和老师比较多。整个高中时期，我没有固定地喜欢过哪一个女同学，但我喜欢在学校文艺宣传队里活动，因为那里有很多漂亮的女同学，我们在一起很开心，我也愿意与女同学一起排练节目。虽然我没有喜欢谁，但也有一次让我回忆起来很有趣的"青涩经历"。那一年我读高一，暑假里我们文艺宣传队参加公社会演，我们的队长是一位高个女生，她比我大几岁。演出前，她为队员们化妆，我路过她身边时，她说："来来来，帮我把手帕从裤子口袋里掏出来。"我一时愣在那里，她看我犹豫不决，一边抬起两只沾满化妆粉的手，一边扭动腰身把装有手帕的那一侧裤袋口朝向我，接着说："快掏呀！"我傻乎乎地把手伸进她的裤子口袋里，乖乖地帮她把手帕掏出来递给她。她用手帕擦擦汗，又继续帮同学化妆。我站在那里感到很不好意思。你说我那时候傻不傻，连这样一件事都不敢做。至于说喜欢女同学，我想都没想过。有没有女同学偷偷地喜欢过我，我压根儿不知道。前些年，高中时期的同学们在一起聚会，大家"酒后吐真言"，竟然有几个女生说喜欢过我。也许是她们在开玩笑，也许真有那么回事。但不管是真是假，我都对高中时代那帮男女同学心存感激，因为是他们与我一起走过了三年难忘的高中时光。

道理讲给你听了，吸取教训的例子也说了，连我自己年轻时的故事都告诉你了，真正要处理好女生（男生）喜欢你这件事，还得靠你自己，别人说得再多也没有用。我相信你会处理好的，应该说，你比我当初接受的教育好，懂得的道理多，你知道怎么处理这样的事情才有利于你高中三年的健康成长。

挑战极限的简单等式

中国的高考就像一场重大的体育比赛，这项比赛是一种挑战人的综合素质极限的比赛。哪一种方法能提高你的学习成绩，哪一种方法对你来说就是科学的。

意志力＋勤奋＋科学的方法＝成功。这就是挑战极限的等式。这是一个简单的等式，但是高中生要坚持三年做下来，并不容易。

你应该知道王选吧！这位现代汉字激光照排之父，1983 年 6 月 11 日在给他去美国读博士的侄女的信里，有这样一段话："成功的人大致有两类：一类人才华外露，似乎很容易出成就；另一类人则依靠坚持不懈地奋斗，长年累月下来最后获得成功。我比较欣赏第二类人……在向导师学习时，除了学习知识外，更多地要学习解决问题的方法，特别是有名的导师取得成绩的途径。"王选在这里谈的虽然不是高考，但也对我们高中生的学习有一定的启发意义。

中国的高考就像一场重大的体育比赛，并且是 1000 万人参加的比赛项目。这项比赛是一种挑战人的综合素质极限的比赛。挑战哪些综合素质呢？说复杂也复杂，说简单其实也很简单，我认为就是"意志力＋勤奋＋科学的方法＝成功"。这是一个简单的等式，但是高中生要坚持三年做下来，并不容易。

我不止一次地给你讲过，高中三年，你在努力，全国的高中生都在努力，真正放弃、混日子的是少数人。

前些年敬一丹做过关于高中生的焦点访谈，我记得她的开头语是这样的："观众朋友们，当天色还没有亮，北京的街头就有这样一群人，他们骑着自行车，背着书包，匆匆奔向学校，每天如此，四季如此。夜晚下晚自习回到家，他们还要打开书包，坐在书桌前继续熬到十一二点。这群人就是如今的高中生。为了考上一所好一点的大学，他们就是这样起早贪黑地忙碌着。"

其实，像这样忙碌的又何止学生？老师为了把一个班的学生教好，让学生在高考中取得好成绩，他不这样做行吗？校长为了把一个学校的高考成绩搞上去，他不这样做行吗？我现在几乎每天清晨上班来到学校后，晚上 10 点半钟以后才走出校门，每天工作时间都在 15 个小时左右，而且从来没有说哪一天是星期六，哪一天是星期天。每天当我在教室的走廊里巡查，看到你们刻苦学习的疲惫身影时，我经常反思，但我们不用钢铁一般的意志品质，就过不了高考这个关。一个学生是这样，一个班是这样，一所学校也是这样。

上面这些说的是意志力。下面再说勤奋。

"勤"的关键在于平时坚持，一以贯之；"奋"的关键在于从内心深处产生一种巨大的力量。所以人们单说"奋"的时候叫发奋，或者奋发。勤奋连起来，就是坚持用一种巨大的力量来完成某一项事业。对你来讲，目前的事业就是高中学业。王选欣赏坚持不懈地奋斗（也就是勤奋）的人，他自己也是一个这样的人。他从年轻时代开始研究激光照排技术，直到中年之后这一技术得到普遍推广和使用，可以说他倾其毕生精力于这项事业。如果不是他的勤奋，就不可能有他的成就。现在你在三年高中时段，面对高考升学这个独木桥，如果你不勤奋努力，就会有好多后面的人超过你。我不提倡古人的头悬梁，锥刺股，但抓住分分秒秒、持之以恒地完成好每天的学业，这是每一个成功的高中生走过来的有效路径，你也应该这样做。你要知道，在高考这条路上，是没有捷径可走的。

我读高中时是比较勤奋刻苦的，当时我们班几十名同学，我不是聪明的那一类。我能在高考中取得第一名，完全是因为勤奋。"勤能补拙是良训"，这句话是我一辈子都不会忘记的人生格言。年轻时养成了勤奋的习惯，一直到现在，我人到中年做了校长，仍然坚持勤奋工作。我的具体工作你可能看不到，但你每天夜晚9点半钟下晚自习离开学校时，你都会看到我的办公室的灯还亮着，只要不外出开会，天天如此。

至于说科学的方法，对你来讲就是适合你的学习方法。哪一种方法能提高你的学习成绩，哪一种方法对你来说就是科学的。别人的方法再科学，你采用之后没有效果也是毫无用处的。关于这个问题我已经在第二、第三学期和你谈过两次了，这里就不谈了。你看王选在给他侄女写的信中，也谈到了要侄女更多地学习解决问题的方法，可见方法是多么重要。

高中三年，只要你记住"意志力＋勤奋＋科学的方法＝成功"这个简单的等式，你就可以解决学习上的很多问题，你就会沿着成功之路走到你的目的地。

积跬步，至千里

> 要达到"积跬步，至千里"这样一种学习的境界，最关键的是要克服浮躁和急躁情绪。浮躁会让你静不下心，导致学不深、研不透；急躁会让你沉不住气，导致欲速则不达。

现在已经是高二下学期第八周了。不知你想过没有？一年多以前，你对高中知识是完全不了解的。四年多以前，你只知道小学里的那么一点知识。十多年以前，你还是一个只知道"白毛浮绿水，红掌拨清波"的幼儿园的小朋友。十年寒窗苦读，你了解了大千世界多少知识啊！假如把这些知识在你上小学一年级时一股脑儿全塞给你，不说塞不进去，吓都要吓得你目瞪口呆。现在的结果是，你小学学一点，初中学一点，高中再学一点，一点一点地学习，这样加起来就掌握了许多知识。这也就是古人说的"积跬步，至千里"的道理。

有不少同学，他们并不是不懂这个道理。可是在具体的学习过程中，想一口吃一个胖子的人也并不少见。这样的同学往往是急于求成，结果是或中途放弃，或只是有计划无行动。比如，有的人为自己定了一个赶上某一个成绩好的同学的具体目标，开始几天废寝忘食，多看好多书，多做好多练习，可这样做了几天就坚持不下来了，结果适得其反。但愿你不是这样一种人。

给你说说我当初到学校来的情形吧。我刚来当校长时，学校面临好多棘手的问题，我找教职工座谈了解时，他们谈了很多好的建议和办法，加起来可能不下 100 个要解决的问题。对于这些问题，我把它们进行分类，哪些是现在必须解决的，哪些是从长远来讲要解决的，哪些是影响全局的重要问题，哪些是可以先放一放的次要问题，我进行了认真地梳理。我认为，假如我用 100 天解决 100 个问题，那么我就有可能把这些问题解决得差不多。假如我用 200 天解决 100 个问题，那么我会做到游刃有余，我会把这些问题解决得更好一些。但假如我用 300 天，500 天来解决这些问题，那我又走向反面了，这些问题就成了久拖不决的问题。按照这么一种思想，我到学校后一年之内，主要抓全面提高学校教育质量的问题。

你学习上的问题与我做学校管理一样，碰到的问题会很多，你不要想一天解决很多问题。你一天解决某门学科的一个问题，一周下来，一月，一年下来，就会有比较大的收获。这样做，你也就不会感到学习压力太大，甚至还会使你养成一种良好的学习方法和习惯。否则，你有时突击用功，有时又完全松弛，这样不仅没有好的学习效果，反而还会让你养成一种不好的学习习惯，对你今后的人生都会有影响。

前些天我从报纸上看到这样一篇通讯——《追赶花季的人》，写的是一个养蜂人一年四季带着他的蜂追赶各地的花季，为人们酿造甜美的鲜蜜。据那篇文章介绍，一克蜂蜜需要一只工蜂在花与蜂巢之间往返几千次才能酿成。我真是为蜜蜂这种"积跬步，至千里"的精神所折服。你现在学习高中知识又何尝不是如此。说句心里话，每当我在办公室伏案工作累了，我就起身到教学楼走一走，看一看你们上课和自习的情况。我既把它当作休息，也当作巡查。每当看到你们聚精会神地朗读、听讲、讨论和做练习，从早到晚，天天如此，一日复一日地重复着这种机械的活动，我就想，你们又何尝不是一只只在勤奋酿造我们美好社会生活的蜜蜂呢？没有你们这一代人的努力刻苦学习，我们的社会就缺少知识型的人才，社会的文明和进步就会受到影响。正像我在《读书也是一种责任》里讲的，一个时代读书人的有为无为，甚至关系着一个国家和民族的兴衰成败。

要达到"积跬步，至千里"这样一种学习的境界，最关键的是要克服浮躁和急躁情绪。浮躁会让你静不下心，导致学不深、研不透；急躁会让你沉不住气，导致欲速则不达。

审视一下你的每一次考试成绩

> 每一次考试之后，最有意义的一件事，是应该认真地审视一下你的考试成绩。你应该承认天赋的存在，但也不能被"天赋"吓倒。你要相信，勤能补拙。

又要进行期中考试了，这应该是你进入高中后的第七次规范的考试。你的老师也可能在班上做过一些小测验和月考之类的考试，但那些不是学校组织的，对你的成绩评定的参考价值不大。每个学期的期中和期末考试，对你的学习成绩的评价应该是相对准确的。

到现在为止，你已经经历过太多的考试，每次考试成绩出来，你最关注的恐怕就是你的分数，还有在全班、全校的排名。尽管学校不公布排名，但班里就那么多学生，你们想比较一下太容易了，而且这也没有什么不好。

你关注分数，关注排名，没有错。但我认为，每一次考试之后，最有意义的一件事，是应该认真地审视一下你的考试成绩。你在哪些方面得了分？在哪些方面失了分？应该认真细致地分析。你不妨把你进入高中以来的每一门学科的每一次考试试卷都找出来，进行一下比较分析。从中总结出一些规律性的东西，找到今后努力的方向，以便有的放矢地在各科之间，以及某一科目的各类知识点之间正确地使用你的学习时间。你可以用一个专门的笔记本来做这个分析，并一直坚持到你高中毕业，这对你学习成绩的提高将会有很大的好处。你可以尝试这样一种办法：建立一个成绩比较坐标系，把考试的知识点作为横坐标，把考试成绩作为纵坐标，每考一次你就在这个坐标系上标一个点，然后把这些点连成线。时间一长，你在某一门功课上的优势或劣势就非常清楚了。对于那些你经常考满分或接近满分的知识内容，你就应该少花一点时间了，不能因为喜欢它们而继续使用太多的时间，对于那些在历次考试中都不理想的知识点，你就应该在这方面多花一点时间来慎重对待。高考的出题老师不会按你的喜好来出题，你必须应对教学大纲上要求的全部知识，才有可能在高考时取胜。

这是坐标分析法，还有一种分析成绩的方法就是"表格分析法"，也就是把每一次考试的内容都用表格的形式记录下来，进行比较分析。比如语文，第一次考试你的现代文阅读得了多少分？哪个知识点得分多？哪个知识点得分少？把它们一一记在表格里。文言文阅读也该这样记下来，作文考的是哪一种类型，得分多少等都记在表格里。如果你把前七次的语文成绩全部这样记录下来了，你哪一些知识掌握得好，哪一些知识掌握得不够好，或者不好，就一清二楚了。这样一来，你就对自己在语文这门学科上的学习情况有一个比较清晰的把握，知道自己应该从哪里着手，来提高语文成绩，而不是面对一个分数，好不知好在哪儿，差也不知差在哪儿，从而感到束手无策。

利用上面的办法把没有掌握好的知识内容找出来了，接下来就分析原因。原因首先要自己分析，是在这个知识点上花的工夫不够，学习的方法不当，还是确实在这方面缺乏一定的天赋，或者是其他原因，一定要分析准。自己分析了原因之后，最好是找科任老师谈一谈，把你的分析告诉老师，要老师帮你把一把脉。老师是最了解你的学习情况的，他从旁观者的角度来分析，也许比你分析得还准确一些，他的意见值得你认真听取。综合了你和老师的意见，你还可以找与你关系好的同学，让他们也帮你分析分析，参考一下同学们的意见也会对你很有帮助。这里我要特别提醒你一下，我们应该承认天赋的存在，但也不能被"天赋"吓倒。你要相信，勤能补拙。

后面还要专门讲这个问题，这里我就不细说了。你注意一下这个问题就是了，不要怕。

如果你能按照我说的这两种方法去做，坚持从现在做到高考前的最后一次模拟考试，那么你高考时一定会取得一个令你满意的成绩。

学会竞争

> 高中时代最直接的竞争就是高考。高考的竞争是学生意志品质、人格修养、学习习惯和志向、性格等内在因素的竞争。
>
> 高考的竞争，是个人竞争，也是一个班、一个学校的团队竞争。只有一个班、一个学校整体竞争赢了，你个人才能赢在其中。
>
> 赢分数也要赢志气，输分数却不能输志气。

　　从迈进小学校门的那一天开始，你与别人的竞争就开始了。虽然小学时期的竞争没有像高中这样激烈，甚至你可能还感觉不到你与同学比高低是一种竞争，但你的人生竞争实实在在地是从那时开始了。到了高中，这种竞争则会让你和家长无时无刻不感觉到它的存在，并且给你和家长带来了巨大的压力。

　　高中时代最直接的竞争就是高考，这也是学生、家长、老师和社会所公认的竞争内容。但我认为，高考只是高中生竞争的内容之一，或者说是表现形式。高考的竞争是学生意志品质、人格修养、学习习惯和志向、性格等内在因素的竞争。我的这些谈话，总体上讲的就是这方面的内容。我把这些内容分散在每一周与你讨论。今天还是与你先谈谈高考的竞争。

　　高考的竞争，是个人竞争，也是一个班、一个学校的团队竞争。按照现在以省为范围划定分数线的制度，你是在与省内几十万人竞争，而不光是在与你天天见面的同班同学竞争。弄明白了竞争的范围，你就好理清自己竞争的思路，采取你正确的竞争行动。

你可以瞄准学校或班里的某个同学，以他为榜样，学习他，甚至想在成绩上超过他。这是一个很好的办法，但是你要注意不能把他作为你高考竞争的对象。在一个省的范围内，几十万学生，竞争的对象不是哪一个具体的人，而是一群人，你根本找不到一个具体的看得见的目标。你瞄准了班里的某个成绩比你好的同学，不仅不能把他作为竞争的对象，相反要把他作为你一同并肩前行的朋友。你要与他，与全班、全校同学一起，参与到与几十万人竞争的队伍里来。你应该知道，只有一个班、一个学校整体竞争赢了，你个人才能赢在其中。比如说我们学校，长期以来形成了一套好的应对高考的优良传统，这种传统已经沉淀成为一种校园的高考文化和高考精神，所以我们学校的高考成绩历年来都不错。

你一定要有一个良好的高考竞争心态。重点大学只有上与不上两种选择，成才之路却不是非此即彼的两个结果。

我前天给两个班的同学们集体谈话时，曾经讲过这样两个父亲教育女儿的例子。这两个班有一些成绩不太好的同学，因为自己对家长不理解，有的打算放弃高考，也就是放弃学习。我讲的例子就是针对这一现象的，而且我讲的就是天门中学的校友。两个校友的父亲都是我的好朋友，他们的女儿高中毕业时都没有考上大学本科，后来都成了重点大学的研究生。这些活生生的例子告诉我们，高考的竞争虽然残酷，但是只要有一个良好的心态，只要你永不放弃，只要你不断地努力，最终你是赢，而不是输。

我这样讲，不是倡导你们在高考的竞争中都走这种曲折之路。我倡导的恰恰相反，你在三年的高考竞争中，应该通过一天一天地努力，去实现高考时取得最佳成绩的梦想。这样在人生的道路上迈出关键的第一步时，你就是一个赢家。顺顺利利地考上一所自己理想的大学，在那里放飞自己的人生梦想，这么美妙的东西为何不去竞争赢呢？像我们学校每年走进清华大学、北京大学、浙江大学、上海交通大学、武汉大学、华中科技大学的几百名学子，他们顺利地开始新的人生之路，一些人大学毕业之后成为社会各界的精英，对自己来说是一种成就，对社会来说是一种贡献。他们赢得多潇洒啊！

我要提醒你的是，学会竞争，最重要的是既要争得赢，也要输得起，要做到赢不骄，输不馁。赢分数也要赢志气，输分数却不能输志气。

生活的课堂，人格的考场

高中食堂的种种现象，确实折射出高中生对待学习、对待生活，乃至对待人生的态度。你走进食堂，是否想过你的这种生活来之不易？当你习惯了一种舒适的生活时，你也应该好好地想一想，父亲、母亲为了给你创造这样一个好的学习环境，付出了多少代价。

期中考试结束了，这个周我与你谈一个相对轻松的话题——生活的课堂，人格的考场。

在天门中学老校区的食堂大门两侧，贴着这样一副对联：生活的课堂，人格的考场。我不知道也不想打听，这副对联是什么时候，由谁写的，但是这副对联的深刻含义，我觉得值得你认真思索。

你在食堂一个月花费多少钱，你是否每天都在浪费饭菜，是否尊重食堂员工的劳动，是否讲秩序排队打饭，有没有随地抛弃剩饭剩菜，随手泼洗碗水，是否想过帮助一下生活困难的同学，是否帮生病的同学把饭菜打好并送到教室或寝室。还有，你是否在早晨和下午的最后一节课总是心不在焉，老是惦记着快点下课，然后一听到铃声，就第一个以百米冲刺的速度奔向食堂……这些高中食堂的种种现象，确实折射出高中生对待学习、对待生活，乃至对待人生的态度。

你走进食堂，是否想过你的这种生活来之不易？尤其是农村的学生，家里可能有两三个兄弟姐妹，父母亲要供几个孩子读书，相当不容易。有些城里的学生，父母亲没有稳定的工作，供养一个孩子读高中也比较困难。即使你的家庭经济条件比较好，当你习惯了一种舒适的生活时，你也应该好好地想一想，父亲、母亲为了给你创造这样一个好的学习环境，付出了多少代价。有多少同龄人，不能像你一样，每天自由自在地走进食堂，想吃什么就吃什么。

前几天我看到这样一篇报道，天门市九真镇沟湾村有一位叫段梦子的15岁的初二学生，在春节后辍学了，她想到南方打工。段梦子15年前被丢弃在一个小集市上，一位叫段南方的残疾老人把才4个月大的段梦子抱回家，一直把她养到了15岁。段南方老人今年72岁了，夫妻俩都是残疾人。我觉得段南方老人和他的老伴太伟大了，决定驱车去看看这两位老人。

我花了一个多小时才找到段南方老人的家。我看到的哪里是一个家呀！在天门市农村，如今已经很少有人住在像这样的棚子里了。棚子里用泥土垒了一个灶台，一张破桌子，三个破凳子，两张旧床，这就是这对残疾老人的全部家当。段南方老人穿的裤子已经看不出是什么布料了，几乎全部是由补丁做成的。段梦子就是在这样的家里生活了15年。我找到了段梦子曾经就读的初中学校的班主任和校长，希望他们能接纳这个孩子继续上学。如果她能考上高中，我还可以帮她想办法，让她上完高中。无奈段梦子在电话中说她已经决意打工赚钱，不想继续读书了。我只能遗憾地给两位老人留下一点钱，表达我对他们的敬意。后来，段梦子的初中老师和校长还是想办法把她接回来继续上学了。

你说，像段梦子这样的学生走进食堂时，她会是一种什么样的心情呢？在学生食堂，我经常看到有的同学每天都打很便宜的饭菜。这种现象让我生出许多感慨。我做过一个调查，学校天天打便宜饭菜的学生大概有800人，学校通过多种渠道资助的贫困生有400多人。学校政教处曾经向全校发过一个通知，希望生活上有困难的学生能够在课余时间到食堂帮做一些值日、打扫卫生之类的事情，然后由学校食堂给予不低于当月生活费的工资，可是没有一个学生愿意这样做，他们不是怕影响学业，因为一天做一小时左右的事情对学业根本不会有什么影响，主要是这些学生不愿在学校暴露自己家庭贫困。这类学生性格一般比较内向。如果你属于这类，你一定要慢慢培养你开朗的性格，人穷志不穷。现在如此，将来也要如此。

在学生食堂，我也经常看到有的学生把大量的饭菜倒掉。我认为，即使你的家庭条件再好，也不应该这样做，尤其是不能养成这样的习惯。讲一个真实的故事给你听吧。有一位在国家重要部门担任要职的领导同志，他夫人也是一位正局级干部。一次他们夫妇在北京请我和另外两位天门老乡吃饭，我们吃完后，他夫人将所剩不多的饭菜全部打包回家。他们家的经济条件不错，也许没有必要这样"节约"，但是他们就是养成了不浪费的良好习惯，也可以说，这是他们身上一种良好的个人修养。在你的眼里，他们应该是做"大事"的人。他们所做的"大事"，你可能做得到，可能一辈子也做不到，但他们在饭店里做的"小事"，你随时都可以做到。怎么样，从你每天在食堂的行为做起吧，好吗？

最后提醒你一件事，打饭的时候不要插队。插队也是一种不好的习惯。别人站得好好的，你突然插进去，像什么话呢？何况，目前在我们学校食堂，从第一个学生进去，到最后一名学生出来，24分钟开饭全部完毕。你说有插队的必要吗？不要让一种不好的习惯影响你的人生修养。养成良好的习惯要比早一分钟吃饭重要得多。

换一个角度看一看

> 不管是哪方面的问题，假如你能够换一个角度看一看，甚至换几个角度看一看，你对那些问题的看法就会产生变化，有时还会得出与原来完全不一样的结论。有些长期困扰你的问题，因为看的角度不一样了，你甚至会觉得那根本不是什么问题，而是你自己的思维被束缚了，导致看问题、做事情产生了片面性。

盲人摸象的故事几乎无人不知，但真正能够按这个故事里隐含的哲理，去指导自己的日常行为的人并不多。如果你能够按故事里的哲理去做，那么你一定可以成为一个优秀的人。

毫无疑问，在高中三年的时光里，无论在学习上、生活上，还是在为人处世等其他方面，你都会遇到一些困难和问题。不管是哪方面的问题，假如你能够换一个角度看一看，甚至换几个角度看一看，你对那些问题的看法就会产生变化，有时还会得出与原来完全不一样的结论。有些长期困扰你的问题，因为看的角度不一样了，你甚至会觉得那根本不是什么问题，而是你自己的思维被束缚了，导致看问题、做事情产生了片面性。

我前几天读到一篇文章，名叫《燕子的哲学》，这篇文章的作者看燕子生存的角度有一点特别，这里不妨把他的观点介绍给你。

在动物界，老虎称兽中之王，凤凰称鸟中之首。

燕子呢？微不足道，什么都算不上，论羽毛没孔雀那么漂亮，论嗓音没百灵鸟那么婉转，论作用没啄木鸟那样受人重视。

可在当下，许多鸟兽濒临灭绝，燕子却"人丁兴旺"，个中的奥妙就在于燕子的智慧。

所有鸟的共同特点都是怕人，它们将巢筑在大树和深山之中，以免遭到人类袭击。燕子却不然，它将栖息的巢房建在人类房屋正堂的梁上，却没有人故意去伤害它，这就是燕子的精明之处。燕子似乎清楚地懂得，人类是既不能离它们太近，又不能离它们太远的一族。

燕子的哲学的实质就是注意与人类保持一定的距离。它可能是从那些距人类太近或太远的动物的遭遇中得到了启示，做到了既与人亲近，又不受人的控制，时刻保持自己的精神独立，使人像敬神般地敬奉它，称它为益鸟，并将燕子的到来形容为春天的象征。

燕子的处世哲学说到底是明智的。它将巢筑在人类的房梁上，取得人类的第一信任，这一点是任何鸟都不及的。在这之后，它安心地在此生养繁衍。过了一段时间，当人们厌烦其飞来飞去和乳燕声嘶力竭的叫喊时，燕子便知趣地举家迁走。人的火气平息下来，不见燕子身影，又念燕子的好，盼它回来。"小燕子，穿花衣，年年春天来这里。"燕子往往就是遵循人类这种情绪起落而安排自己的生活节奏。

燕子的哲学是值得大到一个民族、一个国家、一个社会，小到一个家庭、一个人的生存和发展借鉴的。

这里面其实有两个看问题的主体：一个是燕子看人类，选择了它们的处世哲学；另一个是人类看燕子，选择了对待燕子的态度。我觉得不管是哪种主体，这里看问题的角度其实都是作者的角度。不过从这个角度看，燕子繁衍生息的规律，确实让人眼光一亮，我们能从中获得一些启迪。

有时候，你换一个角度看问题，会有许多新的发现，甚至会创造奇迹。

爱迪生发明留声机就是这样一个过程。有一天，爱迪生在研究改进电话机。他耳朵不好，为了感觉振动，他用一根针固定在炭质薄膜上，针的另一端让它接触手指。那样他对电话机说话的时候，手指也能感觉它的振动。就是这一根针的振动，启发了爱迪生，他脑海里产生了一个很奇怪的想法。他想，要是这根针记下了声音的振动，不就可以把声音记录下来了吗？如果这根针能按照声音留下的痕迹振动，不就可以发出原来的声音了吗？

你看，爱迪生当时研究的是电话机的改进，突然变换角度思考问题，想把声音记录下来。这真是一个大胆而有创造性的想法。古往今来，谁也没有想到要留住声音。要记录声音，就要让声音留下振动的痕迹。爱迪生想让声音在比较软的锡箔上移动，以刻下纹路。这些纹路不能重复，如果重复了，声音就会含混不清。为了留下不重复声音的刻痕，就要让锡箔围在一个圆筒上面，说话的声音不停地引起钢针的振动，钢针不断地在转动着的锡箔上刻出纹路。

没几天，爱迪生就按照这种构想，做出了一架奇怪的机器。他对这架机器进行了改进，自己觉得满意了，便把它带到有名的《科学的美国人》杂志主编比蒂的办公室，在桌上打开了这台机器。比蒂不知道这是什么，便问："爱迪生先生，这是什么呢？"爱迪生笑而不答。他摇了几下曲柄，机器转动起来了，并且说起话来："早安，先生，你知道留声机是什么东西吗？"比蒂听了大吃一惊，不知道声音是从什么地方出来的。爱迪生哈哈大笑起来。留声机就这样向世界宣告诞生了。

从这个故事里，你可以看到，随时注意从不同的角度看问题和思考问题，可以获得多大的收获啊！

做不好小事的人肯定做不好大事

> 一个人立志做大事是不错的，因为这个志向可以引导一个人不断向前奋进。但一个人无论是学习，还是走向社会工作，天天想做大事，而不从具体的小事做起，不把小事做好，谁敢把大事交给你？

你们这一代青年人，很多人想做大事，想考好的大学，找高薪的工作，到一、二线城市生活，在某一个行业干出成绩。这些想法，我都支持。但是，要实现这些想法，必须从眼前的一点点的小事情做起。

给你讲一个青年科学家的故事吧。

有一年，在全球科学界有巨大影响力的《自然》杂志，评出了10位当年影响世界的科学家，22岁的曹原排在首位。那一年，曹原在《自然》杂志发表了两篇关于石墨烯研究的科学论文。这位来自中国深圳的科学家，是一位什么样的人呢？

曹原14岁从深圳考入中国科技大学少年班，22岁博士毕业于麻省理工学院，现为麻省理工学院埃雷罗石墨烯实验室（Pablo Jarillo-Herrero）的博士后研究员。他至今为止在《自然》杂志发表了9篇关于石墨烯研究的科学论文。

曹原3岁的时候，随父母从成都迁居深圳，6岁时入读深圳市福田区景秀小学，小学六年级时转入深圳市耀华实验学校。在这所学校，曹原步入学习的快车道，用三年时间，把小学六年级、初中三年、高中三年的课程全部学完，考入中国科技大学少年班。他是如何做到这一点的呢？

据曹原的中学老师介绍，曹原学习时很仔细，一点点的问题都不马虎。

他的物理老师说："曹原学习既用功，又认真仔细。他的学习速度虽然快，但是并没有囫囵吞枣，他不会放过一个不懂的知识点。到中学的后一阶段，我教不了他。我备课的进度，还赶不上他自学的进度。多数时候，是他遇到解决不了的问题，来找我讨论。我们一起解题，一起找到解决问题的办法。"

曹原的班主任说："曹原并不是死读书的学生，他与同学和老师的关系也处理得很好，班里值日、班团活动等，他都积极参加。"

曹原的家长说："家里的电视机及其他家用电器，经常被他拆得七零八落，好在多数时候，他能够把拆卸后的电器复原。"

曹原现在的科研成就，应该说是做了大事。他小时候认真读书，拆电器、复原电器，应该是小事。读书，我们每个人小时候都在做这件事。拆家里的电器，也有不少人小时候干过。但是，一般人小时候读书读得怎么样？拆掉的电器能够复原吗？这里就有文章了。

每个人在小时候养成的不同的做事态度、做事方法，长大了形成习惯后，对一个人做大事的影响是很大的。

我把这个故事说给你听，你可能觉得曹原就是天才少年，你自己就是普通人，学不了他。应该说，我们每一个人都是普通人，每个人也都可以成为一个有别于其他人的优秀的人。

一个人立志做大事是不错的，因为这个志向可以引导一个人不断向前奋进。但一个人无论是学习，还是走向社会工作，天天想做大事，而不从具体的小事做起，不把小事做好，谁敢把大事交给你？

拿你现在来说，考大学是你的大事。如果你老是把考大学停留在口头上，不从认真地学习一门一门功课做起，不从掌握高考的知识内容做起，那么你就不可能做好你的大事，你的高考就不可能有一个好结果。

我们学校的学生，应该都知道香港维新集团总裁叶凤英女士。她拿出150万元，在天门中学设立维新奖学金。30多年前，她只是一个受过小学五年教育的 18 岁的大姑娘，在香港的公司里做一份杂工。她一边做工，一边学习英文和财务会计。从打工妹到企业总裁，她就是靠把眼前的一件件小事做好，才成就了她今天的大事——一个属于她自己的制漆企业集团。如今，50 岁的她还在攻读博士学位。命运，总是青睐那些脚踏实地，从今天一步一步走向明天的人。你说对吧？

你也好，我也好，其实我们都是一个匆忙的赶路人。假如我们抓住每一天自己可以驾驭的时光，做好眼前的每一件事情，我们就能够成就自己理想的事业。

学会自我否定

> 一个人认识别人容易，认识自己却很难。既能认识自己，又能自己否定自己，实现自我完善，更难。自我否定不是怀疑自己，更不是自暴自弃。自我否定是一个人在世界观和方法论上达到了一定的境界，是一个人的思想和行动、意志和习惯、精神和性情达到完美统一的结果。

在我们周围，不乏这样的人，他滔滔不绝地议论别人的是与非，俨然一个评论家。对于自己，他可能没有一个正确的认识。当他在评价别人的时候，压根儿就没想到别人是怎么评价他的。

这样的人是可悲的人。

一个人认识别人容易，认识自己却很难。既能认识自己，又能自己否定自己，实现自我完善，更难。

我希望你能够从高中时代开始，学会自我否定。如果你学会了这一点，并使之成为一种良好的习惯，一辈子坚持这样做，你就一定可以实现刚进高中时确定的人生梦想。

自我否定不是怀疑自己，更不是自暴自弃。自我否定是一个人在世界观和方法论上达到了一定的境界，是一个人的思想和行动、意志和习惯、精神和性情达到完美统一的结果。

我要求你做到的自我否定，其实就是哲学上讲的扬弃。在你学习的过程中，乃至在你的人生之中，你要学会不断地否定"旧的自我"，肯定"新的自我"。在这种连续的自我否定中，你才会不断地成长和进步。比如，我前面已经两次谈到了你的学习方法这个话题，在高三年级的时候，我还要与你讨论这个话题。为什么同一个话题我要与你谈几次呢？主要是因为这个话题对提高你的学习成绩太重要了。如果每一次谈话之后，你能够认真检讨一下你的学习方法，否定其中一些不合理的东西，肯定其中对提高你的学习成绩有帮助的东西，另外还找到别的一些好方法补充进来，这样就会对你有很好的促进作用。如果你认识不到自己的学习方法有问题，或者虽然认识到了这个问题，而不去否定它，不采取新的对策，那你的成绩就很难提高。

学习上是这样，做人也是这样。随着年龄的增长，你对人对事的判断应该逐渐趋于成熟。在走向成熟的过程中，你应该否定那些片面的、偏激的、狭隘的、低级趣味的东西。这样你才能成长为一个品学兼优的学生。

你不会认为，我光在这里讲一些毫无用处的大道理吧？你面前的校长不仅这样要求你，我自己也是这么一路走过来的。从日常行为方面来讲，我每天睡觉前，基本上都会对这一天的行为进行一次反思。这一天做了哪些值得骄傲的事，做了哪些不应该做的事，或者做了哪些应该做却没有做好的事，我都会在头脑里过一遍。夜深人静的时候，也是一个人的头脑最清醒的时候，人在这时候对事对人的判断也最理智，因此这时候做出的决定也相对正确一些。这个时候就是我对自己一天来的工作和生活进行自我否定的时候。有时候一天忙下来太累了，躺在床上就睡着了，我就在第二天早晨开始新的一天的工作之前，坐在办公桌前，闭上眼睛，把昨天一天所做的事情在脑海里过一遍，看看有没有要自我否定的地方。比如今天在写这次谈话稿之前，我就是这样做的。昨天我有一件要自我否定的事，就是接待一个到学校来访问的客人，应酬太晚，喝酒也太多。在这方面，我感到很无奈。现在要管理好一所学校，需要应酬的方面太多了。不应酬不行，而且应酬所耗的时间和精力又太多。今天上班后，我坐在办公桌前，回想昨天做过的事，最失败的就是应酬。我决定从今天起，减少应酬次数和每一次的应酬时间。这篇谈话稿本来应该在昨天夜晚完成，因为应酬晚了，结果拖到今天才完成。你说时间长了，应酬会耽误多少事啊！

这就是我对自己日常具体行为的自我否定方法。在个人事业发展方面，我也是在"肯定——否定——否定之否定"的规律中，从"必然王国"走到了"自由王国"。虽然我目前做的这份工作很辛苦，很平凡，但我自己喜欢，并且是我主动换了好多岗位之后乐意的选择。我把现在的工作当作一项事业来做，而在原来的岗位上，我找不到这样一种感觉。当然，当校长之前的各个岗位的工作，都为我干好目前的工作积累了经验。再过一些年，当你从学校毕业，有了一定的工作经历之后，你会体会到，当你意识到你的工作不仅仅是为了生存的时候，就是你选择一种自主的生活方式的时候。这个时候你会感觉到生命是如此美好和有意义。

其实，人的一辈子从生到死，从无知到有知，从童年到老年，从不成熟到成熟，就是一个自我否定的过程。你是主动地经历这个过程，还是被动地适应这个过程，两种不同的态度和方式，决定了你人生的两种不同的命运。前者在社会生活中会如鱼得水，后者则可能事事都不顺心；前者会度过幸福快乐的一生，后者则是烦恼痛苦的一生。当然，大千世界，形形色色的人，不可能就这么被简单地分成两类，但一个人的命运很大程度上取决于他对待人生的态度，这应该是不争的事实。

你的一生将怎样度过，有很多因素可以影响这个问题的答案。今天我提醒你的是，一定要学会自我否定。记住我的话，你会受益一辈子。

与遗忘的斗争不仅仅在高中三年

> 你现在学习的高中知识，涉及面广，要记的东西多，几乎没有谁能把全部的知识做到过目不忘。当你在为自己总是遗忘而苦恼的时候，你应该知道，全国的高考大军谁没有为这个问题苦恼呢？只要你能够采取正确的应对遗忘的办法，胜利就属于你。

高中三年，你学习上最大的困难是什么呢？应该是遗忘。

其实，与遗忘的斗争不仅仅在高中三年，只不过这个时期记忆力显得特别重要，遗忘问题也就显得特别突出了。

不管你学的是文科，还是理科，如果你能够把每天学习的知识都记牢，你的学习成绩就不可能差，甚至会进入优秀之列。

现在你学习高中知识，是一个吸取的过程，不是一个创造的过程。现在的高考考题，命题专家们说要考学生分析问题、解决问题的能力，注重学生的综合能力考查，高中新课程改革后的素质教育能力考查，等等。我认为，无论考试内容和形式怎么变，有一点谁也变不了，那就是要把学过的知识记住。记不住知识，你怎么能运用所学的知识去解决问题？你还有什么能力可言呢？

只有记住了高中阶段应该记住的全部知识，你才有驾驭这些知识的能力，从而解决学习中的各种问题。比如说数学，你要解决某一个难题，你就要在头脑里调动你高中所学的全部数学知识点，并让这些知识点迅速进入大脑中进行碰撞，看眼前的这个难题应该用哪些知识点去解决。如果解决这个难题的知识点你没有记住，那么这个问题你就解决不了。所以记住知识是解决高中期间学习问题的基础，连这一点都做不到的话，哪来学习上的别的能力与素质可言。

要记住知识点就是要与遗忘做斗争，与遗忘做斗争的最高境界是过目不忘。但是，世界上能真正做到过目不忘的人毕竟是极少数。就是这极少数，他们可能也只是在某些问题上达到过目不忘的境界，在别的方面他们也不一定能行。你现在学习的高中知识，涉及面广，要记的东西多，几乎没有谁能把全部的知识做到过目不忘。当你在为自己总是遗忘而苦恼的时候，你应该知道，全国的高考大军谁没有为这个问题苦恼呢？只要你能够采取正确的应对遗忘的办法，胜利就属于你。

很早以前，我曾经在我的学生中做过一次遗忘实验。某个具体的知识点接触一次，遗忘的概率为95%，接触2次，遗忘概率为80%左右，3次为50%左右，5次以上为10%以下。这个试验是我在20世纪80年代教初中时做的，结果是不是科学的我们姑且不论。你自己应该有这样的体会，老师前一天讲的知识，如果你第二天复习一遍，是不是加深了印象？周末你再把本周所学的全部知识认真地复习一遍，是不是记得更清楚了？一个月也这样做一次，一个学期也这样做一次。这样正好是5次，与我那次的实验结果有点巧合。反复训练5次，一个学期学过的知识就不会轻易忘掉了。如果你在这之前没有这样做过，那么从今天开始，你一定要这样做下去。只要坚持一个学期，你就会有很大收获，就不会放弃这个记忆方法了。其实，这也是一种学习方法。

我前面讲过我高中时代抄学习资料的故事，抄写资料对我记住知识帮助很大。不过那是我在没有学习资料的条件下，不得已而为之的事，你没有必要模仿。高中三年你的时间很宝贵，既要苦干，也要学会巧干。你要充分利用学习资料多，我们学校老师教学经验足，同学总体素质好的优势，找到一个适合你巧干的途径，这样也许可以收到事半功倍的良好效果。

不管你是不是找到了适合你的记忆方法，有一个具体的办法你应该用一用。俗话说：好记性不如烂笔头。这话值得你认真对待。你最好在第二天复习时，在周、月和学期复习时，把你那些容易忘记的东西用专门的笔记本记下来，时不时把它们拿出来翻一翻。时间一长，看的次数多了，也就记住了。还有，这样做了，对于你进行高考总复习也很有好处。那些你一遍就能记住的东西，就没有必要花太多的时间。那些难记住但又是必考的知识，你就得多花一些工夫了。

还有一点要提醒你，就是你一定不要有眼前学习的这些知识没有用的思想。如果你有了这种思想，就会从心里不愿意去学习它，去记忆它。其实高中知识对一个人一生的发展来讲，是很好的基础知识。再说，只要你选择了考大学，就必须接受国家教育行政部门规定的这些知识内容。这个问题不用讨论，也不由你选择。因此你一定要用一种必须掌握它，并且要努力全部掌握它的态度来学习。这样，你就不至于会在情感上排斥它，就不会被动地去应付学习，而是主动地去探求它，记住它，掌握它。

发现你一天的最佳学习时段

每一个人一天的最佳学习时段是不一样的。找到了最佳学习时段，你应该把一天中最重要的学习内容放在这个时段。发现一天的最佳学习时间段，并有效地利用好这个时间段，高中三年你就会受益匪浅。

每一个人一天的最佳学习时段是不一样的。你应该认识到这一点，并用心留意一下，看一看你一天的最佳学习时段是什么时候。这样做，对于你调整在各个时段的学习内容和方式很有作用。

现在高中生一天的学习时间，大概分为这样几个时间段：从起床到早自习结束，这是第一个时段；上午第一节课到上午最后一节课，这是第二个时段；下午第一节课到下午最后一节课，这是第三个时段；晚饭后到晚自习结束，这是第四个时段；下晚自习到就寝（也有同学这时候不学了），这是第五个时段。这些时段中，你在哪一个或哪几个时段学习的注意力最集中，效果最好，这就是你的最佳学习时段。你一定要找出这个时段，并且要充分利用好这个时段。

说一说我的体会吧。我读高中时，也是属于比较刻苦的那一类学生，早晨起得很早，晚上睡得很迟。早晨的自习我总是感到昏昏欲睡，与一般人说的早晨头脑清醒完全不一样。这种状况基本上每天要持续到上午第一节课，有时还要持续到第二节课。这两节课老师在课堂上的讲课成了我最好的催眠曲。我主观上确实不想睡觉，但客观上不睡觉好像真的不行。于是我经常用风油精或万金油之类的东西擦太阳穴，以防止自己打瞌睡。上午第三、第四节课我就完全进入学习的状态了，学习的效果也就好一些。下午第一节课的前半节，我无论睡过午觉，还是没有午睡，都进入不了学习状态，头昏脑涨，老师讲的东西很难听进去，下半节课就稍微好一点，到第二、第三节课和课外活动时间，我又会进入学习的兴奋状态。我的最佳学习时段是在晚饭后 1 小时到深夜 12 点以前，这四五个小时的时间是我一天之中注意力最集中，头脑最清晰，思维最敏捷，记忆效果最好，解题能力最强的时段。好多因我白天打瞌睡而没有听老师讲的东西，这时候就可以通过自习来掌握。这个高中时期养成的习惯，我一直坚持到现在。几十年了，我的好多习惯和个性都有了一些变化，但这个习惯没有变。我教书时，备课、改作业和写教学论文都是用这个时间段，后来到党政部门工作，起草文件、讲话稿也是用这个时间段，现在做校长写讲话稿，拿决策方案等，仍然还是用这个时间段。我有时候遇到有重要的文件要起草，我会白天睡一整天觉，或者睡半天觉，休息半天，看夜幕降临了，我就开始工作了。我把自己的这种行为称为"在清醒的时候做清醒的事"。这样做效率高、效果好。

　　也有喜欢早睡早起的人，我记得有一位作家，他喜欢在凌晨两三点起床，最多时一天可以写一两万字的东西。只要构思了一个长篇，他就把自己关在一个很少有人干扰的地方，集中精力，一鼓作气完成它。

　　高中生不可能晚睡晚起，也不可能早睡早起。你只能是晚睡早起，这是目前学校和你的一种无奈的选择，我们都没有办法改变这一状况。因此，在现在的情况下，找到你的最佳学习时段非常重要。

　　你找到了最佳学习时段，就要充分利用好这个时段。你应该把一天中最重要的学习内容放在这个时段，千万不要用这个时段来休息，更不能用这个时段来做与学习无关的事情。例如散步、聊天、读课外书、做运动等。这些事情你应该用其他时间来做，因为其他时间你想学习也学习不进去。不同时间段做不同的事情，会收到不同的效果。

你目前还是高中生，你的作息时间是由学校统一安排的。你的最佳学习时间也许都是学校统一的上课时间，这样你自由使用最佳学习时段的空间就比较小。不过这没有太大的关系，最佳与不佳都具有一定的相对性，你可以根据学校的安排对你个人的生物钟进行一定程度的调节，以达到学校的统一安排与你个人的特点这两者之间的协调一致。

　　我要你抓住最佳学习时段用功学习，并不是说其他时段就可以完全放弃，这一点你也要正确理解。一个人一天的最佳学习时段毕竟有限，大量的时间我们只能按部就班地完成老师布置的功课，或者听老师讲课。这些常规的东西也是必不可少的，不能不做。高中那么多知识，你不按老师的计划做下来是不行的。老师的计划是按全天安排的，不能说这个同学这个时间段是最佳时间段就这样安排，那个同学那个时间段是最佳时间段就那样安排。如果这样做岂不是乱套了？

　　总之，发现一天的最佳学习时间段，并有效地利用好这个时间段，高中三年你就会受益匪浅。

用好寝室的空间

你和同学共同努力把寝室的空间用好了，你们就有了属于你们这几个人的快乐和谐的天地，你们就会对生活充满激情，对学习充满信心，对同学充满友爱，对前途充满希望。你们这一个寝室里的同学，说不定就是全班、全校，甚至全省的成绩优异的学生。

对住校的高中生而言，有两个地方很重要，一个是教室，另一个是寝室。如果你是一名住校生，就一定要注意用好寝室的空间。

高中三年你应该有三分之一左右的时间是在寝室里度过的。这个"空间"你利用得好，会对你的成长有很好的促进作用。反之，会成为你进步的绊马索，把你缠在那里让你无法前行。

你和同寝室的同学要把这个"空间"弄整洁。高中生的学习那么累，回到寝室就应该有让人愉快轻松的感觉，要像回到家一样。寝室是你高中三年生活的港湾。要把寝室弄得有"家"一般的感觉，首先就要整洁。整洁仅仅靠哪一个人是弄不好的，必须同寝室的人共同努力。你和室友要按学校的要求整理好自己的物品，每天把它们摆放整齐。制定一个值日表，大家共同按值日要求打扫卫生，清理垃圾，摆放好公共物品。总之一句话，要从你自己做起，把寝室搞干净，弄整洁。要让寝室里的每一个人都想回到寝室休息，而不是对寝室有一种厌恶之感。我有时到寝室检查时，看到少数寝室遍地垃圾，个人用品到处扔。说实话，每当这个时候，我就产生一种直觉，这个寝室里的几位同学的品行和学习成绩一定不怎么样。我找班主任进行调查后发现，我的这种直觉多数时候都是正确的。所以，你一定不要小看一个寝室的整洁，它从某个侧面反映了你和室友的一种素质。

同一寝室的同学之间一定要和睦相处，互相鼓励，共同进步。我前面说过，就高考而言，同寝室、同班、同校的同学之间不存在激烈的竞争，高考的竞争是全省范围内的竞争，是几十万人的竞争，同寝室几个人的竞争几乎可以忽略不计。因此，在学习上和生活上，你一定要带头在寝室里营造一种互相鼓励与帮助的氛围，这样大家才能共同进步，共同成长。退一步来讲，即使寝室的同学之间有竞争，也应该是一种积极意义上的"比学赶帮超"，大家轮番争夺好成绩，而不是非此即彼、你死我活的这一类竞争。所以说，寝室的同学之间一定要相互关爱与帮助。

你要注意自己在寝室里的作息时间。最好是养成同寝室的几个同学共同的作息习惯，以免互相干扰。当然，几个同学要形成共同的作息习惯是很难的，这就要求你尽量不要影响其他同学的休息。如果有同学休息了，你尽量不要在寝室内走动，也不要做一些有声响的事情。如果你有熄灯后还继续学习的习惯——这一点我个人是不太赞成的，你一定要把灯光用东西遮住，不要让灯光照射到别的同学的床头。午休时间如果你有学习的习惯，最好到教室里去学习，不要在寝室里影响同学。因为午休时间短，一人闹几分钟，大家就休息不成了。

你还要与同学们一起努力，在寝室里创造一种良好的学习气氛。俗话说，近朱者赤，近墨者黑。一个寝室是一种什么样的气氛，对这个寝室里的每一个人都是有影响的。良好的学习气氛能使大家共同进步，不好的气氛会影响每一个人的品行和成绩。在这一点上，你要养成自觉遵守纪律，自觉勤奋学习，自觉克服不良习气的良好习惯。你不能把用好寝室空间的希望与责任寄托在学校的管理上。学校应该加强管理，但还要靠你和同寝室的人自觉地去做。如果你们不自觉，学校管得再紧也没用。你不可能要求整夜都有老师监督你们就寝吧？我们有时发现，在学校熄灯后，有的寝室仍然还有同学在聊天，甚至等老师走后再起来打扑克牌。

你和同学共同努力把寝室的空间用好了，你们就有了属于你们这几个人的快乐和谐的天地，你们就会对生活充满激情，对学习充满信心，对同学充满友爱，对前途充满希望。你们这一个寝室里的同学，说不定就是全班、全校，甚至全省的成绩优异的学生。这并不是什么天方夜谭。天门中学有一年高考，4个考入清华大学、北京大学的学生全部出自同一个班，这个班并不是全校唯一的什么特别班。2001年湖北省理科第1名、第2名同时出自天门中学，前20名中天门中学有4人。一个班和一个学校是这样，一个寝室也同样是这样。好成绩会扎堆，一好大家都好。坏成绩也扎堆，一不好大家都不好。行为习惯好了，学习风气好了，大家共同进步，成绩自然会共同提高。反之，共同退步，甚至一同走向违法犯罪的道路。这也并非危言耸听。近年来全国各地发生的校园事故表明，多数校园安全事故都是在寝室里发生的，或同寝室的室友相约到校外与人发生的。

记住，寝室是你在学校里的"家"，这个"家"里的兄弟或姐妹要互相关爱，不要老是考虑"家"里为你做了什么，要多思考你为这个"家"做了什么。你说呢？

一屋不扫何以扫天下

　　　　一个人如果连学习和工作的环境都弄不干净，他怎么可能很好地学习和工作？在一个乱糟糟的环境下，能做出有条有理的事来？能让学习成绩提高？能让工作取得成效？我不相信，绝大多数人也不相信。要不，为什么有人会说出"一屋不扫何以扫天下"这样充满哲理的话来？

　　走马上任天门中学校长的第一天，我走进校长办公室，发现桌上、地上都很脏，卫生间的污渍至少有半年没有擦洗，领我进办公室的学校办公室主任说："我让清洁工来打扫一下卫生。"我说："不用，你帮我买一袋洗衣粉和几个清洁球就行了。"办公室主任说："行政楼的清洁工有校长办公室的钥匙，以前都是由清洁工打扫校长办公室的。"我说："从今天起，我的办公室里的卫生再不用清洁工打扫了，钥匙你收回放在校办。"

　　那天，我用了将近一个小时的时间才把办公室打扫干净。办公室主任见我用手使劲擦洗便池上的污渍时，说："太脏了，还是让清洁工来做吧。"我说："以后天天做卫生就不脏了。"

　　我刚任校长的两年时间内，让我们学校的干部、老师走遍了湖北省的每一所名校，向同行学习取经。同事们外出学习取经回校告诉我，在同类的重点高中，天门中学的校长办公室是最简陋的，也是最干净的办公室之一。我每天上班的第一件事，就是打扫办公室卫生。我曾经在学校的中层干部会议上讲，他们进我的办公室，可以用手在我的桌上摸一下，如果他们手上有灰尘，由我帮他们把手洗干净。后来还真有一位年级主任向我汇报工作时这样检查过我办公室的卫生。你放心，我没有给他洗手，因为不用洗。

我专门花时间讲办公室里的卫生，不是想向你炫耀我自己讲干净，而是我一直认为，一个人如果连学习和工作的环境都弄不干净，他怎么可能很好地学习和工作？在一个乱糟糟的环境下，能做出有条有理的事来？能让学习成绩提高？能让工作取得成效？我不相信，绝大多数人也不相信。要不，为什么有人会说出"一屋不扫何以扫天下"这样充满哲理的话来？

"一屋不扫何以扫天下"讲的是东汉一位读书的少年，名叫陈蕃。他有一间单独的屋子。一日，他父亲的朋友薛勤到他家来做客，见陈蕃把自己的屋子搞得龌龊不堪，便问他，为何不把屋子打扫干净来迎接宾客。陈蕃回答说："大丈夫处世，当扫除天下，安事一屋？"薛勤当即反驳道："一屋不扫何以扫天下？"陈蕃不扫一屋，他年少时"扫除天下"的大志终生也没有实现。

学校是一个众人集中的社会场所，卫生靠这个场所里的每一个成员共同打扫，也要靠大家用良好的习惯共同来保持干净。教室里、走廊上、道路上、操场上、食堂里、寝室里，这些地方我们都有责任和义务拿起扫帚来打扫干净，都有责任和义务不随手乱丢东西，或者把有的人无意间扔下的东西捡起来放进垃圾桶。如果我们都这样做到了，我们的校园就是一个整洁漂亮的校园。保持校园干净整洁需要每一个师生的共同努力，但破坏校园干净整洁有极少一部分人就够了。我们天门中学是 6000 多人的校园，假如有十分之一的人每天随手扔一张纸片，那么就有 600 多张纸片满校园飘飞。你说这还是一个校园吗？岂不成了垃圾场？

教室内和校园里的清洁区，你一定要按班里的分工安排，轮到你值日的时候，自觉打扫干净。这既是你作为学校一员的责任和义务，也是你个人的一种修养。生活中，我们也发现有这样的一类人，他们总是把自己单独的空间搞得很干净，而集体的空间他们不闻不问，也就是"只扫自己门前雪，不管他人瓦上霜"。但愿你不是这样的人。如果你现在这样做，今后就会形成这样的习惯，你就成为一个让人瞧不起的人。

　　我这里讲的"一屋不扫何以扫天下"完全是从这句话的本义上讲的，这句话的引申意义现在比本义用得广泛多了。它的引申意义就是我前面讲的"做不好小事的人肯定做不好大事"。这里就不谈这个了。

骄傲而不自满

> 一个人要骄傲，他得有可以骄傲的资本。骄傲的人一般对生活、对学习、对工作充满激情。一个人活在世界上，你可以有很多值得骄傲的资本，但你没有自满的资本。

走马上任校长的第一年，天门中学高考取得了比较好的成绩，我发表了一篇题为《感谢》的文章，最后一段话我是这样写的："我还要深深地感谢你啊，我们胸怀博大、声名久远的天门中学。是你，在我不惑之年敞开怀抱接纳了我，为我提供了一个广阔的人生舞台。你骄傲，我也骄傲。"

有一些关心学校和关心我的人看到这些话之后提醒我："肖校长，你千万不能骄傲啊！你一骄傲，天门中学就完了。"我听了之后，对他们说："好的，我不骄傲。"我这样说，是因为没有必要站在大街上向这些关注我和学校的人做过多的解释，但要我不骄傲，那是不可能的。当然，骄傲在这里是自豪之意，而不是那种自以为了不起的自鸣得意。

从读书到工作，我都是一个追求一流的人，这样的人能不骄傲吗？虽然我没有考上什么好的大学，但我那年高考时是全校的第一名。我也没有做出什么惊天动地的伟业，但无论我在哪一个岗位上工作，都把第一当作奋斗的目标。我是在天门中学恢复高考制度以来，第一次出现清华大学、北京大学"零纪录"

的历史最低谷时，接手校长这副担子的。通过全校师生的共同努力，一年之内天门中学就有了很大变化，全校毕业生 600 分以上的高分人数达到 131 人，其中 650 分以上 7 人，4 人被清华大学、北京大学录取。

一个人要骄傲，他得有可以骄傲的资本。这种资本不是靠耍嘴皮、玩笔头吹出来的，也不是靠运气碰出来的，而是靠苦学、苦干，靠脚踏实地一步一个脚印走出来的。如果一个人什么名堂也学不出来，什么成绩也干不出来，他想骄傲都骄傲不起来。

骄傲的人一般对生活、对学习、对工作充满激情。人是情感动物。在一种激情澎湃的状态下学习和工作，他就会收到一般人所无法达到的效果。你想想，如果你在高中三年对一切东西麻木不仁，缺少应有的激情，你能有学习的冲动和兴奋的学习状态吗？我觉得很难有。当一个人把一切都看得无所谓的时候，这个人就没有进取精神和动力了，也就产生不了激情了。

小时候，老师们给我写学期和年度评语，几乎都是在前面肯定了一大段优点之后，最后附带写上一句："有时候有点骄傲自满。"对于这句话，我只承认一半，就是我有点骄傲，但从没有自满过。从上小学到现在做了一所重点中学的校长，我都是这样。因此，我也这样要求我的学生，要骄傲，不要自满。

一个人活在世界上，你可以有很多值得骄傲的资本，但你没有自满的资本。一件事，哪怕你在一定的范围内做到了第一，也是自满不得的。应当说以你现在的高中成绩，即使你是全班第一，全年级你是第几呢？即使你是年级第一，那全市呢？全省呢？如果你有了自满的情绪，一旦稍微松劲，后面就会有人追上来。这已经是不需要讨论的话题了，你自己可能有不少这样的经历和体会。但是，取得了好成绩，庆贺一下，骄傲一下，增加一点信心，给自己鼓一下勇气，添一股动力，是非常好的一件事。

在三年高中生活中，你应该是在一个又一个的骄傲与不满足中进步成长的。每一次取得成绩，你就多了一份骄傲的资本，这时候就是你确定下个目标并朝这个目标起跑的时候，也是你不满足的时候。这三年你不能像兔子一样躺在任何一次你可以为之骄傲的"树荫"下睡大觉，你必须把每一次骄傲都作为起点，永不满足，才能先于别人到达终点。其实，高中的终点也只是一个相对终点。对于你的整个人生来讲，高中毕业是人生无数里程碑中的一个，是一个较大的终点和起点，是你又一种新生活的开始。这个起点如果比较高，你不能自我满足和陶醉。这个起点如果不是太令人满意，你也没有必要气馁，只要不停下脚步，总有走到目的地的那一天。

同学们经常说这样一句话："今天，我因为走进天门中学而骄傲；明天，天门中学因为有了我而骄傲。"这句话说得太好了，我和你们一起共勉吧。

第 80 周

帮一下家庭困难的同学

> 学会走进这个社会最底层的生活，让你的灵魂得到一种净化和升华。帮助别人，其实也是在帮助自己。为什么这么讲呢？你能够为别人做一点事，这事情是你心甘情愿做的事情，你把它做好了，别人快乐，你也有一份快乐。

马上就到了你高中的第二个暑假。这个暑假之后，你就要进入高中三年级了，你的高中生活就进入了冲刺的阶段。高中三年级学习重要，心态调整更重要。因此，我建议你利用这个暑假里的一些时间，去帮一下家庭困难的同学，体会一下这些同学的家庭生活，帮助他们做一些你能够做到的事。

家庭困难的同学的父母一般都做的是辛苦的工作，或在农村劳动，或在城里做一点小本买卖，或在外打工。你可以与自己的父母商量好，取得家长的支持，与同学一起义务地帮同学的父母干一两个星期的活。如果家庭条件允许，你和你的父母也可以在物质上给家庭困难的同学一些帮助。大家同学一场，你的家庭条件好一些，做这些事是应该的。你在做这些事的时候，一定要出自真诚的同学友情，不要让你的同学有一种被人施舍的感觉。

你也可以约一些同学一起去找一份工作，做一份家教，把收入所得全部捐给家庭困难的同学。做这些事情的时候，也可以让家庭困难的同学参与进来，让他们感受到同学情谊的温暖。

　　如果你真的按照我的要求这样做了，你一定会有一些发现和感悟，你会看到你想都难以想象的一种生活，你会对两年来天天与你朝夕相伴的同学有一种新的理解与尊重。有一些在城里长大的家庭条件好的同学，根本不知道农村的一些困难的家庭是什么样子，不知道城里一些下岗的双职工家庭一日三餐吃的是什么，一年四季穿的和用的是什么。有一个从武汉来天门中学借读的学生家长告诉我，他的孩子非名牌运动鞋和运动服不穿，一双鞋要花 1000 多元，一套衣服也要花 1000 多元，加起来 3000 元。你知道这个数字对一个家庭困难的高中生而言是什么吗？是他一学期的学费和生活费的总和。如果你是一个每月消费 500~1000 元生活费和零花钱的高中生，你根本想象不到每月花 100~300 元的同学是怎么过来的。你只有到农村和城里的困难家庭走一走，看一看，并尽你所能帮助他们，你才会有一些深切的感受。如果你这样做了，也许可以改变你对人、对事、对己的一些看法，你会调整你学习的态度，甚至调整你人生追求的方向。

　　我一向认为，帮助别人，其实也是在帮助自己。为什么这么讲呢？你能够为别人做一点事，这事情是你心甘情愿做的事情，你把它做好了，别人快乐，你也有一份快乐。在做校长之前和之后，我都接触了不少愿意帮助别人的人。在天门中学，接受全额学费、生活费资助的学生现在有 400 多人。这些资助款不是哪一级财政下拨的，全部是社会慈善人士捐出的。今天我刚接到一个电话。一位姓董的先生要资助 5 名天门中学的学生完成高中学业，他反复叮嘱我不要让别人知道，甚至不要让学生本人知道。我对董先生深表敬意。

　　我希望你能够在帮助家庭困难的同学中，找到你正确的人生方向，获得一种属于自己的舒畅情感。我在市委组织部工作期间，天天看到有人受到提拔重用，自己老是原地不动，一段时间，我内心感到很不平衡。有一次我下乡慰问农村困难党员，看到有些老党员家徒四壁，接到我递过去的一点慰问金时感动无比。我顿时想，一个老党员，肯定为我们党的事业做出过贡献。现在他们老了，生活却这么困难。而我呢？在机关工作，虽然工资不高，但吃穿不愁，有什么不平衡的呢？比如，最近这些天，高三的学生临近高考了，学生的压力大，老师们和我这个做校长的压力也大。上周末，我跑到远离城区的汉北河畔，一个人在那里漫步了半天。我走在绿树葱茏的河堤上，一边是向前流动的河水，一边是一望无垠的绿色麦浪。田地间，农民在太阳底下劳作。我走近他们，与他们拉起家常，帮他们翻整准备栽棉花的营养钵里的泥土。春天的气息扑面而来，田野是那样宁静，我几乎听得到麦子抽穗的声音。这时，我感到自己的心一下子与春天贴得是那样近。在这样的时候，你说我还有什么烦恼和不快吗？

  我要你帮一下家庭困难的同学，就是要你学会走进这个社会最底层的生活，让你的灵魂得到一种净化和升华。你不妨试一试，这也许对你终生的发展都有好处。

高三·上学期

寄 语

　　进入高三之后，你免不了要接受许多次考试。有考试就有考分，你要正确认识你的每一次考分。你既要认识到考分是评价你学习成绩的一个量化标准，又要认识到你不是为考分而学，更不是为考分而生活。考分好比金钱，没有它不行，做它的奴隶也不行。

这一年的时光比金子还珍贵

> 虽然成才的路有千条万条，但是经过努力之后能够如愿考上一所理想的大学，毕竟还是一条比较顺利一点的路。可以这样说，在现行的教育体制下，如果你的目标是要读完大学再步入社会，而不是在高中毕业后就直接进入社会工作，那么你在高中三年级这一年就必须用分分秒秒来计算时间。

又到了新学年的开学时间，这是你中小学阶段 12 年寒窗苦读的最后一年了。这一年的时光比金子还珍贵。

虽然成才的路有千条万条，但是经过努力之后能够如愿考上一所理想的大学，毕竟还是一条比较顺利一点的路。可以这样说，在现行的教育体制下，如果你的目标是要读完大学再步入社会，而不是在高中毕业后就直接进入社会工作，那么你在高中三年级这一年就必须用分分秒秒来计算时间。这一年你一刻都不能浪费。假如你浪费了这一年的时光，从升大学这个意义上讲，你是浪费了前 11 年的全部时光，也透支了你高三年级之后的宝贵光阴。有些人读完高三之后，还要读"高四""高五"。这是何等浪费！与其这样，不如从进入高三的这一周开始，抓住分分秒秒，直到高考结束，这样你必有所获。

这一年的时光会过得很快。你会觉得时间总是不够用，那么多的内容要学习和复习。一晃一天和一周就过去了，你总觉得这一天和这一周好像没有掌握什么东西。很多经过高考的人都有这样的感叹：高中三年级的时间过得真快，我好像还没有进入状态，就要参加高考了。越勤奋的人越有这种感觉。

这一年的时光也比较漫长。每一节课、每一天你都不敢懈怠，你都要全力以赴，都要聚精会神，你会觉得压力很大，有时甚至感到压得喘不过气来。这时候，你真想高考的日子快一点来临。你会在心里想，怎么还有这么长时间啊！你可能还会想到停下来，想到放弃。但理智告诉你，你不能停，更不能放弃，你必须咬着牙坚持到高考结束的那一天。否则，你就会前功尽弃。

就课程进度来讲，目前高中学校普遍进度较快。现在有的课程已经全部结束，开始进入第一轮复习了，有的课程可能在上高三下学期的内容。在这方面学校会有统一的计划和安排。如果你是一个成绩中等以下的学生，你完全可以按照学校的计划和安排，完成好每一天的学习任务。如果你的成绩还不错，觉得学校的安排满足不了你的胃口，你可以找你的科任老师讨论一下，订一个属于你自己的一年学习进度计划。这个进度可以比其他同学快一点，多留出一点时间来加强你的薄弱学科。如果你能这样主动地自主学习，那么你的收获就会更大。

就总体时间安排来看，这一年的两个学期，学校统一安排一般是这样的：少量新课——第一轮复习——第二轮复习——第三轮复习——高考。你要根据学校的时间安排，计划好你的时间。你不妨从现在开始，制作一个倒计时时间表，哪一天完成什么内容，把它周密计划下来，并严格按这个倒计时时间表执行。你不要以为现在时间尚早。只要你认真地把高中各科的知识对照考试大纲梳理一遍，你就会知道，原来有那么多的东西要复习，而且复习一遍两遍还不行。你说时间还早吗？

在这一年，你一定要调理好自己的生活规律，尽量不让自己生病，也尽量不出意外事情。有一位男生，高三时与一位女生谈恋爱，谈得"死去活来"，父母和学校都拿他没办法。因违反校规，学校让其休学回家。他在家里闭门思过将近一年后，第二年再来读高三，学校也给了他这个机会，结果他在高三下学期复习的关键时期，又因打篮球把腿搞得骨折，不得不在家里休息了3个月。

这时候，3天时间都何其珍贵，何况3个月？他的成绩又从500多分降到400多分，多可惜!

　　"一个人的一生最关键的就那么几步，尤其是当你年轻的时候。"柳青的这句名言，你现在嘴上说得可能比我多，但你的体会肯定没有我真切，也可以说你根本还没有体会。高三的这一年，就是你人生"最关键的那么几步"中的其中一步，并且是"第一步"，这一步迈得如何，对你一辈子都会有很大的影响。在你人生这么重要的时候，你可要好好珍惜这一年比金子还珍贵的时光哟!

订好一个适合自己的第一轮复习计划

> 在第一轮复习中，首要的任务是订好一个适合自己的复习计划，并坚持照这个计划做到底。复习离不开做题，但是如果只埋头做题，不思考，不总结出规律，那么你做再多的题也不一定有用，因为人不可能做尽所有的试题。

高考的复习备考从本周起就正式开始了。大多数高中学校都采取了一轮——二轮——三轮复习的办法，来组织复习课的教学。三个复习阶段不能说哪一个重要，哪一个不重要。在我看来三个阶段都重要，只是各有特点，各有侧重的地方。第一轮复习是对高中全部知识进行一次全面的回顾和梳理，达到温故而知新的复习效果。在这一轮复习中，你要把那些过去学过又忘了的东西记牢，把那些过去学过但没有弄明白的东西弄明白。

你的老师会为你们制订一个共同的第一轮复习计划，你可以照这个计划进行复习。不过，从我们学校历年高考成绩优秀的毕业生的经验来看，他们之所以能取得好的成绩，有一个重要原因，是他们有自己的学习方法，包括复习方法。在第一轮复习中，首要的任务是订好一个适合自己的复习计划，并坚持照这个计划做到底。

在确定你的复习计划的过程中，你先要了解老师给你们订的计划，要征求每一个科任老师对你如何进行第一轮复习的看法和建议，要与关系好的同学讨论一下，看看他们准备怎么做，也要他们帮你拿一下主意。听完了别人的意见，就自己好好思考 1~2 天，把各科的知识目录放在桌前进行粗略的回顾思考，然后用 2~3 天把第一轮复习的计划写下来。

第一轮复习计划最好是分科写，一定要计划详细一点，每一个需要复习的内容都要计划到天。假如你是准备用一个学期的时间来安排你的第一轮复习，那么你就要对照本学期的日历表，哪一天复习哪几科的哪几个知识内容，你一定要把这个学期的 100 多天时间全排满。另外，每天从早到晚除了学校统一的课表上的课程复习安排，剩下的自习和课余时间，你要结合你的特点，什么时间复习什么课程内容，你也要有一个适合你的计划。如果你能像这样订好一个适合你的第一轮复习的计划，并坚持做到第一轮复习结束，你的第一轮复习就一定有不小的收获。

在复习的过程中，有这样几点你要充分注意。

第一，订好的计划不能随意改变。你不能找任何借口不完成当天的复习任务，确实因生病等非常特殊的原因没有执行计划，病好后一定要补回来。第二，不能让"拦路虎"阻挡你计划的执行。复习的过程中，如果遇到了实在搞不懂的"拦路虎"，你就把这个知识内容跳过去，继续向前进行新的复习，切不可在这个知识内容上耗上几天时间，这样做是万万不行的。我这样说，并不是要你放弃它，而是建议你不要因一个知识点而影响你的整个计划。你可在后面的复习中，再偶尔抽一点时间来研究一下这只"拦路虎"，也许有一天你会茅塞顿开，找到消灭"拦路虎"的办法。第三，要选好一套适合你的第一轮复习资料。现在复习资料很多，你不妨多翻阅几套看一看，哪一套适合你，就选择它作为你的主要复习资料。在主要复习资料之外，你还可以选一套辅助复习资料。复习的时候，主要复习资料没有说明白的地方，你可以对照辅助复习资料看一看。第四，如果你当初订的计划确实有需要调整的地方，你也可以经过慎重考虑之后略做调整，但总体上不要有太大的变化，千万不要随意推倒重来。

最后，我与你讨论一下复习中的题海战术问题。对于这个问题我是这样看的，复习离不开做题，但是如果只埋头做题，不思考，不总结出规律，那么你

237

做再多的题也不一定有用，因为人不可能做尽所有的试题。话又说回来，在复习的过程中，如果你没有做一定量的题，你就不可能"见多识广"。光看别人总结的规律，没有自己的切身体会，那么你的解题能力和综合分析判断能力就会受到一定的影响。如何把握好这个度呢？我建议你在老师的指导下，一个知识内容选择一些有代表性的题认真地做一做，这些题一定要按照高考的规范格式做完整。在此基础上，你要多选择一些题"看一看"，就是"看"出这些题的解题过程和思路来，不必动手做出来。"看题"可以节省大量时间，解决题海战术问题。在"看题"的过程中，有些有代表性的题，如果你觉得有价值，就把它按前面做题的要求做出来。

第一轮复习时间长，复习内容多，题量大，所以如果你没有适合自己的计划和方法，也就是诀窍，是不行的。

要有博大的胸怀

胸怀宽广的人，心里装的是理想抱负，是一项事业，是一个世界；心胸狭窄的人心里装的是黄粱美梦，是一己私利，是一时得失。胸怀博大宽广的人会有许多志同道合的朋友，他们一起朝自己的事业目标努力奋进，虽然说一路艰辛，但也会一路欢歌。在当今的信息时代，做任何一项事业，没有同路人齐心协力，光靠一个人的力量是很难取得成就的。

讲一个古代的小故事给你听吧。陈嚣与纪伯为邻，一天夜里，纪伯偷偷地将隔开两家的竹篱笆向陈家移了一点，以便让自己的院子宽一点，恰好陈嚣看见了。纪伯走后，陈嚣将篱笆又往自己这边移了一丈，使纪伯的院子更宽敞了。纪伯发现后，很是愧疚，不但还了侵占的地，而且还将篱笆往自己这边移了一丈。

这个故事你也许早就听说过。但是，你在日常的学习生活中，是不是按照故事里的哲理去做了，那就很难说。

我们身边不乏这样一类人，他们为了一点小的利益总是与人斤斤计较，碰到一些小事也总是放不下，一天到晚都在烦恼中度过。我们身边也同样不乏另外一类人，他们很少为一时一事的成败得失计较，他们有自己远大的目标，有很强的做事原则，表面上看起来，他们一路舍弃了很多东西，但经过较长的一段时间之后，人们会发现，他们得到的东西比舍弃的要多得多。

你属于哪一类人呢？

胸怀宽广的人，心里装的是理想抱负，是一项事业，是一个世界；心胸狭窄的人，心里装的是黄粱美梦，是一己私利，是一时得失。一个人高中时代的胸怀怎么样，走向社会也大致差不多。因此，我认为，你这时候一定要学会做一个胸怀博大宽广的人。你现在已经是高中三年级的学生了。有些个性特征已开始形成，当你成为一个心胸狭窄的人之后，再想改变过来是非常困难的。

胸怀博大宽广的人会有许多志同道合的朋友，他们一起朝自己的事业目标努力奋进，虽然说一路艰辛，但也会一路欢歌。就你现在来说，你的目标就是努力学习，成为社会有用人才。不管今后上大学还是直接进入社会工作，只要你做的事对你本人、对家庭、对社会有意义，就是一个不错的目标选择。为了这个目标，你要用博大的胸怀把那些有相同志向的人吸引到你的周围，让他们成为你的同路人。在当今的信息时代，做任何一项事业，没有同路人齐心协力，光靠一个人的力量是很难取得成功的。你的胸怀不博大宽广，就不会有人愿意与你同行。

我这里不是向你讲大话、套话，我是这样要求你的，也是这样要求我自己的。我虽然不敢肯定自己就是一个胸怀宽广的人，但是我一直在努力做一个这样的人。有这样一位校长，他从另外一所学校调到现在的学校做校长时，带了两位过去的同事到这所学校，一个做分管教学的副校长，一个做分管财务的副校长。我听到这事情之后，觉得特别别扭。我想，那所学校少说也有 100 多个教职员工吧，难道找不到一两个协助自己工作的得力助手吗？当大家感到你对他们不信任时，很难说你能在那里开创工作的新局面。正在我为别人杞人忧天的时候，天门中学的校长岗位落到了我的头上。上任近两年来，我没有撤换一个副校长，而是就地起用了一批中层干部，学校的内部活力和外部形象都有了很大提高。将心比心，作为一个"空降司令员"，在我信任全校教职员工的同时，他们也同样地会信任我。有了这种彼此的信任，才有工作的和谐，才有学校的活力。所以，我现在逢人就讲，我们百年天门中学的胸怀是博大宽广的，她接纳任何一位想在此成才，想在此干一番事业的人。

　　你和我现在都已经是天门中学的一员，在天门中学博大的胸怀里，我们的胸怀也应该变得博大起来，变得宽广起来。我现在的事业是与全校教职员工一起，把你们一届又一届的同学们培养成为社会有用人才。你今后的事业之路肯定比我更为广阔，因此，你一定要从现在开始，培养自己博大的胸怀，以此来成就自己的事业和人生。

天天说不如天天做

> 一个人不管想做一件什么事，只要真心想做，任何时候都不迟。只要踏踏实实地做下去，任何事情都是可以做好的。你现在才十八九岁，你想做什么事都应该可以做成，只要你想做并一步一步朝你所想的目标去努力，你现在做什么事情都不晚。你现在的学业，不是做给别人看的，而是为你今后的发展打下扎实的知识基础而做的。

在你的周围，不乏这样一类人，他们天天抱怨机遇没有降临到自己的头上，天天计划着明天要怎样努力刻苦学习，天天梦想着将来要做什么大事业。他们天天把这些东西挂在口头上，就是没有一点实际行动，或者行动了一两天，觉得太难了，太辛苦了，就放弃了，又回到"天天说"的老路上去了。你只要仔细想一想就会发现，这样的人在我们的生活中还真不少。

一个人不管想做一件什么事，只要真心想做，任何时候都不迟。只要踏踏实实地做下去，任何事情都是可以做好的。一个月前我到浙江诸暨考察当地的中学教育，有幸了解到这样一位民办学校已故的董事长：她 55 岁时，作为一名家庭妇女开始创业，在台湾地区开办"玫瑰夫人专卖店"。1997 年，她 82 岁时用毕生的积蓄 5000 万元，回老家浙江诸暨创办民办学校——荣怀学校。现在这所学校已经滚动发展到拥有固定资产 3 亿元，校园足以与我们天门中学媲美，教学质量也不错。这位女奇人叫魏珍，她88岁的时候在杭州离开人世。

你可以想一想，妇女55岁退休，魏珍女士退休的时候开始创业。她不仅赚了钱，还用赚来的钱回报乡梓。你现在才十八九岁，你想做什么事都应该可以做成，只要你想做并一步一步朝你所想的目标去努力，你现在做什么事情都不晚。

你现在要做的事情就是高中学业，就是迎接高考。还有就是培养你良好的道德情操、个人修养和行为习惯。不管你过去做得如何，只要你现在把一切美好的想法不"天天说"，而是"天天做"，你就一定能实现你的美好目标，你也会变成一个美好的人。

也许你会说：校长，您说的这些道理，我都懂，可我的情况您不知道，我前两年基本上是混过来的，成绩不怎么样，现在再怎么努力，也恐怕不行了。我实话告诉你，只要你下决心脚踏实地去做，你现在十八九岁，就是重新读一个高中也不过二十一二岁，你说迟吗？关键在于你是不是真正明白了"天天说不如天天做"这个道理。我高中毕业时，以全校第一名的成绩读了师范，而那一年高考比我低100多分而名落孙山的同学，后来重新读高中考大学的，现在都比我做得有成就多了，他们都获得了硕士、博士学位。在他们继续努力"天天做"学业的时候，我自认为有了不错的工作，没有朝这条路上走了，在这方面就自然不如他们了。我的教训你们可要认真吸取哟！

你"天天做"了，就会功不枉使，你的实力就自然会摆在那儿。别人有没有看到没有关系，尤其是你现在的学业，不是做给别人看的，而是为你今后的发展打下扎实的知识基础而做的。最近我们学校的一次高考模拟考试，有一名叫危江月的同学，考出了676分的好成绩。这个成绩在湖北省考同一张试卷的重点中学里是前几名的成绩。这个同学前几次考试成绩都在全校的30~50名，这次能考第1名，不是运气好，而是这个同学各门功课复习得比较扎实，知识掌握得比较全面，也没有因为前几次考试没有进入前十，就嘴上天天讲要赶超谁，而是默不作声地用行动努力刻苦学习的结果。

实话告诉你，我这个做校长的有一段时间也"天天说"过。那是在做校长之前的几年时间里，我对做行政干部没有多大的兴趣了，我这样说，不是对行政干部这个职业岗位的否定，而是我个人没有这方面的兴趣了，我想做一点适合我做的事情。那时候真是天天在嘴上说，天天不知道怎么做才好。后来，我实在想不出什么好办法了，加之那时候身体也不太好，就向组织上交了一份辞职报告，请求辞去一切职务，我的打算是先休息一段时间再说。这种做法在我们这里是破天荒的。关于我的辞职有好多种猜测，可以说，没有一种猜测是对的。我辞职的原因很简单，一是因病要休息，二是过些时候再做一份自己乐意做的工作。我把这段经历告诉你，是想让你知道，如果你现在是像我前些年那样，正处在"天天说"的时候，就一定要以最大的决心花最大的气力，改到"天天做"上面来。我那时不惜以牺牲个人的政治前途来做这样一种转变，现在的实践证明我转变成功了。你现在要做这样的转变，根本不需要牺牲什么，要说有牺牲，那么无非是牺牲你的一些坏习惯罢了。

其实，"天天做"不仅仅是我对你现在的要求，而且是希望你一辈子都这样做下去。当你若干年之后在某项事业上干出了一定的成就，你回想起我现在对你所说的话，我想，你那时的体会，会比现在深刻得多。人啊，不亲身经历的东西，别人是很难向他说明白的。当他已经明白了的时候，他也就可以教训别人了。只不过是别人同样在没有经历过的情况下，不一定听他的教训。但愿你不是如此。

厕所里可以看出人生修养

便后洗一下手，冲一下便池，打开水龙头后关一下，这些都是举手之劳的事。谁做到了，他就有这方面的修养；谁没有做到，他就是缺乏修养的人。如果你连上厕所这点很小的个人修养都做不好，那你的其他人生修养就可想而知了。

这个话题也许你觉得不值一谈，甚至会觉得我这个校长是不是太无聊了，怎么管到厕所里来了？但是，不管你是怎么想的，现在青年学生的个人习惯和学校管理工作的实际状况告诉我，我不得不与你谈一下这个话题。

现在的学生，独生子女多，有的学生在家里什么事也不干，衣来伸手，饭来张口，没有责任感。考入我们学校的学生，不管是不是独生子女，由于其学习成绩一直优异，成为家里和学校的宠儿，所以造成比别的学生有更强的"自我"意识。这些学生对家长和学校提供给他的服务心安理得地接受，好像别人天生就是该为他这样做的。有的学生上厕所不洗手，不冲洗便池，甚至把厕所搞得很脏；有的学生把水龙头只开不关，让水哗哗地白白流失；还有的学生躲在厕所里抽烟，逃避老师和值日干部的监管。这些现象在学校里不是很多，但这种现象正如我在前几次谈话中讲到的，我们这个 6000 多人的校园，只要有几十人这样做就不得了，就会到处脏兮兮，到处臭气熏天。

上厕所时注意个人卫生和公共卫生，是一个人有良好修养的表现。便后洗一下手，冲一下便池，打开水龙头后关一下，这些都是举手之劳的事。谁做到了，他就有这方面的修养；谁没有做到，他就是缺乏修养的人。

一个学生是这样，一所学校同样是这样。一所学校管理水平怎么样，师生的精神状态怎么样，看一下这个学校的厕所就基本上知道了。有一些精明的上级领导到学校来检查工作，他不听汇报，不按学校安排的线路参观，而是"上几次厕所"，从厕所出来，这个学校的管理水平和师生的修养状况就基本清楚了。前不久我到一个企业集团总部去参观，参观前我对这个企业印象不错，因为我听说这个企业投资了一些很大的项目，有些项目投资还比较成功。但是当我在这个企业集团总部的办公大楼上了一次厕所后，我就彻底改变了对这个企业的印象。我走进的是一个靠钱垒起来的不错的办公楼，我上的是一个臭烘烘的厕所。你可以想一想，一个集团化经营的企业，总部的厕所都打扫不干净，还怎么去管理一个企业团队？那岂不是笑话。

如果你连上厕所这点很小的个人修养都做不好，那你的其他人生修养就可想而知了。

如果你是一个有心人，你就会发现，我们学校教学楼上的那么多厕所只有5楼西边的厕所时常发出臭气来，清洁工在这几个厕所里打扫时花工夫也最多。为什么呢？因为靠近这几个厕所的几个班是全校最难管的几个班：躲在这几个厕所里抽烟者有之，把水放得哗哗直流扬长而去者有之，不冲便池者有之，把垃圾扔进厕所者有之。所以只要看一看这几个厕所，就知道上这些厕所的是一些什么样的人。在寝室也是这样。有时，我到寝室巡查时，发现有的寝室里的卫生间搞得一团糟，我不用问就知道是哪些班级里的学生住在这里。班风为什么不好？就是班里的学生个人修养差一些。看一看寝室里的卫生间，这个寝室里所住学生的修养就知道得差不多了。

上厕所是一件小事，但是厕所里反映的人生修养不是小事。你说对吧？

学一点哲学，终身受益

> 高中阶段是你世界观形成的关键时期，也是你开始认知世界、处理矛盾、学会生存方法的重要时期。在高中这个开始形成世界观的时期，你学一点哲学，对今后的工作和生活都会很有益处的。你最好是用饭后、睡前或节假日等零碎的时间来学习哲学，不要在这上面花太多的时间。只要坚持下来，形成习惯，你一辈子就丢不下哲学这个武器了，它会帮你打倒好多"敌人"。

哲学是关于世界观和方法论的学问。高中阶段是你世界观形成的关键时期，也是你开始认知世界、处理矛盾、学会生存方法的重要时期。因此，这一个时期如果好好地学一点哲学，你会终身受益。

实话实说，我也没有系统地读多少专业的哲学书籍。从这一点上来讲，我是没有资格与你谈哲学话题的。不过，我这里不是要与你讨论哲学问题，而是想告诉你，我们在学习、工作和生活中，要学会用哲学观点和方法去处理矛盾、解决问题。

在运用哲学的思想方法研究和解决问题方面，我们自然不能与那些伟大的政治家、科学家、企业家相提并论，但我们可以学习他们的思想和方法。我自己也是一直在用这样一种方法指导我的思想和行动。就拿我到天门中学做校长这件事情来说，我上任时，学校面临很多困难，最重要的是财务运行艰难、高考质量下滑、社会形象下降。由此三个方面派生出来的学校校长必须面对和解决的问题太多太多。当时有一些老领导和好朋友劝我不要往这个"窟窿"里钻，但是我相信自己有能力解决这些问题。我的能力靠什么？就是靠哲学。我原准备用2~3年时间改变学校的社会形象，结果只用了1年时间，学校的社会形象就全面回升了。外部良好的形象没有内部的规范管理是树不起来的。所以，到现在为止，我们学校里里外外的各项工作都走上了比较规范化的良性运行轨道。

有一次，我与学校教政治的魏继国老师闲聊，魏老师说："肖校长，我仔细研究过你的一些讲话，也观察过你处理问题的一些方法，我发现你的哲学意识很浓。"这位老师一语就道破了我的"天机"，我觉得他不愧为一位优秀的政治老师。其实，我的哲学意识不仅是用在工作上，我生活中的好多事情，都有意无意地有哲学意识的影子。就像我前面与你的那么多次谈话，虽然我没有提及哲学这两个字，但每一次谈话的背后，却渗透着或多或少的哲学思想，你只要仔细回味一下，是应该能够体会出来的。

学习哲学在高中这个阶段是比较好的时期。年龄太小了，一些书上的哲学道理根本就看不明白；年龄大了，你的世界观基本形成了，再好的哲学道理你也很难听得进去。在高中这个开始形成世界观的时期，你学一点哲学，对今后的工作和生活都会很有益处。

高中学习压力这么大，哪来的时间学习哲学？怎么学习哲学呢？我这里说一些方法性的东西，供你参考。

首先，你不要把学习哲学当成钻研一门学问，要把这件事当作休息，当作调节和缓解功课压力的事来做。你这时候学哲学与上大学后把哲学作为专业来学习研究是完全不同的两码事。当然，对于那些参加文科高考的学生来说，政治课内的哲学内容你要认真对待，不能当作休闲知识来对待。有了这个指导思想，你学哲学就没有压力，就可以随时学，长期学。

其次，哲学的学习内容是很广泛的，你可以翻看一些哲学的教科书，也可看一些哲学原著。《论语》是体现中国古代儒家哲学思想的代表著作之一。如果你想学习的东西与时代贴得近一点，我建议你读一读《毛泽东选集》《邓小平文选》《习近平谈治国理政》《习近平著作选读》等。《毛泽东选集》里的有些经典文章理论性比较强，《邓小平文选》虽然都是一些讲话和谈话，但很多谈话中都充满深邃的哲学道理。《习近平谈治国理政》《习近平著作选读》更贴近我们的生活。

再次，你最好是用饭后、睡前或节假日等零碎的时间来学习哲学，不要在这上面花太多的时间。高中阶段你学好功课比什么都重要，整块的时间你一定要用在功课上。

最后，学会用哲学思想去思考问题。比如学习上的困难，成绩下滑的苦恼，同学关系的处理，人生道路的规划，生活中遇到的矛盾和问题等，都可以用学到的哲学思想和方法去解决。只要坚持下来，形成习惯，你一辈子就丢不下哲学这个武器了，它会帮你打倒好多"敌人"。

假如你从现在开始，坚持学一点哲学，时间长了，你就会慢慢发现，有哲学思想和哲学方法的人，处理矛盾和解决问题的方法，与没有学哲学的人是完全不一样的。前者会跳出问题看问题，总能拿出一些让人意想不到的解决问题的方法，往往是解决一个主要矛盾之后，次要矛盾也就迎刃而解；后者则就事论事，头痛医头，脚痛医脚，有时甚至是解决了一个矛盾之后又产生多个矛盾。

这就是学哲学的有用之处。

"异想"又"天开"，关键在行动

异想天开不仅是一种"想法"，还是一种精神，一种值得提倡的创新精神。几乎每一个伟大的科学发明和发现，都是异想天开的产物。那些获诺贝尔奖的科学发现更是如此。你不能被现在的教育体制里的一些不完善的东西，扼杀了你的创造力和创新精神。你一定要成为一个敢于异想天开的人。异想天开不是坏事，只想不做就是坏事。因此我认为"异想"又"天开"，关键在行动。人的生命非常短暂，无论学习还是工作，有异想，有行动，有创造，才有价值，才有意义。

有一个中国古代流传下来的词叫"异想天开"，现代的人们基本上传承了这个词古代的意义，把它作为贬义词来使用，形容想法离奇，不切实际。但是，我认为异想天开不仅是一种"想法"，还是一种精神，一种值得提倡的创新精神。从古到今的自然和社会科学实践证明，很多创新型的伟大成就，就是在"异想天开"中产生的。有"异想"不一定有"天开"，没有"异想"，恐怕永远不会有"天开"。

我们姑且不论其他领域的"异想"，就说说关于"异想天开"这个词的基本意义吧。你肯定知道，如今人们登上月球已不是新鲜事了。也就是说，"天"之门早就向人类打开了。"天开"在古代是异想，在现代根本就不是什么异想了。

至于说人类向天上发射的同步卫星，那也已经是司空见惯的事了。"天"之门不仅向人类打开了，还深刻地影响着我们的生活。我们打电话、上网等要用卫星，我们看电视也要用卫星，我们的国防安全更是离不开卫星。这些人们看似再普通不过的东西，要放在古代，不仅仅是异想，还是"歪理邪说"。所以当有人提出地球是圆的，是地球绕着太阳转，而不是太阳绕着地球转的时候，教会组织就要绞死提出这些"异想"的人。你说多可悲啊！

你只要细心留意就会发现，几乎每一个伟大的科学发明和发现，都是异想天开的产物。那些获诺贝尔奖的科学发现更是如此。我这里主要强调的，就是你不能被现在的教育体制里的一些不完善的东西，比如过多的课业负担，扼杀了你的创造力和创新精神。你一定要成为一个敢于异想天开的人。

异想天开不是坏事，我认为"异想"又"天开"，关键在行动。发现生命秘密的英国剑桥大学科学家弗朗西斯·克里克，1953 年 2 月 28 日走进剑桥小城市中心的鹰酒吧，在那里宣布他和美国生物学者沃森"异想天开"的实验结果——发现了"生命的秘密"。随后，他们两人在《自然》杂志上发表了《DNA 分子结构———种可能的结构》的论文。这篇仅有 900 字的论文被认为是"生物学的一个标志，开创了新的时代"。他们共同获得了 1962 年的诺贝尔生理学或医学奖。克里克和沃森的"异想"可贵，行动更可贵。假如当初他们只有"异想"而没有行动，那么人类对生命的认识现在处于一个什么水平，还真不好说。

从以上谈话中你应该明白，我这个校长是鼓励你"异想天开"的，我更鼓励你为"异想"拿出实际行动来。没有实际行动的"异想"是痴心妄想，有实际行动的"异想"是可以让"天开"的伟大理想。在你目前这个思维方法和性格特征开始形成的关键时期，你一定不能放弃了你为"异想"而行动的个性精神。我觉得这比考上一所好大学还重要。

人的生命非常短暂，无论学习还是工作，有异想，有行动，有创造，才有价值，才有意义。

你在为谁读书？

人的一生不论是伟大还是普通，年轻时对"你在为谁读书"这个问题的不同回答，决定了他不同的人生路程和不同的生存、生活方式。如果你要成为一个卓越的领袖人物，那么你就是在为国家民族和社会的进步发展而读书。只要你读书的目的不违背国家法律制度，不有悖于社会公理公德，有益于你和家庭，有益于社会，你在为谁读书都行。

按照一般的上学年龄，你现在应该是 18 岁了。18 岁的记忆，是清澈得像我们学校附近的那条汉北河一样透明见底的记忆。18 岁的梦想，可以在山的这边、在海的那边无拘无束地描写。18 岁之后，生日晚宴的烛光会一年一年地将你的梦拖远，迎接你的会是一个又一个风吹鸟叫的日子。

18 岁之后，你会慢慢明白，你今后人生的全部日子，都会打上你现在读书时代的烙印。也就是说，你年轻时读不读书，读哪些书，怎样读书，对你一生的影响是巨大的。要回答这三个问题，首先得回答另外一个前提性问题——你在为谁读书？这个问题小学老师已经讲了好多遍，但我今天还是想与你讨论一下。

人的一生不论是伟大还是普通，年轻时对"你在为谁读书"这个问题的不同回答，决定了他不同的人生路程和不同的生存、生活方式。浙江大学创新与发展中心研究员尚阳，将社会芸芸众生大致分成四种类型。我们不妨看一看：

第一类是卓越的人，即领袖。这种人具有主动性。具有主动性的人，即使没有被人告知，也在做着恰当的事情。他是自动自发的，他的体内有一部发动机。除了完成他分内的事之外，一切有益的、合适的事，他都会孜孜不倦地去做。因为他有理想，有使命感，有顽强的意志和超凡的能力。这种人早晚都会成为卓越的人，他们永远都是领导、领袖的候选人。世界给了他巨大的褒奖，这种褒奖不仅有财富，还有荣誉和地位。

第二类是优秀的人。任务只需布置一次，他们就会认真地做好，不论有什么困难险阻，不需要任何人再讲第二次，而且下次再做同类事情就不需要别人耳提面命了。这种人仅次于自动自发的人，他们是优秀的执行者，是社会急需的人才。他们永远不会失业，是社会上的白领，是公司里出色的部门经理。

第三类是非常普通的人。这类人，事情要别人布置两到三次，提供相应的条件，他才会相应地去做好这件事。而且做事情的时候，总是磨磨蹭蹭的。这种人与荣誉和财富绝缘，他们只能做普通人。

第四类是永远的"贫困者"。他们处于金字塔的最底层。这种人只有在饥寒交迫、山穷水尽的情况下，才会奋斗一下，要背后有人踹他一脚，才会出门找食。这种人似乎一辈子都在辛苦工作，却又怨天尤人，抱怨老天不公，哀叹运气不佳。他们总是在怨恨老板如何压榨自己，却不知道反省自身的问题。只有当他们被贫穷压迫得没有出路时，才会去做事。但一旦有了钱，懒病又会发作。这类人只会遭到漠视，收入当然也十分微薄。他们一生中大部分时间在盼望幸运之神突然降临到自己身上。但是，天下没有免费的午餐。

毫无疑问，大千世界形形色色的人，不可能完全就是尚阳所归纳的上述四种类型，但是这四类人在我们身边随处可见，也就是说尚阳的分析是有一定的代表性的。按照尚阳的这种分析，你走向社会后会成为哪一类人呢？

"你成为哪一类人"和"你在为谁读书"看起来是两个问题，实质上，我们可以把它看成一个问题的两个方面。如果你要成为一个卓越的领袖人物，那么你就是在为国家民族和社会的进步发展而读书。有这个读书目的的人，一般都能够主动克服读书过程中的一切困难，做到"衣带渐宽终不悔，为伊消得人憔悴"。

古代不少读书人是为"书中自有颜如玉，书中自有黄金屋"而读书。前几年，媒体曾热炒了一阵子湖南某初中老师在课堂上教育学生要"为将来找一个漂亮老婆"而读书。其实，无论古今，为了"颜如玉"和"黄金屋"而读书的，听起来俗，讲起来可能有很多人嗤之以鼻，但这种现象在实际的社会生活中大量地存在着，也不能说这种现象没有其现实的和合理的一面。不光古今如此，中外也如此。

你现在已经是一个受过11年正规教育的高中三年级学生了，你有自己的思想，自己的性格，你对自己的人生和未来的生活有自己的追求和标准。你不是为父母读书，不是为老师读书，你是为自己的美好前程读书。

说了这么多话，也许你已经不耐烦了，你会说：校长，您干脆给一个标准答案吧。我明确地告诉你，在这个问题上，我没有标准答案。我认为，这个问题不需要什么标准答案。只要你读书的目的不违背国家的法律制度，不有悖于社会公理公德，有益于你和家庭，有益于社会，你在为谁读书都行。当然，我还是倡导为国家和民族的伟大复兴而读书。这绝对不是一句大话、套话，谁真正明白了这句话，并自觉地去实践这句话，谁就会成为卓越的和优秀的人。

学习不能完全凭兴趣

学习是你这段时间最重要的责任和任务，有兴趣你要很好地完成；没有兴趣，你同样也要很好地完成。只要高考的基本政策不变，无论专家们怎么研究，有考试就有应试，这是怎么也变不了的。高中阶段的学习不能完全凭兴趣，学习是责任，是任务，是很苦很累的事情。但是，再苦再累，你不完成不行，不完成好同样不行。

我在高中一年级和你的谈话中，在谈到如何学好每一门功课时，不同程度地谈到了要培养对这些功课的学习兴趣。我这样讲，并不是像一般人所讲的那样——兴趣是学习的动力，没有兴趣，就没有动力，也自然就没有好的学习效率，没有好的学习成绩。对于这样的观点，我是不完全赞同的。我认为，在高中阶段，你努力培养对各门功课的学习兴趣是一种很好的追求方向。但是，你真正要做到这一点是很难的，甚至几乎是不可能做到的。那么多课程，你能对每一门功课都产生浓厚的学习兴趣吗？显然不可能。

在高中阶段，学习不可能完全凭兴趣，完全凭兴趣学是不可能取得优异的高考成绩的。你最多可能对 1~2 门学科有浓厚的兴趣，对其他学科没有多大兴趣，或者根本就没有兴趣，这非常正常。但是，高中学业对你的要求是必须完成好每一门功课。否则，只要你出现偏科，就不能完成好学习任务，高考自然不会取得好的成绩，也就上不了好的大学。

高中生的学习不能完全凭兴趣，那凭什么呢？凭责任，凭任务。学习是你这段时间最重要的责任和任务，有兴趣你要很好地完成；没有兴趣，你同样也要很好地完成。就像你的父母种地或者务工经商一样，有多少人对无论是烈日当头还是风吹雨淋，都要脸朝黄土背朝天有兴趣？有多少人对机器轰鸣、空气糟糕的车间有兴趣？又有多少人对为了一分利而挖空心思，整天弄得身心疲惫的商界有兴趣？回答是肯定没有多少人。但你看看你的父母和你同学的父母，他们不都是在做着这些没有兴趣的工作吗？他们没有兴趣，却要天天做，还必须做好，因为不做好，他们就不能供你们读书，不能养家糊口。什么是责任？这就是责任。什么是任务？这就是任务。你在高中阶段，还有高中以前的阶段的学习，就是这样一种责任，就是这样一种任务。

在人生别的学习阶段我不敢说什么，因为我没有研究过，也没有实践过。但就高中阶段的学习而言，能不能只凭兴趣学习？能不能不这样拼呢？我明确地告诉你：不能。只要高考的基本政策不变，无论专家们怎么研究，有考试就有应试，这是怎么也变不了的。高考的基本政策在一个比较长的时间里是不可能有什么根本性的改变的，因为只有目前的这种基本政策能够保证相对公平地选拔人才，也符合中国国情。所以说，在不得不应试的高中阶段，你能完全凭兴趣学习吗？不能。

高中阶段的学习不能完全凭兴趣，学习是责任，是任务，是很苦很累的事情。但是，再苦再累，你不完成不行，不完成好同样不行。

第 90 周

正视天才

天才没什么了不起，也许你就是一个天才，只不过你可能没有发现你的长处。天才是相对的，有的人在这方面是天才，在别的方面就不一定是天才。即使你是天才，也得勤奋努力，否则，别人会超过你。如果你不是天才，只要你对某一件事情感兴趣，长久地坚持做下去就会成功，你与生俱来的时间和智慧足够你圆满地做完一件事情。

在我们身边，的确有这么一些人，他们学习新知识时，往往一听就懂，一学就会，一看就记得住，这些人是天才。

天才没什么了不起，也许你就是一个天才，只不过你可能没有发现你的长处。天才是相对的，有的人在这方面是天才，在别的方面就不一定是天才。极端典型的例子就是周舟，他在音乐指挥上是天才，在其他方面则是一个低能儿。

如果你是一个天才，你千万不能躺在天才的树荫下睡大觉。否则，不仅乌龟要超过你，连蚂蚁都要超过你。我读高中时很佩服一个同学，我认为他是天才。他从小学到高中一直与我同班，读高中的两年里，我一直在默默地与他比每一次的考试成绩，多数时间他都比我考得好。每次考试成绩一公布，我发现又比他少几分，于是就又要多熬几个夜，想下次超过他。我一直认为他是靠"天才"在学习，我是靠勤奋在学习。1979 年高考分数公布，我的总分比他多 5 分，列全校第一，他是全校第二。所以，以我高考的经历来看，即使你是天才，也得勤奋努力，否则，别人会超过你。

我认为，在我们学校，至少有三分之一的学生是天才。这些学生能从几万名初中毕业生中考进我们学校，又能进入上等成绩的行列，不是天才是什么？但是天才不是不学习就可得来的，不是靠沉迷于网络游戏可以得来的，而是靠勤奋努力才能得来。我前面讲过王卓的例子，他中考时没有考上我们学校，作为择校生来到我们学校，读了三年，高考时以总分第三名的成绩考上北京大学，前面有好些"天才"同学都被他甩在后面了。

我们应该承认，在我们周围，大多数人都不是天才。而你，也许就是其中之一。如果你是这样的人，应该很坦然地面对，不要有自卑感，不要有思想压力，更不要放弃你应该追求的那些东西。你应该比那些"天才"更有信心，更能解放思想，更有努力的方向。如果你能够这样做，我相信你的学习成绩会像我读高中时那样，超过你心目中的"天才"。在我看来，高中期间要做到这一点，并不是想象中的那么难，也并非不可能做到。

你一定不能被有些成功的"天才"人士的夸夸其谈吓得退缩不前。有这样一个被管理学界引为经典的小故事，能够很好地说明这个问题。1965 年，一位韩国学生到剑桥大学主修心理学，在喝下午茶的时候，他常到学校的咖啡厅或茶座听一些成功人士聊天。这些成功人士包括诺贝尔奖获得者、某一领域的学术权威和一些创造了经济神话的人。这些人幽默风趣，举重若轻，把自己的成功都看得非常自然和顺理成章。时间长了，他发现，在国内，他被一些成功人士欺骗了。那些人为了让正在创业的人知难而退，一般都把自己的创业艰辛夸大了。也就是说，他们在用自己的成功经历吓唬那些还没有取得成功的人。

作为心理学系的学生，他认为很有必要对韩国成功人士的心态加以研究。1970 年，他把《成功并不像你想象的那么难》作为毕业论文，提交给现代经济心理学的创始人威尔·布雷登教授。布雷登读后大为惊喜，他认为这是一个新发现，这种现象虽然在东方和世界各地普遍存在，但此前还没有一个人大胆地提出来并加以研究。惊喜之余，他写信给他的剑桥校友——当时坐韩国政坛第一把交椅的朴正熙。他在信中说，我不敢说这部著作对你有多大帮助，但我敢肯定它比你的任何一个政令都能产生震动。后来这本书果然伴随着韩国的经济起飞鼓舞了许多人，因为它从一个新的角度告诉人们，只要你对某一件事情感兴趣，长久地坚持做下去就会成功，你与生俱来的时间和智慧足够你圆满地做完一件事情。后来，这位青年学生终于获得了成功，他成了韩国泛亚汽车公司的总裁。

经济领域是这样，自然科学界也同样如此。我们不可否认，天才是一个人取得成功的重要因素之一。但是我们同样不可否认，长期坚持和积累也可以让一个人获得成功。我们可以看一看六位获得诺贝尔物理学奖或化学奖的华人，他们成功时的年龄就可以说明这一点。

> 李政道：1926 年出生，1957 年获诺贝尔物理学奖，时年 31 岁。
> 杨振宁：1922 年出生，1957 年获诺贝尔物理学奖，时年 35 岁。
> 丁肇中：1936 年出生，1976 年获诺贝尔物理学奖，时年 40 岁。
> 李远哲：1936 年出生，1986 年获诺贝尔化学奖，时年 50 岁。
> 朱棣文：1948 年出生，1997 年获诺贝尔物理学奖，时年 49 岁。
> 崔琦：1939 年出生，1998 年获诺贝尔物理学奖，时年 59 岁。

这六位华人获奖者，有的是 30 出头就获此成就，有的则年近 60 才取得成功。

无数的例子都可以证明，在学习、研究和工作的过程中，我们既要正视天才的存在，又不能被"天才"束缚而让自己退缩不前，只要我们坚持不懈地朝一个目标努力做下去，我们谁都可以成为"天才"。

预习，听讲，复习

"预习——听讲——复习"这三个步骤你如果坚持做下来，成为你的一种学习习惯，那你的学习成绩肯定不会差。再难，我们也不能退却，也得做下去。只要你坚持这样做，养成了习惯，就不难了。

　　这个话题应该放在高中一年级与你讨论才好，我为什么要把它放在本周，也就是高中三年级上学期期中考试之后，才与你讨论这个问题呢？我是这样想的，高一时与你讨论这个问题固然重要，但这个时候更重要，其原因是这个时候你的各门功课都进入了复习阶段，老师所上的全都是复习课，你可能会觉得复习无非是讲习题、做习题，或者背一些该记住的东西，不用再像原来那样"预习——听讲（包括讨论与研究）——复习"这样周而复始地进行下去了。如果你这样认为，并这样做，那你就错了。

　　接受某种新知识，第一遍往往难以真正理解和掌握，更不用说记住，第二遍则会有一个较深入的理解，第三遍则会加深理解与记忆，达到掌握的程度。我曾经在我所教的班上做过这样的实验：学习上需要记忆的东西，第一次和第二、第三次重复记忆的时间不能太短，也不能太长，太短和太长的作用都不大。比如你记下一个英语单词，半天之内你记它 100 次与记 1 次没有多大的差别。如果你一个星期记它 3 次，效果就明显多了。如果你第 2 次记忆与第 1 次记忆间隔时间在 1 个月以上，那第 2 次记忆的效果，基本上等于第 1 次记忆。第 3 次记忆的时间和效果的关系与前两次也大致差不多。经过 3 次以上的记忆，知识才会在你的脑海里产生比较深刻的印象，"预习——听讲——复习"这三个步骤你如果坚持做下来，成为你的一种学习习惯，那你的学习成绩肯定不会差。

上新课要这样，上复习课同样也要这样。比如某一天的两节数学课，老师安排复习什么内容，你一定要提前一两天预习一遍，上课时要认真听老师讲解，或者与老师和同学开展讨论，下课后最好是在第二天或第三天再回过头来，把这两节课复习的内容再复习一遍。这样你这两节数学复习课的内容就会掌握得比较好，记得比较深刻。在实际的复习过程中，你不一定要以某一节课的知识点为单元进行循环，可以以一周复习的内容为循环单元。你利用周末的时间，把上一周老师课堂上讲的复习内容提纲挈领地复习一遍，把下一周老师要讲的复习内容搞一次预复习，各门功课都要这样做。这样做了，你才有可能在课堂上与老师有良好的互动，在课后把复习的知识记牢。

复习的内容还要预习，还要进行再复习，听起来都觉得拗口，做起来岂不是很难，坚持做下来就更难。我前面已经讲过，高考本来就是一种具有极限意义的挑战。你要在这种挑战中获胜，能不难吗？但是，再难，我们也不能退却，也得做下去。你说是吗？其实，只要你坚持这样做，养成了习惯，就不难了。古人那句话说得好：为之，则难者亦易矣；不为，则易者亦难矣。

坚持用"预习——听讲——复习"的方法去学习，效果是明显的。有这样一位中学老师：22 年前，他教过语文、物理和英语，这在一般人看来几乎是不可能的，也是不可能把学生教好的，然而这位老师却做到了。当时他是教务主任，学校哪一科缺少老师，他就硬着头皮上，他严格按照这三个步骤组织每一节课的教学。学生们都知道，上他的课不预习是不行的，因为他在课堂上以学生学习讨论为主，他讲得很少，不预习就不能参与讨论，你这堂课就没有收获。他布置作业也很特别，一半的作业要当天完成当天交，还有一半的作业要课后第三天完成第三天交。第三天交的作业一般不是习题，而是对课堂教学内容的分段复述。这个教务主任讲学科知识水平肯定不可能在语文、物理、英语方面都比得过学校的其他老师，但他的教学效果并不比同事们差，多数时候还比同事们好。否则他怎么当教务主任？怎么能够在学校立足？在中学，要当好一个教务主任，没有过硬的教学业务水平和良好的教学效果，谁信服你？你怎么能够组织和指导教学？

这位 22 年前的中学教务主任不是别人，就是你面前的校长。

第 92 周

有得必有失

一个人能不能够成功，与他会不会正确地处理得与失有很大的关系。要坚持到最后取得成功，就意味着你在坚持的过程中要失去一些东西。如果你什么都不想失去，什么都想得到，那你就可能什么也得不到。有些东西得到了并不是什么好事，有些东西失去了也并不是什么坏事。为了得到你想得到的东西，你必须抛弃那些不必要的东西，不管这些东西在别人看来多么重要。

一个人能不能够成功，与他会不会正确地处理得与失有很大的关系；一个人在哪一个领域能够取得成功，与他怎样处理得与失也有很大关系。这个时候对你来讲，最大的"得"就是要在高考中取得一个良好的成绩，为了这个"得"，你应该有"失"。

"五一"假期之后，我接到一个家长的电话，这位家长告诉我，她的女儿还有 1 个月就要高考了，回到家连书都不愿意看。这位家长为女儿着急，才给我打电话寻求良策。我看了一下这个学生的成绩，进入高中三年级以来，她的历次考试成绩呈慢速的下滑趋势，这与她的学习态度有很大关系。高中三年级的学生，应该把主要的时间和精力放在功课复习上，这个时候如果还与高一、高二时一样，想玩就玩，不多付出一点努力，在别人加速向前进的时候，你还按原来的速度前进就不行了，就会有很多人超越你。这个学生用不刻苦学习的态度，换来的还只是一个慢速下滑，从这一点来看，她的天资应该还是不错的，要不然她应该是快速下滑。这样的学生，要是在高考前的两三个月"失"去一些东西，把精力全部投入复习之中，成绩很快就会提高，尤其是文科学生效果更明显。

现在已经是高三年级第一学期的下半个学期了，离高考只有不到一年的时间，这七八个月的时间在你人生的长河里是很短暂的，又是很难熬过的。有些学生在这个关键的时候选择了"混点"，也就是把时间混到高考，考个什么样就是什么样。也有少数学生选择了放弃，这样的学生开始逃课、上网、睡觉，甚至打架滋事。从现在起一直到高考结束，不管你的学习成绩如何，只要你坚持下来，就会有收获。你应该明白，当你觉得自己熬不下去的时候，也有很多人都与你有同样的感觉。谁能坚持到最后，谁就是胜利者。有不少学生，他们平时不温不火，在高中三年的历次考试中，考一次进步一次，最后高考时，考出他进高中以来的最好成绩。这些人就是能坚持到最后的有毅力的人。

要坚持到最后取得成功，就意味着你在坚持的过程中要失去一些东西。如果你什么都不想失去，什么都想得到，那你就可能什么也得不到。再说，得到与失去，是没有什么绝对的对与错之分的。这要看你是在追求一个什么样的目标。有些东西得到了并不是什么好事，有些东西失去了也并不是什么坏事。

我曾经写过一篇文章《招商人》，记述了我做招商局长的一些真切感受。在一般人看来，招商局长是比较风光和潇洒的，可以满世界玩，可以与老板们一起花天酒地，也比较容易受到提拔重用。但是我做了几年局长，一般人说的这些风光我没有享受过。这些东西不是不能得到，是我不想得到，因为我没有这样的人生追求。我曾经创造过早晨 6:00 从家里出发到香港，晚上 12:00 又回到家里的纪录。来回几千公里，还要办事。我跑了好多次香港，浅水湾的游泳场我没有享受过一次。相反，几年局长做下来，我失去了很多。最大的是失去了寂寞。那时，我天天不是出差，就是应酬，那个喜欢一个人慢慢地享受人生寂寞之美的我，好像不存在了。我是一个比较特别的人，多数人把寂寞与失意、伤感、无为、消极等联系在一起，我则相反，我愿意在繁华的浮世中，相对地拥有一份属于自己的寂寞。许多做出不同凡响的事业的人的经历都证明，一个人想获得某种成功，他必须学会品尝和享受寂寞。我虽然没有干出什么伟大的事业，但我实在不想失去一份寂寞的心境，我把耐得住寂寞看成是一种直面人生的最高心境。于是在 2005 年 6 月下旬，我从韩国出差回来后，就向组织上交了书面辞职报告。我想休息一两年，在这一段时间休养调理一下身体，回味一下自己过去的工作和生活，也计划一下将来，读一点书，总之是寂寞一两年。我认为，丢失了一个职位不是什么可怕的事情，只要你愿意做事，又能做成事，可以做的事情有很多。而一个人丢失了真实的自己，那是用什么也换不回来的。

没有失就没有得，这句话在我的经历中体现得非常充分。2005 年我辞职后仅仅"寂寞"了三个月，学校需要校长，在众多人的期待中，我又开始了新的职业生涯，也就有了与你唠叨这些谈话的机会，要是没有辞职，我走的就是另外一条路了。

我讲自己的这些经历给你听，是想让你明白：你想得到什么，肯定会失去什么。为了得到你想得到的东西，你必须抛弃那些不必要的东西，不管这些东西在别人看来多么重要。如果你患得患失，不知道取舍，那么你这辈子只能是一个无成功可言的人。

有一个或几个良好的课余爱好

良好的课余爱好是你高中三年调节学习生活、缓解学习压力的有效办法。课余爱好毕竟是上课求学之余的一种爱好而已，不能把它当成你高中时期的主业，更不能沉迷于其中而不能自拔。良好的课余爱好可以培养我们身上一些潜在的人文精神，这种精神让我们上进，让我们珍惜生活，让我们少犯错误不犯罪。

良好的课余爱好是你高中三年调节学习生活、缓解学习压力的有效办法。高中生的学习生活紧张而又充满挑战，没有良好的课余爱好来释放一下各种紧张情绪，增添一些对生活的美好追求，一天到晚只是学习，学习，再学习，这样的话，即使你的毅力再坚强，也是很难保持旺盛的学习热情和充沛的学习精力的。

课余爱好的内容非常广泛，可以打球、跑步、跳绳、散步，也可以拉琴、听音乐、读书、看报、画画、做小发明创造，还可以养花、养鸟、养小动物、观察身边的事物和现象等。你选择课余爱好的时候，一定要根据现实条件，不要刻意而为。比如，你小时没练过琴，这时候就没有必要专门去学琴，等高考以后再去学也不迟。这时候的课余爱好一定要既有益于你的身心，又不能花费太多的时光。比如说，如果你是一位走读生，在你的窗台上养一盆花，你每天回家给它松土、浇水、施肥，看着它一天天长高，看着它花开花落，让它成为你一份小小的美丽的牵挂，对陶冶你的性情是很有好处的。如果你住校，那么打球、散步等是比较好的选择。我们学校室内外的篮球场、排球场、羽毛球场、乒乓球场有很多，校园的绿化和运动场的面积也很大，非常方便你选择活动项目。课余爱好根据季节的不同可以做一些调整。我从报上了解到，有一位中学生春夏时节坚持观察蜜蜂的活动习性，他发现蜜蜂发出的声音，不是人们通常所说的是因为翅膀的扇动，而是它的肚子底下有一个类似知了一样的发声器。他的这一观点在昆虫学界引起了广泛的讨论。我们姑且不论这个观点最后专家们是不是认可，仅就他在课外的这种活动方式和探究精神而言，我是比较欣赏的。

值得指出的是，课余爱好毕竟是上课求学之余的一种爱好而已，不能把它当成你高中时期的主业，更不能沉迷于其中而不能自拔。我发现有些男同学非常迷恋足球和篮球，总是等不及下课就往球场跑，在晚上熄灯前还要在宿舍里踢、打两下子，这样就不好了。还有极少数同学，沉迷于网络。这已经不能算是课余爱好，说得不客气一点是荒废学业，说得更不客气一点是堕落。但愿你不是如此。

良好的课余爱好是一种精神享受，也是一种人生修养。一个人在社会上学习、工作和生活，能不能愉快地度过一辈子，有没有良好的气质和修养，是不是受到周围人的尊重，除了他的学习成绩和工作业绩外，其课余和业余爱好也是一个很重要的因素。比如课余时间，你能用小提琴给同学们拉一段优美的旋律，同学们会对你肃然起敬，也许你的一些不愉快会随着这优美的旋律烟消云散。

良好的课余爱好可以培养我们身上一些潜在的人文精神，这种精神让我们上进，让我们珍惜生活，让我们少犯错误不犯罪。有一些走上邪路的青年学生，并不是一开始就准备踏入深渊的，而是与那些有不良课余爱好的人为伍，慢慢地像温水煮青蛙一样，面临即将到来的死亡还觉得很暖和，等到知道要离开这个死亡之地的时候，已经跳不动了。一个人在学生时代有什么爱好，长大后基本上不会有太大的改变。我现在给你写这些谈话稿，用的都是从打字室拿来的用过一次的打印纸。我让打字员把她准备扔掉的纸订起来，用纸的反面为你写这些谈话。从小养成的习惯，驱使我不忍心把那些反面还可以用的打印纸扔掉。小时候，我是靠课余时间捡知了壳、挖半夏、割牛草、找猪草、拾牛粪等，挣一点书本费和学费读完中小学的。这虽然不是什么高雅的课余爱好，但是，这就是我的课余生活。我非常珍惜自己用"课余爱好"换来的课本和作业本，一个学期没有用完的作业本，我就把每一个本子上那几页没有写字的纸撕下来，把它们订起来，粘上一个封面，下学期再用。从小学到高中，我这样做了 10 年，以至养成了这样一种习惯。这种习惯又转化成我的一种性格。我不喜欢奢华，喜欢过一种简单的生活。

我骨子里深埋着中国农民那种特有的精神。这种精神是我在学生时代的"课余爱好"中养育出来的，我为自己身上有这种精神而骄傲。

学会反思，但不要总是叛逆

叛逆是高中生一个暂时的非正常心态时期，是一个存在心理疾病的时期。叛逆对高中生的成长是很不利的。你要正视叛逆期的存在，也不要害怕叛逆现象出现在你身上。正视叛逆的存在，并不表明你可以放纵叛逆的发展。相反，你应该想办法尽量缩短你身上的叛逆期。你能不能很顺利地尽快结束叛逆期，最关键的因素还是你自己，外界的因素可以起一点作用，但不起决定作用。

前面我们讨论过两个话题：一个是"换一个角度看一看"，一个是"你是否在睡觉前反思一下今天的行为"。这两个话题都属于反思，前者是对某人某事进行多角度的观察和思考，自然也包含顺向和逆向思考；后者主要是对自己的言行做一番反省，便于日后吸取教训。这两种反思都是我非常提倡的。但是，这种很好的反思，在现在的高中生身上，有时会出现一些极端的和"变种"的现象，这就是叛逆。

客观地讲，多数人在一生的成长中，都有一个叛逆期，一般是在初高中时期。女生初中时多一点，男生高中时多一点。叛逆期的长短，根据每个学生自身的心理、生理条件和成长的环境因素等不同而有长有短，一般是 1~2 年。也有一些学生不到一年，有的则超过两年。叛逆表现的强与弱也有比较大的个体差异性。有的表现不是很强烈，甚至他自己、老师、家长都看不出来，有的则表现得淋漓尽致。

严格来说，叛逆是高中生一个暂时的非正常心态时期，叛逆对高中生的成长是很不利的。作为一个高中生，无论你的叛逆是弱是强，都应该尽量缩短叛逆期，尽早回归到常态的生活中来。

你要正视叛逆期的存在，也不要害怕叛逆现象出现在你身上。青春时期，你的身体正在发育成熟，你的心理也会随着一些生理现象的出现产生一些新的变化。由于一些复杂的社会伦理因素，好多新的变化都没有人教过你，必须靠你自己慢慢体会明白。这时候，你就显得很浮躁，很不耐烦，对什么都看不顺眼。这是你叛逆的原因和表象之一。表象之二，就是初高中时代你已经学了不少知识，也明白了不少事理，于是，你自以为什么都懂了，什么都弄明白了，不需要家长和老师再教你了，尤其是在为人处世，在自己的学业前途等方面，与家长和老师的认识有很大的差异。这时候，家长和老师的话你很难听进去，甚至觉得不屑一顾。越是这样，家长和老师越要加强对你的教育，你就越不听他们的。这两种原因和表象是高中生叛逆的主要特征。它导致的结果就是学生不能很好地与家长和老师沟通交流，严重的会发展到与周围大多数人都不能沟通交流。如果到了这样的地步，对学生一生的影响都是很大的。

正视叛逆的存在，并不表明你可以放纵叛逆的发展。相反，你应该想办法尽量缩短你身上的叛逆期。一个人进入叛逆期往往是不自觉的，你可能根本不知道你进入了这个时期。我和你这次谈话之后，你可以问一下你的父母："你们认为我叛逆吗？"你要他们不要照顾你的情绪，直截了当地回答你。如果你能够这样做，说明你的叛逆性还不是很强。叛逆性很强的学生听了我这次谈话，或者看了这次谈话稿，他会不屑一顾。他会说："不就是叛逆吗？有什么了不起！哪有校长说得这么邪乎！"这样的学生最好找心理老师谈一下心。我们学校的心理咨询室有几位老师都是经过专业培训，面向全校学生进行心理咨询。如果你到了这个叛逆程度，也可以找我，我愿意与你讨论关于你成长的任何话题。另外，你可以试着按我前面谈话讲的，多换几个角度看问题，多进行一些主观的反思。在与家长、老师的沟通上，你最好站在家长和老师的角度，看一看你的所作所为，只要你坚持冷静地做一段时间，你就会少一些叛逆，多一些对周围的人和事的理解与宽容，你就会比较顺利地走出你的叛逆期。

　　其实，我也知道，这些道理讲起来好讲，做起来很难。解决高中生的叛逆问题，除高中生自身要主动外，也需要家长的配合。我在这里说一句不是为学生推卸责任的话，有一些叛逆性强的学生，到了与家长不能沟通的地步，其责任不完全在学生，家长也有一定的责任。有这样两种家长最典型：一种是从小到大什么事都为学生安排好，该学生做的事全都由家长包办代替。这样的家长给学生选最好的学校、最好的班、最好的座位，每天上学放学都要由家长接送，学生的每句话都是"圣旨"。采取这种方式培养出来的学生独立性差，受不了一点挫折，叛逆性强。这是一种很失败的教育，这种失败与学生成绩好坏没有关系，这样教育出来的学生，即使考上清华大学、北京大学也是失败的。另外一种家长是只顾干自己的事业，或者只顾自己吃喝玩乐，平时对孩子的学业不闻不问，很少与孩子谈心。每次考试成绩下来，孩子考好了夸孩子几句，奖励一些物质上的东西；孩子考差了轻则批评，重则打骂。这样的办法也只能是培养孩子的叛逆性格。这也是一种失败的教育方式。

　　除家长外，老师在学生叛逆期内的作用也不可小视。我知道的一位女生，读初中时开始出现叛逆的现象。她的班主任是一位女老师，这位老师只关注班里成绩前几名的学生，对成绩排在后面的学生很漠然，甚至不时用言语刺激一些成绩一般的学生，造成这些学生对她产生很强的逆反心理，并把对她的看法转移到对其他老师的看法上。这位女生的家长在她初中时与其讨论今后的职业，她说做什么都行，就是不做教师。然而，这位女生在天门中学上了三年高中之后，改变了叛逆性格，在学校老师和家长的正确引导下，很顺利地结束了叛逆期，高考时她全部的志愿填的都是师范大学，最后如愿被一所不错的师范大学录取。她的这种变化，很大程度上得益于高中时代的班主任。

　　话得说回来，你能不能很顺利地尽快结束叛逆期，最关键的因素还是你自己，外界的因素可以起一点作用，但不起决定作用。所以，你一定要与家长和老师多一些沟通，多从不同的角度思考问题，多对自己的思想和言行进行自我反思，这才是你走出高中叛逆期的一条有效路径。

永不放弃

> 你战胜了自我，不言放弃，你就是一个胜利者。否则，你就只能以失败而告终。那些有抱负和理想的人，那些对社会和人生负责的人，他们永远没有放弃的那一天。

高中三年级是你整个中小学求学过程中最容易产生放弃想法的时候。无论你的成绩是好是坏，这种想法都有可能在你心中萌生。在这一艰苦时期，你战胜了自我，不言放弃，你就是一个胜利者。否则，你就只能以失败而告终。

说一句实在话，你这时候面对家长和老师的期望，面对高考的竞争，面对自己走进高中时确定的升大学的梦想，会有多大的压力呀！你的成绩没有达到你所期望的水准，你着急、焦虑、烦躁，这是可以理解的。但是，你放弃就不行了。你应该知道，目前这种精神状况，何止是你一人有，全国近千万的高三学生中好多人都有。如果你这时候选择放弃，你就是选择了失败。这时候的你，还没有步入社会，你精彩的人生，才刚刚起步。在起步的时候，你就甘心地接受失败，这不仅仅是能不能上一所理想的大学、上不上大学的问题，它会在你一辈子的人生中留下不可磨灭的印记，使你缺少一种积极的心态，缺乏坚毅的、不服输的勇气和精神，这比考不上一所像样的大学更糟。所以我认为，高中时期只要你永不放弃，拼搏三年，你勤奋努力地坚持到了最后，就是胜利者。这与你毕业时读什么大学成正比例关系，但不是等式关系。

我们仔细分析一下就会发现，让你产生放弃念头的，无非是学习上遇到了挫折，生活上遇到了困难，情感上遇到了伤心事。当然，你产生放弃念头的具体原因可能比较复杂，但再复杂也就是这三个大的方面，说到底就是你的有些希望落空了。莎士比亚曾经在一部戏剧中写过这样一句台词："希望往往会落空，并且是在你最有希望的时候。"你现在已经到了高中三年级了，你辛辛苦苦学习了十几年时间，这时候就是最有希望的时候，如果这时因为某种原因你选择放弃，那就意味着前功尽弃。

有这样一个故事，在美国人蜂拥到西部淘金的年月，有一个人也去了，他花了好几年时间在一块地上挖掘，他相信那里有黄金。他每天辛苦地挖着，不停地挖着。失望和疾病折磨着他，开始他并没有放弃。终于有一天，他感到了无奈和绝望，扔下镢头，收拾行装，离开了那个曾经给他希望的伤心之地。后来，人们就在离他镢头生锈之地两米远的地方，挖掘出一个巨大的金矿。

这一个讲了几代人的故事，应该对你有一定的启迪。

你能进入我们学校读书，应该说你这之前的学业是非常顺利的，要不然，你也不可能考进我们学校。初中生考进我们学校的比例比高中生考进重点大学的比例都少，可见你有一个不错的初中学业。但你若想在高中阶段表现得好，仍然是要靠自己的刻苦努力来实现的。躺在过去的成绩上混日子肯定不行，放弃更不行。高中阶段遇到一点挫折和困难，也不一定是坏事，你要是克服了这个时候的困难，以后的困难就变得容易多了。从这个意义上讲，你可以把高中时候的挫折和困难，当成你人生的第一次考验。你可以独立地迎接这种考验，也可以与老师、同学、家长一起，在他们的帮助下，经受住这一次考验。不管这一次的考验多么难，你都不能放弃。

其实，人这一辈子又何止高中阶段不能放弃呢？从你懂事开始，你就要学会不放弃。进入社会后，你肩负着不同的责任和义务，也不能轻言放弃。那些有抱负和理想的人，那些对社会和人生负责的人，他们永远没有放弃的那一天。研究并制造"两弹一星"的那些功勋科学家，有的突破重重阻挠，从美国回到祖国，投身到祖国的建设之中，他们克服了工作和生活中的一个又一个困难，有的付出了自己的健康，乃至生命。

比一比这些伟大的科学家，你高中阶段受到的一点挫折和困难算得了什么呢？想一想，你才刚刚开始的美好人生，谈何放弃？你应该永不放弃才是硬道理。

累了，就小憩一会儿

除了中午和晚上的休息时间要保证外，上课和上自习时，如果你实在困倦了，不妨在课间伏在桌上小憩一会儿，这也是很多人采取的有效办法。在时间的使用上，一味地"拼"不行，过分地"休"也不行。你要根据自己的情况，把握好"拼"与"休"这两者之间的"度"。

高中生的学习生活确实很苦很累。累了，就小憩一会儿。我提倡勤奋刻苦学习，但不提倡"头悬梁，锥刺股"。这不是矛盾的吗？只要你认真琢磨一下，就会知道，这不矛盾。我提倡的是一种精神，不提倡的是对身心的折磨。

我经常看到高三年级的同学在学校统一熄灯后，又用应急灯和手电筒挑灯夜战。我也经常看到教室里有一些同学伏在课桌上睡觉。应该说，这两种现象都不好。高中三年级的时候，学习任务再重，也要保证 7~8 个小时的睡眠时间。睡眠时间少了，你的精力就不可能充沛，学习效率就不会很高。学校的作息时间是晚上 10:30 熄灯，早晨 5:30 起床，夜晚有 7 个小时的睡眠时间，中午学校安排了两个小时的午休时间，你至少要休息一个小时。保证了 7~8 个小时的睡眠，你才有比较清醒的头脑，你的思维才能活跃起来，记忆力也就好许多。否则，你就会整天昏昏沉沉的，理解力会降低，记忆力也会下降，学习的效果自然就好不起来。

除了中午和晚上的休息时间要保证外，上课和上自习时，如果你实在困倦了，不妨在课间伏在桌上小憩一会儿，这也是很多人采取的有效办法。小憩的时间5分钟左右就够了。或者你在课间用3~5分钟的时间静坐，闭目养神。也可以闭上眼睛自己用双手揉一揉太阳穴，做一下眼保健操。还可以走出教室，极目远望，用几分钟时间什么都不想。在晚饭后上自习前的这一段时间，你可以回到寝室躺下休息10~20分钟，你在上自习时就会有很好的精力。这些都是行之有效的办法，你不妨试一试，并坚持一段时间，就会知道效果不错。

大凡学习成绩好的同学，都比较会安排自己的作息时间。你有属于自己的作息时间和学习方法，就有属于自己的学习成绩。客观地讲，在智力方面，绝大多数同学是没有多大差别的。为什么每个人的成绩又千差万别呢？主要原因就是学习态度和学习方法，这两个因素表现的形式，就是你是不是在科学合理地使用时间。在时间的使用上，一味地"拼"不行，过分地"休"也不行。你要根据自己的情况，把握好"拼"与"休"这两者之间的"度"。你把这个"度"把握好了，你一天可以当几天用，否则就会吃力不讨好。当然不吃力就肯定不会讨好了。

从我的自身体会来看，"累了，小憩一会儿"的效果是很明显的。我从高中到现在都坚持着"累了，小憩一会儿"的习惯。其中有两个时间段这种习惯坚持得最好，一个是读高中和师范的时候，一个是做校长以后。这两个时间段共同的特点就是学习和工作压力大，每天学习、工作时间长，一般在14个小时以上。长时间地伏案学习和工作，疲倦是很正常的，如果在夜晚睡觉和中午午休之外，没有"小憩一会儿"的时间，谁也受不了。我一般是工作一个多小时后就起来走一走，或闭目养神几分钟。实践证明，这个方法效果很不错。另外，我喜欢熬夜，一般不到深夜12:00不休息。晚上10:00之前一般是我的工作时间，10:00—12:00是我的学习时间，几十年如此。长时间地坚持夜晚学习和工作，怎么保证旺盛的精力呢？我除了白天坚持"小憩一会儿"外，晚饭后我喜欢散步，散步之后坐在办公桌前开始工作的时候，一般是傍晚7:00左右，这时候我经常会"大憩一会儿"，也就是闭目养神的时间长一点儿，短的时候10分钟，长的时候30多分钟。因为有这10~30分钟的"大憩一会儿"，我才能每天坚持工作和学习到深夜 12:00 也不觉得困倦，而且晚上 8:00—12:00 是我的最佳工作学习时段。

我前面讲过，每一个人的最佳学习时段是不一样的，但每一个人学习时间长了会困倦是一样的。学习累了，就小憩一会儿，虽然表面上看起来花了一点时间，但这一点时间换来的效果是与你在困倦的情况下打疲劳战后的效果不能相比的。所以，你一定要照我说的去做——累了，就小憩一会儿。

第 97 周

什么都懂了，你还需要上学吗？

> 在高三复习的时候，如果你觉得还有很多东西不懂，那是好事，而不是坏事。知道有东西不懂，你才会去想办法把它弄懂，才能产生好奇心和动力，而不是被动地去完成老师交代的学习任务。

高三的上学期已经快要结束了，有的课程第一轮复习已经接近尾声，有的可能还只是复习了一半。这个时候，你可能会有这样的感觉，你似乎觉得越复习不知道的东西越多了，你感到有一些不知所措了。这是很正常的现象，什么都懂了你还需要上学吗？

在学校里有这样两种有趣的现象：有的同学老是有问题问老师，越学，不懂的东西就越多，老是感觉自己没有学好，而每一次考试成绩出来，他都可以得高分。有的同学则相反，老是觉得自己什么都懂了，不用花工夫学习了，也没有什么问题向老师提问，总觉得自己已经学得差不多了，而考试结果一出来，他总是哭丧着脸说："这次又没考好，其实那些题目我都会做，怎么就做错了呢？"

在高三复习的时候，如果你觉得还有很多东西不懂，那是好事，而不是坏事。

知道有东西不懂，你才会去想办法把它弄懂，才能产生好奇心和动力，而

278

不是被动地去完成老师交代的学习任务。否则，你看了课本，听了老师的讲课，觉得自己什么都懂了，其实你又并没有真正地把它弄懂，时间长了就会形成一种不好的习惯，想改却很难改过来了。

我有一位好朋友的儿子在我们学校读书，每次考试成绩总是不理想。这位好友很着急，要我帮他想办法。我找这位学生的班主任和科任老师了解了一下情况，他们都说这个学生不调皮，也很聪明，就是学习不认真，一副无所谓的学习态度。我在巡课时，在走廊上仔细观察了几天这个学生上课和上自习时的表现，我发现，他上课时总喜欢把笔头含在嘴里，双目无神地看着老师，对老师的讲课没有任何反应，他的思绪根本没有随着老师讲的内容走。上自习时，别的同学读书或做作业的时候，他则一只胳膊搁在桌子上，用手托着腮，另外一只手拿着书，眼睛集中在书上，是在认真地看书，还是已经走神？从我的直觉来看，走神的可能性多一些。针对他对待学习的这种态度，我在观察几天之后找他谈了一次话。

我问他："你上课是不是没有认真听讲？"他回答说："老师讲的我都懂啊！"我又问："你上自习时为什么不做练习呢？"他说："我会做呀！"我再问："你为什么每次考试成绩总不理想呢？"他回答说："我也不知道。"通过这几个简单的问答，我知道了这个学生成绩不好的症结所在。他属于那种典型的用耳朵听讲而不用脑袋听讲、"看"作业而不做作业的学生。这样的习惯养成了，改起来很难，需要一个漫长的过程。

何谓用耳朵听讲而不用脑袋听讲呢？就是只听不思考，听的东西似乎都明白，由于缺乏思考，没有听的东西就更不明白了。高中课堂上老师只能讲那些共性的知识、规律性的知识，至于具体到解决问题，一个问题有一个解决办法，你必须运用共性的、规律性的东西去解决个性的问题。老师是不可能在课堂上把所有的问题都讲完的，也不可能讲完，必须要你用所学的知识去融会贯通地解决问题。

何谓"看"作业而不做作业呢？就是只看试题，在心里想这道题目应该怎么解，运用哪些知识去解，而不动手去做。养成了这样的习惯，就很难发现解题过程中的很多问题。因为有一些问题不是解题一开始就有的，而是在解题过程中出现的。时间长了，你就会失去解题的能力，失去发现问题的敏锐度，失去解题的速度。这些东西都是在你实际的做题过程中培养的，不是"看"出来的。

所以，看起来什么都懂的人，其实很多东西都不懂。如果你在第一轮复习的过程中还有很多问题没有弄明白，你没什么好担心的，把它记下来，在第二轮复习的时候，在这些"不懂的问题"上多下一点功夫就是了。再说，第二轮复习仍然弄不懂也没有关系，你高考时又不准备取得满分，有不懂的东西是很正常的现象，切不可因为几个不懂的问题影响了你的学习情绪。

正确认识你的每一次考分

在现行的教育体制下，你是没有办法回避考分的，不仅你没有办法，连我这个做校长的都没有办法回避学生的考分。考分毕竟是对你学习成绩的一个量化评价标准。你今后能不能在社会上很好地工作和生活，高中时代的考分有关键的作用，但不是决定的作用。起决定作用的还是你的人生目标、个人修养、性格和行为习惯。

这个周要进行第一次高考模拟考试了，多数老师会给学生提出建议：平时的每一次考试，你都要像高考那样认真做题；高考的时候呢，你就像平时这样做题。这样，你就能够在高考的时候，发挥出你的最佳水平。我认为这个建议是很好的，值得你认真照着这个建议去做。

作为一个学生，免不了考试，有考试就有考分。高中三年，你每一次的考分不会相同，你要正确认识你的每一次考分。

在现行的教育体制下，你是没有办法回避考分的，不仅你没有办法，连我这个做校长的都没有办法回避学生的考分。如果学生的整体成绩下降了，我就是什么事也不干，一天到晚四处游说我们学校的教育质量如何高，社会上也不会有人相信。如果我们的高考取得了好成绩，我到处说我们学校还有哪些不足的地方，别人都认为我是谦虚。所以，连我都是这样，你也不能小看你的每一次考分。

　　考分毕竟是对你学习成绩的一个量化评价标准，你学习一段时间后，经过考试，知道你在这些学过的知识方面达到了一个什么样的水平，知道同班同校的同学与你相比是一个什么样的状况，这对于你确定后一段时间的努力方向，调整自己的学习态度和方法，都是有好处的。因此，你一定要以积极的心态来对待你的考分，要做到考好了不欣喜若狂，考坏了不垂头丧气。

　　但是，你也要认识到，你不是为考分而学，更不是为考分而生活。考分好比金钱一样，没有它不行，做它的奴隶也不行。曾经有一位富翁，在他55岁的时候破产了，当他的朋友向他表示不安并试图安慰他时，他打断了朋友的话，并告诉朋友："从某种角度来说，我目前的状况已经是最好的了。我了解到，我只需要极少的钱便可以活在这个世界上。毕生头一次我将我的注意力放在其他更重要的事情上。我承认，有些时候，多一些钱会方便一些，但这种情况不多。"这是一位从有钱到无钱的人的人生感悟。钱是这样，考分也是这样，有些人能考很高的分，上很好的大学，也不一定是社会的有用人才。1997年11月5日下午2时，到美国两个月的中国留学生葛海雷在哈佛校园内图书馆四楼坠楼身亡，警方调查的结论是自杀。27岁的葛海雷是家中独子，1992年毕业于北京大学计算机系，在同届90多名同学中成绩名列第三，工作几年之后，考取哈佛大学博士研究生，获全额奖学金。然而，就是这样一个考分一直很高的人，却没有直面社会的能力，这么早就结束了自己年轻的生命。对他来讲，考100分与0分已经没有任何区别。

　　你今后能不能在社会上很好地工作和生活，高中时代的考分有关键的作用，但不是决定的作用。起决定作用的还是你的人生目标、个人修养、性格和行为习惯。高分只能让你进一所好一点的大学，良好的个人修养和性格则可以成就你一生的事业。

　　说上面这些话，我是想让你从总体上对考分有一个正确的认识。就具体的每一次期中、期末考试分数而言，你还是应该认真对待，不能抱着无所谓的态度。你要把老师发下来的试卷分析一下，究竟失分在何处？这些失分的地方，你是没有掌握好呢，还是由于一时的疏忽大意造成的？只要你每一次考试都坚持这样认真分析，并在以后的学习中，有针对性地加强对这些容易出错的知识点的训练，你的考试成绩就会在原来的基础上有所提高。

关于考分，有一个不可能回避的现实就是与同学进行比较。其实我认为，同班同学比一下考分也未尝不是一件好事，它可以看出一个同学的成绩变化。当然，从学校来讲，我一直认为，一个学生，只要他努力学习，遵守校规，就是一个优秀学生。有些学生已经很努力了，他考不出一个好分数，这不能责怪学生。因为全班几十名学生，不可能都考同样的高分，总是有高有低的，这很正常。同学们比一比，也可互相促进一下。知己知彼，也好找到努力的目标。这样全班全校的总体成绩就可以水涨船高，大家共同有一个相对的高分，这也是很不错的。有一个很简单的例子，假如说我们学校比某一个学校的录取分数线高 20 分，三年高中读下来，我们学校的学生毕业时考试的人均分数比这个学校高 20 分左右是正常的。但是，如果我们学校的人均分数比这个学校高 40 分，甚至高 72 分，这说明我们学校的毕业生普遍"水涨船高"了。所以，你与同学们相比的时候，即使你的分数比他们低一些，也没什么可怕的，其他学校，有比你更低的。如果你的分数一直在全班、全校屈指可数，你也不要自满，因为山外有山。在湖北，像我们这一类的学校还有十几所，这些学校的学生都有获得全省高考状元的可能性。

总之一句话，以平和的心态对待每一次考分，你的分数自然会提高。反之会越来越糟糕。

不要有太大的心理压力

不管你的成绩在什么水平，你都不要因为分数而有太大的压力。你应该把注意力放在完成好每一天的学习任务上。你的压力表面看起来是因为分数，其实是担心失败。只要你的修养与素质达到了一个高中生的标准，就没有失败可言。

现在已经是高三上学期的最后两周了，下学期一到校，你就得一心一意准备高考，这时候要说完全没有心理压力是不可能的，但是要尽量减少心理压力，以正确的心态对待复习，对待考试，对待这个时期你身边发生的一切事情。

这段时间，你的心理压力可能还是来自对学习成绩的担心。进入高三以来，学校每月都有一次考试，都要划一个重点线、高分线。无论你的成绩在哪一个水平，你可能都有一定的压力。比如说你经常考在重点线以上，你总是在争取进入高分线；你经常考在高分线以上，你又总是想进入全省前 150 名，因为只有达到这个成绩才能上清华大学、北京大学；你经常考在重点线之下，你总是想努力争取往前进步一点；你甚至会觉得自己笨，这样自然就有压力。

在我看来，不管你的成绩在什么水平，你都不要因为分数而有太大的压力。你应该把注意力放在完成好每一天的学习任务上，每天的学习任务完成好了，考一个什么样的分数顺其自然。

你的压力表面看起来是因为分数，其实是担心失败。从高考来讲，失败与不失败是相对的，如果你把目标定为清华大学、北京大学，那么你考上其他再好的学校可能都认为自己失败了，而相对于其他很多人，你却是成功的。如果你把目标定为有大学上就行，那你就会有一个很好的心态。如果你把目标定为只要自己努力学习了，没有浪费三年的高中时光，至于说上什么大学，能不能上大学都顺其自然，那么你就是进入了一种比较高的思想境界。有了这种境界，你就是一个非常优秀的高中生，就一定会有一个很好的前途。

所以我认为，只要你的修养与素质达到了一个高中生的标准，就没有失败可言。青春不言败，言败非青春。你现在才十八九岁的年纪，什么事都可以从头再来，你的人生之路才刚刚起步，美好的前程还等着你呢！

只要想到了这一点，你说你还用得着有那么大的压力吗？完全没有必要。

你认为的失败与压力，无非是担心考不上一个理想的大学。英国外交家查斯特·菲尔德毕业于剑桥大学，他的儿子高中毕业后，没有考上自己早就想念的大学。查斯特·菲尔德看到了儿子的焦急与不安，就给儿子写了一封信。信中说："无法考上早就想念的大学，的确是个很大的打击，也许你一直无法接受这样的事实。这是你所经历到的第一次重大失望。但此时此刻，你必须坚强起来，冷静面对失望。失望与快乐是人生的一部分，如果你今后在希望落空时，不能把它视为仅是一时的退却或应该克服的考验，反而当作是毫无道理的大失败，那么你将会被失败所击溃！这一点你应该铭记在心。只有当你甘心承受失败，并且失去再尝试的意愿时，才是真正的失败。"这位外交家对儿子的忠告，完全适合于你目前对高考的担心。即使高考失败了，也不是真正意义上的失败。何况你目前还有半年才高考呢，想那么多干啥，好好地完成每一天的功课，该学就学，该睡就睡，只要不浪费光阴就行。

这时候你的压力太大了，对学习成绩的提高只有坏处没有好处。曾经有一位高中生，在高考前两个月由于压力太大，精神有点不正常了，天天在教室内无端地大吵大闹，老师只好把他送回家休养。高考前，他神志清醒了，记起自己应该参加高考了，在家里两个月没拿书本的他，居然还考上了一个不错的专科学校。专科在当时比现在的二本还难考。现在这个当年的高中生已经是人到中年了，有妻子，有儿子，有不错的工作，单位里谁也不知道他曾经有那么一段经历。假如当初他继续承受压力，而不是回家休养，他的人生轨道是怎样的就很难说了。

应该说，现在的高考压力比 20 世纪 80 年代轻多了。在我们学校，90% 以上的毕业生都可以读三本以上的大学。但是，现在的高中生，心理承受能力比他们的父辈也小多了，动不动就做出一些极端的事情来。你一定要注意这个问题，培养自我调节能力，缓解面对高考的心理压力。

寻找一份属于你的精神

这个寒假就那么几天，你应该好好休整一下，找回自己身上可能已经丢失，也可能是即将在高考前夕备考的日子里最容易丢失的东西———一份属于你的精神。找到了属于自己的精神，你才会正确面对高三的学习压力，你才会在各种困难的环境中，在受到挫折的时候不气馁，你才会用顽强的毅力坚持到你取得成功的那一刻。

这是你高中生活的最后一个寒假了，这个寒假你不会过得很轻松。我们学校这个假期三年级一般是放两周，相对来讲是比较长的。很多高中，包括一些很有名的高中，三年级的寒假只放一周。这个寒假你做一点什么呢？我建议你不要做功课，也不要按家长的安排去补习。如果家长要你补习，你就把我这次谈话的内容"搬"出来，给家长"上课"。

这个寒假就那么几天，你应该好好休整一下，找回自己身上可能已经丢失，也可能是即将在高考前夕备考的日子里最容易丢失的东西———一份属于你的精神，这个东西现在对你来讲，比做几十道甚至几百道习题重要多了。

从哪里可以找到"精神"呢？

从亲情里可以找到精神。你高中学习任务重，平时每天都是早出晚归的，家里一切以你为中心，全家人都在为你服务。这时候，你可以回报一下父母多年来对你的关心。比如为父母做几天早餐，洗几次衣服，做几次家里的卫生。这些都可以让父母感受到浓浓的亲情，父母内心里会非常高兴的。你也可以去看一下爷爷奶奶和外公外婆——如果他们不是跟你住在一起的话，利用这几天时间与他们拉拉家常。他们平时连看你一眼都很难，这时候你能拉着他们的手，听他们说一说对你的想念与期望，他们别提有多高兴了。还有其他一些平时关心你的人，你也可以与他们见上一面，聊一聊，主要是放松一下自己，让自己从长期的学习压力中解放几天。

从友谊里可以找到精神。我前面与你谈过，我高中时期的几个朋友毕业后天各一方，寒暑假里，我们从不同的地方回到村子里，在小路上，在池塘边，在田地里，我们交流各自的思想，交换一些信息，畅谈自己对未来的打算，相互鼓励和鞭策。假期的同学相会成了我们精神的加油站。

从人生哲理里可以找到精神。利用这个假期，你可以找一些关于人生的书籍看一看，不要给自己定什么任务，随便翻一翻都行。你会从一些优秀的哲理书籍中得到一些启迪。我自己能主动放弃局长的岗位，心甘情愿地辞职来做校长，一天到晚地在学校埋头工作，不可否认，我的这个选择受到了一些哲理书籍的影响。我的人生观与过去不太一样了。我找到了干事业的这种精神，所以一天到晚地待在学校工作也不觉得苦和累。

从自信中可以找到精神。我在很多次谈话中都讲过，做人一定要有自信心。要相信我能做好，我可以做好。我记得师范刚毕业时，分配到农村中学教书。那所学校有几位老师是城里的，天天上完课就回城里跑调动。在他们眼里，调回城里好难啊！我那时当着他们的面口出狂言："30 岁以前我要调到母校教书。"他们嘲笑我。那时我才 19 岁，是有一点不知道"天高地厚"，但我有自信心，并且有实际行动，我的行动不是跑关系，而是凭自己的工作实力。事实证明，我勤奋努力工作是有回报的。1983 年我 21 岁时就是一所中学的教务主任，1985 年我 23 岁就调到了市教育局工作。后来，那几个终于调回城里的老师对我刮目相看。年轻时的自信与拼命工作的精神，我养成习惯了，一直到现在，我都对自己的每一份工作充满自信。

找到了属于自己的精神，你才会正确面对高三的学习压力，你才会在各种困难的环境中，在受到挫折的时候不气馁，你才会用顽强的毅力坚持到你取得成功的那一刻。

有一句企业改革过程中的顺口溜，我觉得很不错——"只要精神不滑坡，办法总比困难多"。企业职工们喊出的这句口号，你在高三下学期的时候偶尔喊一喊，也不失为你加油鼓劲添精神的一个好办法。

寄 语

　　高中三年，你欢乐过，也痛苦过；你不止一次地想到过放弃，但你最终还是拼搏过来了。只要这样做了，你就无悔于这三年的青春岁月。高中毕业后无论是进入大学深造，还是直接进入社会成为一名劳动者，你都问心无愧。一个人活在世界上，找到一个适合于自己的生存空间并不难，难的是做一份对国家和社会有意义的事业。当一个人把自己的命运与国家和民族的命运联系在一起的时候，这个人就会有无穷无尽的精神力量，这种力量足以让他克服一切困难。

第二轮复习，把书读薄

有一些学生能够在第二轮复习的时候脱颖而出，与他们能够采取一种适合自己的复习方法不无关系。第二轮复习的关键是要学会把书读薄。如果我们把第一轮复习看成是认知树木，那么，第二轮复习你就是在掌握森林。

新的一年又到了，在这个充满希望和放飞梦想的时节，你开始了高中阶段最后一个学期的学习生活。这个学期你将迎来人生最关键的一场考试——高考。目前你最紧要的事情是开始第二轮复习，这一轮复习的效果如何，对你的考试成绩有不可忽视的作用，你必须认真对待。

第二轮复习属于专题复习，它与第一轮复习不同，不是第一轮复习的简单重复。一般来讲，第一轮复习是把高中各科的全部知识，一章一节地细致复习一遍，哪一个知识点也不跳过。第二轮复习则是针对各科的重点章节，确定几个或十几个专题，有侧重点地进行复习。

由于各学科教与学的规律不同，进度不同，所以各科开始第二轮复习的时间不同，采取的方式也不尽相同。有的学科可能这个学期一开始就进入第二轮复习，有的学科可能还要到这个学期期中才开始第二轮复习。有的学科在第二轮复习中以专题练习为主，有的则以记忆重点知识为主。

在我看来，第二轮复习是同学们各显身手的时候，有一些学生能够在第二轮复习的时候脱颖而出，与他们能够采取一种适合自己的复习方法不无关系。第二轮复习的时候，你可以按照老师的安排随大流复习，也可以自己制订一个第二轮复习计划，针对自己的特点来做专题复习。我比较倾向于后者，尤其是对那些学习自觉性比较强、独立思考问题的能力比较强的学生来说，为自己订好一个针对性比较强的、个性化的第二轮复习计划，避免在"随大流"中浪费时间和精力，是很有好处的。我们学校有一位毕业生，无论在哪一次考试中数学成绩都没有低于 145 分，大多数时候都是满分，要是按照老师的计划复习，你说他要在数学上浪费多少时间？他再用功也不会考出 151 分。他的语文和英语成绩提升空间还很大，老师就建议他在第二轮复习的时候，调整一下各科的时间安排，把精力多花在上升空间大一点的学科上。这位毕业生高考成绩数学148 分，语文 126 分，英语 140 分，理科综合也考得不错，如愿上了北京大学。

第二轮复习的关键是要学会把书读薄。高中那么多知识，你想全部掌握，几乎是不可能的。怎样才能把书读薄呢？你先要明白第二轮复习的目的。你的目的就是高考有一个不错的分数。你一定要对照考试大纲上要求你掌握的重要知识，针对你第一轮复习中还没有掌握好的薄弱章节，对症下药地进行重点复习。这个时候你学习的目的不是了解和掌握新知识，而是强化复习重点，争取在高考时考出好成绩。

明确了这个目的，你就要采取一些达到这个目的的方法和措施。在第二轮复习的时候，你要有宏观地驾驭高中全部知识的能力。如果我们把第一轮复习看成是认知树木，那么，第二轮复习你就是在掌握森林。你不妨用一定的时间读目录、读考纲。比如数学，高中以来的几册课本讲了多少章多少节，每一章节中有哪些公式定理，运用这些公式定理可以解决哪些问题，你闭上眼睛默想的时候，是不是可以把那些重点内容都能在脑海里放映出来。如果能够做到这样，那么当一道数学题目放在你面前的时候，你就可以快速地调动你的知识储备，找出解决眼前这个问题的知识和方法，很顺利地把这道数学题解出来。其他学科也是这样。如果你这个时候还不能把全部的知识融会起来，使之成为一片森林，当你遇到需要用好几个知识点解决的问题，你卡在某一棵"树"（也就是一个具体知识点）上，你就无法进行下去。这个问题你就解决不了，也就不可能得分了。

高一的时候我要求你把书读厚，是要你"深入"地读进去。现在我要你把书读薄，是要你"浅出"地读出来。如果你钻进去了出不来，就如同走进森林迷了路一样，到处都是树，看不到天空，找不到出路。如果你读出来了，就如同站在高山之巅，放眼脚下的一片片森林，你会感觉到天蓝山碧，心旷神怡。你甚至会觉得自己就是眼前这片森林的主人，森林里的每一棵树都能为你所用。

你是愿意做一个迷路人，还是做一个主宰者呢？第二轮复习的结果，基本上就决定了你是前者，还是后者。在这里，我祝愿你和同学们都成为知识森林的主宰者。

高考倒计时

在高考倒计时的日子里，你一定要使自己进入复习考试的兴奋状态，并把这个状态坚持到高考结束。你要把自己的学习生活安排得比较有规律。要学会匀速使劲，不能一觉得有压力就学一通宵，一觉得无所谓就蒙头大睡。按照计划，做好每一天的事情，比天天老想着还有几天就要高考了有用得多。

从本意讲，我是反对搞什么高考倒计时的。高三的学生到了现在，如果他是一个学习比较自觉的学生，"高考倒计时"这种带有警醒意义的东西，对他没有什么作用，教室内没有这样的倒计时表，他也会照样用功学习。如果他是一个不爱学习的人，倒计时也好，顺计时也罢，他都无所谓。

我这样说，也不是意味着"高考倒计时"一点作用也没有。对于那些靠外力才能紧张起来的学生，"高考倒计时"确实可以起到一个提醒的作用。看一看每天的倒计时表，可以知道离高考还有多少天，怎样合理地利用好这些时间，还有哪些要紧的功课内容要复习，在复习的过程中，根据知识的掌握情况，对原来的计划做一些必要的调整。这些都是很有作用的。在高考倒计时的日子里，你一定要使自己进入复习考试的兴奋状态，并把这个状态坚持到高考结束。如果你在这段时间情绪低落，复习考试都找不到感觉，这是一个很可怕的现象。

有一些人平时成绩一直不错，但是到了进入高考倒计时的日子里，考一次成绩下降一次，就是这个原因。相反，一些状态不好的学生，进入这段时间之后，成绩直线上升，最后以整个高中时期的最好成绩结束高中的学习生活，就是因为他们把握好了这段时间的最佳兴奋点。

你必须明白的是，我这里说的是复习考试的兴奋状态，而不是别的。如果在高考倒计时的日子里，你是一个很兴奋的人，但你的兴奋总不在学习上，而是在打球、看小说、上网、交友上，甚至在谈恋爱上，那你就是无可救药了。如果你整日不想学习，只想着学习之外的事，那么你最好离开学校，回到家里把自己关起来，强迫自己学一点东西。如果你做不到这一点，就干脆去做一点别的有意义的事，比如帮父母做一点事或者去打工，然后再回到学校参加高考。

在高考倒计时的日子里，你要找到一个释放压力的途径。我前面讲过，你不要有太大的压力，但"高考倒计时"又是会给你造成压力的。对多数同学来说，没有压力也是不可能的。这就要求你一方面要有压力，不可产生松弛的情绪；另一方面又要正确地对待这种压力，学会释放压力。有一位学生，面对越来越近的高考，她的压力也越来越大，有一天她在自己的房里用水彩笔写下了一大段释放压力的话，写完之后，她觉得浑身轻松。她母亲见雪白的墙上被她胡乱写脏了，正要发作批评她，这时候她父亲走进房间，看了她写的话："提前透支的欢乐必定给后来留下痛苦，现在少睡一点觉，少看几次电视，少上几天网算得了什么呢？我相信有一个理想的大学在向我招手。"这是多好的话呀！房间的白墙弄脏了可以再粉刷，女儿的心灵有了阴云就很难阳光起来。于是，这两位家长像没看到一样，随女儿在家里怎么涂写。高考结束后，家长把女儿房间墙壁上写的几十段话抄录下来，记下了女儿在这段难熬岁月中所流露出来的真情实感，然后把墙壁粉刷如新。女儿也盼来了理想的大学录取通知书。假期里，一家人高高兴兴地到外地旅行去了。

在高考倒计时的日子里，你要把自己的学习生活安排得比较有规律。要学会匀速使劲，不能一觉得有压力就学一通宵，一觉得无所谓就蒙头大睡。这是一种学习上的"暴饮暴食"，不可能有良好的学习效果。还有，这段时间要少做一些剧烈的运动，以免出现一些意外的伤痛，影响复习考试。如果你是一位运动爱好者，可以坚持做一些没有意外危险的运动项目，每天活动一小时左右都是可以的。还有，就是要注意吃饭穿衣等生活细节问题，以免生病。总之，这段时间你最好保持旺盛的精力投入复习考试之中。最后还是提醒你一句，这时候按照计划，做好每一天的事情，比天天老想着还有几天就要高考了有用得多。因此，你不要把"高考倒计时"太当一回事。

你必须直面高三下学期的"周周考"

> 到了高考的时候，你的心态如果能达到把高考当平时的训练一样来对待这样的程度，那"周周考"的目的就完全达到了。小组讨论越充分，你对讨论内容的记忆就越深刻，分析这个问题的思路就越宽阔。这样做对你高考时解题是大有裨益的。

这个时候，老师们已经开始为你选择重点复习内容，学校会用"周周考"的方式来检查你对这些重点复习内容的掌握情况。"周周考"其实是每周进行一次综合训练，它不同于严格的考试，也不同于平时的练习，是一种介于二者之间的小测验。这种训练在第二轮复习中很有作用。

"周周考"训练的频率有一点高，但你不能让自己产生厌倦情绪，如果你厌倦了"周周考"，那么你的第二轮复习就进入不了兴奋的状态。"周周考"实际上是在反复地训练你的应考能力，当然这种训练在知识内容上不是完全重复的，只是形式上基本相同。老师这样训练你的目的，除了让你进行专题复习外，还有就是让你在高三下学期多经历一些考试，到了高考的时候，你的心态如果能达到把高考当平时的训练一样来对待这样的程度，那"周周考"的目的就完全达到了。

"周周考"的内容一般都是经过教研组的老师们认真讨论，精心挑选的。

高三下学期如果你能够把"周周考"的每一个问题都弄明白，那你高考就一定会取得比较好的成绩。因此，每一次周考之后，你都要找老师和同学把考错的地方问清楚，不要放过任何一个错题。你不要因为自己老出错，就怕老师、同学看不起你。这时候错了不要紧，弄正确就行了。高考错了就弄不正确了。再说，你虚心向别人请教，别人不会瞧不起你。你不懂装懂，才会有人笑话你。

面对老师安排的"周周考"，你要注意的一个问题，就是不要因为"周周考"而打乱了你的复习计划。老师的安排是针对大多数同学的，你如果有单独的个性化的复习计划，就按你的计划复习下去，"周周考"你可以参加，但不一定按老师安排的周计划复习。如果你认为你的复习计划行之有效，你也可以向老师说明情况，不参加"周周考"的训练。不过，这样的学生毕竟是少数。单独的训练只适应那些自觉性特别强，自主学习方法特别有效的学生。对于大多数的学生来说，还是按老师统一安排的计划训练好一些。

我在高二下学期的时候，曾建议你组建一个高考备考学习小组并坚持到高考结束，"周周考"的时候，这个小组的作用是很大的。你一定要通过小组讨论，把每一次考试中的错题向小组其他成员请教，直至弄明白。小组讨论越充分，你对讨论内容的记忆就越深刻，分析这个问题的思路就越宽阔。这样做对你高考时解题是大有裨益的。

赞美别人，赞美自己

> 赞美是一种心态，是一种艺术，是一种处世哲学。生活中如果你会很好地赞美别人、赞美自己，那么你一定就会成为一个性格开朗、心态平和、充满活力的人。

赞美是一种心态，是一种艺术，是一种处世哲学。生活中如果你会很好地赞美别人、赞美自己，那么你一定就会成为一个性格开朗、心态平和、充满活力的人。

你对别人一句不经意的赞美的话，也许可以让别人的心情舒畅好多天，甚至可以为别人增添做好某一件事情的信心。1998 年 3 月，有一个年轻人到中央机关工作，一位副局长把他叫到办公室，要他起草一份重要文件，他花了一周的时间把初稿拿出来交给副局长，这位领导看完后，连声说："不错不错，这么快就起草完了，明天我组织几个人讨论一下。"说实在话，这位年轻人交出初稿的时候，心里是没有一点底的，但领导的一句赞美之言，让他受到了很大鼓舞，增强了做好这份工作的信心。后来那份文件从局里讨论到部里，再到更大的范围和更高的层次进行讨论，最后的定稿基本上没有初稿的痕迹了。但是，如果没有那位副局长对一个初到中央机关工作的年轻人的赞美，我想他是没有勇气和信心去面对后来的一次又一次的讨论和修改的。

有工作经历的人都需要别人的赞美和鼓励，你和你的同学都是十七八岁的年轻人，更是需要并且很在意别人的赞美。当你想得到别人赞美的时候，你首先就得学会赞美别人。你如果一心用挑剔的眼光去看别人，别人也同样会这样看你。在赞美声中，你可以为自己创造一个良好的学习环境。进入高三下学期，你和同学们都投入紧张的复习备考之中，大家天天做习题、背课文，一天又一天地重复着这些机械而又繁重的学习任务，心情都不可能太好。有的同学甚至心头上老像是有一股莫名的烦躁不安，一触即发。这时候，你非常需要有人赞美你、鼓励你，别的同学自然也与你有着同样的要求。如果你留心观察一下周围的同学，发现了他们身上一些美好的东西并赞美他们几句，也许会收到意想不到的效果。

有这样一位学生，面对高三复习的压力，他老是很烦，同学们都不愿意与他邻桌。班主任找他谈话时，他根本认识不到是自己的问题，总觉得是别人烦着他。我找这个学生谈了一次话，我问他："全班有同学不烦你吗？"他说了几个人的名字。我又问："这几个人愿意与你邻桌吗？"他说不知道。我告诉他："这几个人不愿意。"他问："为什么啊？"我说："因为你天天挑别人的刺，尽是拣别人不高兴的事说。"我建议他不妨真诚地赞美一下周围同学的优点，心态平和下来，这样才有良好的同学关系。后来，他还真照我说的那样做了。他赞美的第一位同学就是他的邻桌，当别人都不愿意与他邻桌的时候，只有这位同学坐在他旁边，于是他对这位同学说："你的人缘真好！同学们都喜欢你。"这位同学说："其实你的人缘也不错，但你一天到晚老是心烦，大家都怕被你传染，学习的压力这么大，谁不烦啊？"一句简单的赞美的话，让同学说出了心里话，也让他明白了同学们为什么不愿与他坐在一起。这就是赞美别人的作用。

在赞美别人的同时，也要学会赞美自己。一个人老是认为自己比别人强，对周围的人摆出一副不屑一顾的样子，是不对的；一个人老是认为别人比自己强，对自己没有一点信心，也是不对的。你要学会发现自己身上的长处和优点，偷偷地站在镜子前，赞美自己几句。这一招很管用的。我读高中的时候经常这样做。在往来学校的路上，我一天要走四个来回，一趟要走三四千米路。在路上的时间里，我除了赶路，就是背课本上的知识或思考问题。自己对自己的一次小小的赞美，至少可以鼓励我一星期的时间。这一个星期之内，我会精力充沛地上课听讲、做练习，有什么不快我都不会放在心上。高中时的这个习惯我一直保持到现在。如今，工作和生活上遇到了难题，我都要找出自己身上那些值得赞美的东西，在心里默默地赞美自己。尤其是在夜深人静的时候，这种赞美激发出来的能量是巨大的，一些白天想退却的东西，这时候会增添前进的勇气。于是第二天当我与太阳一道醒来，昨夜对自己的赞美会随着太阳的光辉一起升腾。在这样的心境下，还有什么困难能让一个人退却呢？

最后还要提醒你一句，不要把赞美别人演变成奉承别人；不要把赞美自己演变成美化自己。否则，就适得其反了。

向成功的同学表示真诚祝贺

> 成功是相对的，不是绝对的。我一直不主张绝对地以考分的高低作为衡量学生成功的唯一标准。高中时期再大的成功，相对于你的一生来讲，都只是一个小小的成功，你没有必要沾沾自喜，没有必要洋洋自得。你必须把这一次成功作为一个新的起点，向更大、更远的成功前行。这样，你的人生才会获得成功。

当你的同学获得了某一种成功，你大概有这样几种对待同学的方式：其一，向成功的同学表示真诚的祝贺，并向他讨教成功的途径；其二，暗地里使劲，心里盘算着我要超过他；其三，他的成功与你无关，你觉得这件事情就像没有发生一样；其四，对他进行挖苦讽刺，甚至诽谤他。

你采取上述哪一种方式对待同学的成功，就可以知道你是哪一种人，也可以知道你的人生会不会走向成功。

很明显，我提倡并建议你采取第一种方式，向成功的同学表示真诚的祝贺，并向他讨教成功的途径。只有这样去做，你才会与成功的同学为伍。你学习和生活在一群成功人士的中间，你自然会受到他们的熏陶，也成为他们中的一员。

同学的成功与你的成功不是非此即彼的关系，不要认为同学抢走了你的成功。现在的高中生成功的途径有很多，你完全有办法与同学一同获得成功。再说，即使你与同学参与同一个项目的竞争，同学成功了，你也应该向他真诚地祝贺。因为竞争的过程中，其实你也获得了某一种成功，至少你知道了在哪一点上技不如人，今后就知道在这一点上努力了。

如果你在读高中期间养成了向成功的同学表示真诚祝贺的良好习惯，那么你一定会在后来的人生中拥有一群真诚的、成功的朋友，这些朋友会助你走向人生的成功之路。2007年被美国国家科学院增选为外籍院士的中国女科学家李爱珍，1980—1982年在美国卡尼基梅隆大学做访问学者的时候，专门去拜访贝尔实验室的卓以和，并向他表达了自己的祝贺与赞美。卓以和发明了分子束外延技术，当时被誉为"分子束外延之父"。目前，世界上没有几个实验室可以有效地利用分子束外延技术。而且，这些实验室的人员大多有过在贝尔实验室工作的经历。中国的李爱珍能够独立地做出来，与她对卓以和的拜访以及她长期与世界一流的研究分子束外延的科学家保持着联系与交流不无关系。事实上，就连她当选为美国国家科学院院士，也与这种交流有一定的联系。美国国家科学院外籍院士的人选，必须有本土相当杰出的院士提名才能获参选资格。正是卓以和这位"分子束外延之父"提名了李爱珍，才让李爱珍这位在中国还不太为人知晓的女科学家当选美国院士。与李爱珍同在一个实验室工作的一位同事说："在中国能够当选美国院士的至少有几百人，但不是每一个符合条件的人都有机会被提名。"你说向成功的人士祝贺并与他们为伍有多么重要。

作为高中生，这时候同学们的成功多数是来自学习方面的。你不要总是把眼睛盯在班里的前几名同学身上，毫无疑问，他们是成功的，你完全应该向他们表示祝贺。那些名次虽然排在后面，但相对于他们自己来讲有进步的同学，或者在某一科的成绩上有进步的同学，你也应该向他们表示祝贺。成功是相对的，不是绝对的。我一直不主张绝对地以考分的高低作为衡量学生成功的唯一标准。一个学生即使他的分数老是在班上排在后面，但是他有正确的理想，有良好的品行，有坚忍的意志，有勤奋刻苦的精神，能够遵守学校的纪律，我们能因为一个考分就说他不成功吗？显然不能。相反，我认为，如果一个学生在高中的时候做到了上面的"四有一能"，他走入社会后肯定能成为一个成功的人。当然，那些因为不努力学习、不遵守纪律而成绩不好的同学，就另当别论了。

　　如果你是一个成功者，在别人向你表示祝贺的时候，你一定要记住，高中时期再大的成功，相对于你的一生来讲，都只是一个小小的成功，你没有必要沾沾自喜，没有必要洋洋自得。你必须把这一次成功作为一个新的起点，向更大、更远的成功前行。这样，你的人生才会获得成功。

不要做"慢吞吞国"的大公子（主）

> 高中生的生活节奏是很快的，你要做一个优秀的高中生，就必须适应这种快节奏的生活。慢吞吞的习惯对你一生的发展来讲，不会影响你的品行，但肯定影响你学业和事业的成功。

高中生的生活节奏是很快的，你要做一个优秀的高中生，就必须适应这种快节奏的生活。否则，你凡事拖拖拉拉，总比同学们慢半拍，那么你的成绩和其他表现也自然比同学们慢半拍。别人在正常的时间里考上大学，而你只好再读一年"高四"才考上大学。这就是慢半拍的自然结果。

有一位学生做什么事情都磨磨蹭蹭的。就说下晚自习回到家的这段时间吧，学校 9:30 下晚自习，他 10:00 就可以到家了。到家后先是拿一张报纸上厕所，一上就是半小时。然后就是洗澡，又是半小时。接下来准备学习一下功课，这时候他总是在书桌上东翻翻、西找找，好像不知该学什么才好，就又打开电脑看一看今天外面又有什么新鲜事发生。在遭到爸爸一阵训斥之后，他关闭电脑，又跑到客厅里打开电视。这时候，妈妈又唠叨起来。他就开始嚷肚子饿，等吃完东西，他看看时间，12:00 都快到了，于是他就走进自己的房间，关门睡觉。他几乎每天重复着这样的事情，时间就在他不经意的慢吞吞的消磨中一天天地过去。养成了这种习惯的人，在家里是这样，在课堂上一样是这样。

所以别人用一天完成的事情，他必须用一天半，甚至更多的时间才能完成。

类似的学生目前在高中生里还真不少，尤其是城里的一些孩子，家长们调侃地说他们是"慢吞吞国"的大公子（主）。这些家长实在拿孩子们没有办法。他们眼睁睁地看着时间一分一秒地从孩子身边滑过，只有干着急。

其实，如果你从小养成了做事慢吞吞的习惯，我也拿你没有办法。有办法的人只有一个，就是你自己。慢吞吞的习惯初看起来不是什么大的毛病，但只要你仔细分析一下就会吓一跳。像前面说的那位同学，不说白天在学校磨蹭掉多少时间，就说下晚自习后从到家再到就寝的这两个小时的时间，他至少浪费了一个小时，一个月就浪费了 30 个小时。按 45 分钟一节课计算，足足有 40 节课。如果按一般高中每天排 7 节课，40 节课就是一周的课程时间。也就是说，那位同学一个月仅晚上的这个时间就比别人少学一周的全部课时量，一年就少了 12 周的课时量。再加上还有白天其他时间段被他磨蹭掉的时间，一年里他至少比别人少学 20 周的课时量。20 周就是一整个学期。这就意味着，这位同学表面看起来与同学们一样度过了一年 40 周的学习时光，但实际上，周围的同学学了 60 周，他比别人少 20 周。你说，同样的知识内容，是用 60 周学得好呢，还是用 40 周学得好？高中生的智力水平一般都是差不多的。学习习惯和方法，是他们产生成绩差异的主要原因，而慢吞吞的习惯又是主要原因里的重要原因之一，我这样耐心地帮你计算这些枯燥的数字不是为了吓唬你，你这么大了，不是小学生了，对事物有自己的分析和判断。我前面讲的那位学生，第一年高考只考了 492 分。第二年在备考的时间里，他一改慢吞吞的习惯，无论是做作业，还是做一些生活琐事，他都利利索索地抓紧时间完成，结果考出了 596 分的好成绩，被华中科技大学录取。同样的一个人，习惯不一样，结果就不一样，而且是大不一样。所以，你不要使自己成为一个"慢吞吞国"的大公子（主）。否则，就会像前面讲的那位同学一样，三年高中生活下来，你要比同学们少学习 60 周，这是整整三个学期的课时量啊！你就是再聪明的人，比别人少了一半的时间，你的成绩能好过别人吗？我看很难。

我让你不要做"慢吞吞国"的大公子（主），并不是让你一天到晚埋头学习，不保证正常的休息时间，也不注意体育运动。我这样要求你，是想让你该学习时就抓紧时间学习，该休息和运动时就一心一意休息和运动，不要这样没完成，那样也没做好。这样做的结果只能是自欺欺人地混时间，看起来在学习，看起来在休息，其实一样都不是，只是混点而已。

慢吞吞的习惯对你一生的发展来讲，不会影响你的品行，但肯定影响你学业和事业的成功。家长和我都没有让你改变这种习惯的良策，有办法的人只有你自己。要想取得学习上的成功，你就得赶快改掉这个习惯。不要找任何借口。要记住这样一句话——成功的人总是为自己找办法，失败的人总是给自己找借口。你属于哪一种人，自己给自己下一个结论吧。

第 107 周

第三轮复习，再一次把书读薄

如果这时候，你还是埋头于题海，那肯定是吃亏不讨好，只能是事倍功半。如果在第三轮高考复习结束后，你能够如同一个老人读薄读懂人生一样，读薄读懂三年高中的知识，那你就是一个非常了不起的高中毕业生了。

在此之前，你已经进行过第一轮和第二轮复习了。前两轮的复习，已经让你对高中的全部知识有了更加深刻的理解。第三轮复习什么呢？你可能会认为，还有这个必要吗？当然有这个必要。从我们学校恢复高考制度以来的复习备考经验来看，第三轮复习是抓住重点，大幅度提高考试成绩的重要阶段。

从文科课程来讲，记忆的成分比较多，在第三轮复习中，你要把那些重要的东西理出来，一个一个地把它们读熟记牢，这样做了你就会在高考中得高分。客观题是这样，主观题也是这样。没有对考试大纲上的重点知识内容的掌握，你在做主观题时，就没有知识储备作为你分析问题和解决问题的材料依据，任何主观的东西都是建立在一定的客观材料的基础之上的。

你也许会说：校长，我知道要再一次把书读薄，也知道要整理重要的东西，但是每一门功课都有那么多要掌握的内容，哪一些才是重点呢？

在这里我可以告诉你，重点有绝对重点和相对重点之分，对不同的重点内容要采取不同的复习方法。所谓绝对重点，就是考试大纲上要求的重点内容，还有那些对整个学科知识起主导作用的或者产生较大影响的知识，这都是这个学科的绝对重点。所谓相对重点，就是在前面两轮复习中，你有哪些知识还掌握得不是很牢固，看起来和听起来知道是怎么回事，但真正动笔答题又下不了手，这就是你的相对重点。对其他同学来讲，这就不是重点了。所以在第三轮复习中，每个学生的重点是不大一样的。对于绝对重点，你可以按照老师的安排进行复习。对于相对重点，你就必须自己安排好复习的时间，并把那些弄不明白的地方找老师和同学帮你弄明白。

文科的知识这个时候记一分就是一分，因为离高考只有一两个月时间了，这时候记的东西，高考时忘不了。所以第三轮复习对于文科课程来讲是抓分的黄金时段。

从理科课程来看，第三轮复习相对于前两轮复习来讲，要减少做题量，这时候应该根据我前面说的重点内容，精选一些有代表性的试题来做。另外，这时候一定要回到课本上，要把一些重要的基本概念、定理、原理、公式等记牢并活用。比如数学，高中三年有哪些重要的公式和定理，运用这些公式和定理可以解决哪一类或哪几类问题，要不看书就能把它们复述出来。如果数学、物理、化学、生物这些课程你关上书本，都能够如数家珍般地把它们的重点内容复述完整，那你的第三轮复习就达到目的了。如果你根本复述不出来，或者复述时到处有"卡壳"的地方，那就证明你还没有"把书读薄"，你还得下一番苦功夫。

我说要你在第三轮复习的时候少做一点习题，主要是要你多用一些时间进行思考，不是要你放松复习。多思考就能增强复习的针对性，起到四两拨千斤的作用。如果这时候，你还是埋头于题海，那肯定会吃亏不讨好，只能是事倍功半。

第三轮复习的时候，你往往会产生这样的情绪：什么都想做，什么都不愿做，看见别人做这你就做这，别人做那你就做那。这实质上是心没有沉下来的表现。在这轮复习中，你同样要有自己的复习计划。这轮复习的时间虽然不长，但作用不小。如果你没有属于自己的计划，别人做什么你就做什么，那绝对是没有用处的，一定要根据自己的重点内容来进行有针对性的复习。

打一个也许不太恰当的比喻吧。读书如同人生，年轻时人生之书是读厚的时候，它让我们进入一个充满诱惑力的知识的海洋；中年时开始把人生之书读薄，我们对一些人生哲学与感悟有了一个基本的轮廓；老年的时候再一次把人生之书读薄，再深奥的人生哲理，我们都能读懂它了。

如果在第三轮高考复习结束后，你能够如同一个老人读薄读懂人生一样，读薄读懂三年高中的知识，那你就是一个非常了不起的高中毕业生了。

让同学录成为永恒的记忆

你这时候在同学录中不经意写下的一句话，说不定影响你和同学今后的人生发展轨迹。所以，你还是慎重地考虑一下后，再落笔为妙。你说对吗？你学习再忙，也要做一本同学录，也要与同学们照几张照片。这将成为你一生中最珍贵的记忆。

三年的高中生活，是人生中一段非常美好的时光。这时候，你学习再忙，也要做一本同学录，也要与同学们照几张照片。这将成为你一生中最珍贵的记忆。

这几天我在校园里散步的时候，看见毕业班同学们三三两两地在一些景点照相，有的同学还拉着我与他们一起合影。我是多么羡慕这一代人啊！在这么美丽的校园，与这么优秀的老师和同学相伴走过三年的青春岁月，任何时候回忆起来都值得骄傲和自豪。

我看过一些毕业生的同学录，看完后我感慨万千。这些同学录都写得非常好，如果精心整理一下，完全可以拿出来公开出版。我看到的这些同学录的留言，大致有这样几类：第一类是回忆三年同窗之情的。如："记得高一上学期，有一个大方快乐的女孩坐在我旁边，她的气质太高雅了，以至于我都不敢和她讲话。后来的接触中，我才发现她是一个非常乐于助人的女孩，她的心地是那样善良。下雨的时候，她居然说自己带了两把雨伞，而把其中的一把雨伞给了我。结果第二天她感冒了，是被雨淋的。这个女孩就是你——我一辈子也不会忘记的高中同桌。"第二类是对美好未来的祝愿。如："还有一个多月我们就要高中毕业了，祝愿你在未来的人生中，像你的高中时代一样幽默，一样充满智慧，一样总是自信心十足。我想你定会像我们一进学校的大门就看到的那几个大字一样——'成为社会有用人才'。"第三类是一些充满哲理性的感言。如："人生中有相聚，也有分离。我们就是在这种聚与离的往复中成长和进步，成熟和发展。小学、初中、高中时代我们是这样，大学和大学后的时代还会是这样。所以，在我们毕业分手之际，愿你我都不要有太多的伤感。在人生的长河里，说不定哪一天我们会欢腾地相聚在一起。"第四类是一些诙谐，甚至调侃性的留言。如："你那么漂亮，上大学后一定有很多优秀的男生追你。如果有可能，你还是用一只眼睛看一下我们高中时代同班的男生吧，他们好多人都喜欢你，只是不敢向你表白。我觉得他们是那么可怜，你就行行好，可怜可怜他们吧。我代表他们向你敬礼！"

实际上，毕业班的同学们在同学录里的一些留言，是丰富多彩的，远不止我上面归纳的这几类。读一篇留言，一个同学的印象就闪现在我的面前。甚至他的性格，他的人生追求，他对人对事的看法和处世哲学，都可以在那短短的几行字里看出来。

如果你是一个有心人，把高中时代的同学录保存好，那么几十年之后，当你回头再翻阅这些毕业赠言时，你会惊讶地发现，好多同学的人生轨迹，真的是与这些赠言有着某种联系。你还会觉得，与其说赠言是写给你的，倒不如说是写给他(她)自己的更贴切。

高中毕业若干年之后，同学们的人生轨迹也许会充满戏剧性。那些祝愿同学成为治国理政的政治家的人，也许他自己在若干年后成了治理一方的公务员；那些祝愿同学成为科学家的人，也许他自己在若干年后成了博士、博士后、专家、学者、教授；那些祝愿同学赚大钱的人，也许他自己在若干年后成了企业家。某种看起来不相关联的戏剧性的结局，实际上包含着一定的规律。比如某一个同学祝愿另一个同学将来成为博士，说明这个同学比较看重博士，那么他会有意或无意地朝这个方向去努力，他的人生轨迹自然就朝着这个方向运行，而被他祝愿的人则不一定朝这个方向发展。这样，若干年之后，当初看起来应该成为做学问的博士的人，成了政治家或者企业家，当初大家认为不可能成为博士的人，却成了专家学者。这是很正常的事情。

你这时候在同学录中不经意写下的一句话，说不定影响你和同学今后的人生发展轨迹。所以，你还是慎重地考虑一下后，再落笔为妙。你说对吗？

用真诚收获真诚

> 社会是复杂多样的，你不能轻易地相信别人，使自己上当受骗；你也不能因为担心上当受骗而把自己封闭起来，不与任何人交往。如果你本身就是一个真诚的人，那么你就应该和与你有着同样真诚的人交往。同学资源，在你们走向社会后是一笔不小的财富。这种财富，是用真诚去获得的。

社会是复杂多样的，你不能轻易地相信别人，使自己上当受骗；你也不能因为担心上当受骗而把自己封闭起来，不与任何人交往。社会也是个分工协作的和谐的整体，你的成长进步和今后事业的成就，都少不了要与人打交道。怎样处理好与人交往的关系？我建议你——用真诚收获真诚。

我多次在不同的场合讲过我们学校开设"维新班"的故事。"维新班"是香港维新集团总裁叶凤英女士捐资开办的。进入这个班的学生，必须是家庭困难、品学兼优的学生。叶女士已经资助三届学生，捐资共 150 万元。叶女士能到天门中学办这样一个班，其中就有一个用真诚收获真诚的故事。那是 2004 年 4 月，我是市招商局局长，从一个朋友那里得知叶凤英女士正在寻找内地的投资地点，于是我就邀请她到天门市来考察一下。那天她买的是中午 12:00 从深圳飞往武汉的机票，我和雷圣祥主任下午 2:00 到机场接她。结果那天深圳遇到雷雨天气，飞机不能起飞，无限期延误。她不能离开深圳机场，我们也一直在武汉机场等候。我们停在机场的两辆车，有一辆车灯坏了，不能跑夜路，于是雷圣祥主任等到下午 6:00 就回天门了，另外一辆车的司机也跟着一同回去，因为叶女士一行有 4 人，我们留下司机后就超载了。那天我在机场一直等到第二天凌晨 2:00 才接到叶女士，整整等了 12 个小时。我自己开车把叶女士接到天门，时间已经是凌晨 4:00 了。上午雷圣祥主任和我一起陪叶女士在经济技术开发区考察。中午吃饭时，叶女士说："我到天门市投资办企业的条件还不是很成熟。但是，你们在机场等了我 12 个小时，上午没睡上两三个小时，就又陪我参观，这种诚心让我感动。虽然不投资，但我想在天门做一点事。你们看能不能帮我找几个家庭困难的孩子，我资助他们完成学业。"这就是"维新班"的来历，一个典型的用真诚收获真诚的故事。在此之前，叶凤英女士从没有踏入天门的土地，也不认识一个天门人，包括我和雷圣祥主任，我们与她都是第一次相识。

一个与天门中学毫不相关的人，拿出 150 万元来资助我们的学生，这种举动让我们感动和敬佩。后来，雷圣祥同志和我受叶女士的影响，主动在我们力所能及的范围内为家庭困难的学生服务。特别是雷圣祥同志，四处游说，又做了另外的一些慈善事业。再后来，我干脆辞去了局长职务，到学校来为师生服务。一个真诚的故事感染的不仅是这个故事里的人。去年，我在报刊上看到湖北日报社前任党委书记、社长写的《一个女人和 162 个孩子》，看到一个叫郭丽君的女士写的《敬仰大爱》，都是真诚地颂扬叶凤英女士的慈爱精神的。

现在的高中学生，不乏能够真诚地与同学、老师、家长交往的人。但是，那些对人不坦诚，在与别人的交往中总希望得到什么好处的人，也有不少。就连老师去关心他，他也不屑一顾，甚至用假话来欺骗老师。前不久我在高三年级一个班主任那里了解到，有一个女生连续几天上晚自习都不在教室，老师四处找不到她，打电话到她家里，她妈妈说她在学校。后来，这位班主任终于在学校操场的一个角落里找到她，她在那里一边吃零食，一边与另外一位女生悠闲地聊天。老师问她为什么不上晚自习，她说："这位同学心理压力很大，我找她谈谈心，帮帮她。"老师后来找到与她在一起的那位女生，得到的真相与她说的正好相反，她连续几天都强迫那位女生陪她聊天。你说有必要这样对老师说假话吗？高三的学生，心理压力大，需要放松一下，向老师讲明并请假就可以了。这是一个非常简单的缓解学习压力的方法。如果欺骗老师和家长，这是一个品行问题。

你不要以为平时在老师、同学和家长面前耍一些小聪明，糊弄一下就能把有些问题遮掩过去。你甚至为自己的这些小聪明庆幸。这些东西弄多了，形成了习惯，你就会变成一个虚伪的人。你说什么话都不会再有人相信，你就没法与同学们一起共同学习和生活，你就没法得到老师和家长的理解与支持，慢慢地，你就会成为一个谁也不愿与你打交道的人。

如果你是一个像我前面说的那样不真诚的人，那么就请你迅速改正过来。如果你本身就是一个真诚的人，那么你就应该和与你有着同样真诚的人交往。一个人交往什么人，对他的成长是有影响的。做学生是这样，今后参加了工作也是这样。我来天门中学做校长后，就公开声明，我愿意与那些勤奋工作、忠诚于自己事业的人为伍，我不愿意与任何人成为酒肉朋友。我真诚地这样说，也真诚地这样做。实践证明，我的真诚得到了老师们的理解与支持。学校过去的一些好的风气，得到了进一步的发扬光大。还有一个多月的时间你就要毕业了，毕业前夕，你能不能收获三年高中同窗的友谊，真诚很重要。如果过去一直与同学们关系不错，真诚地向同学们表达一份毕业祝愿，一定会收获一份真诚的回报。如果过去与哪个同学有误解，那么就真诚地向那位同学表示歉意，求得他的原谅。同学资源，在你们走向社会后是一笔不小的财富。这种财富，是用真诚去获得的。否则，它就与你无缘。

我"二模"没有过重点线，怎么办？

"二模"与其他时候，也包括高考时一样，只要你发挥出了你的正常水平，过不过重点线并不重要，重要的是把你的真实水平考出来。成绩呈上升趋势的学生，往往有非常良好的心态，他们总是能以进入高中以来的最好成绩取得高考的胜利，为自己的高中生活画上一个圆满的句号。天道酬勤。只要你按照这句老话去做，若干年之后，你的事业不一定比那些考上了重点大学的人差，说不定你还比他们强一些。

三月的考试是第二次高考模拟考试，简称"二模"。这是高考前的最后一次全市统考了，教育主管部门、学校、老师、家长和你，都很看重这一次考试。这一次考试成绩，大致可以看出你的高考成绩处于一个什么水平。当然，也不完全是这样。几十年的教育实践中，我经常看到，在三月到六月初的这三个月时间里，有的学生成绩提高不少，也有的学生成绩出现明显下降。也就是说，三月考好了，后面的复习也不能放松；三月考得不好，只要你继续努力，也还是有机会提高成绩。

如果你三月考没有过重点线，没有什么好担忧的。三月考的重点线，是我们学校自己划定的一个参考线。这时候没有过重点线，不一定就表明你六月高考的时候不过重点线。还有两三个月呢,这两三个月是分秒如金。再说,三月考与其他时候,也包括高考时一样,只要你发挥出了你的正常水平,过不过重点线并不重要,重要的是把你的真实水平考出来。

如果你把目标定在考上一所重点大学,而且你的每一次考试成绩都在重点线上,仅仅是三月考没有过重点线,那么你就要慎重对待了,不能让这种下滑的趋势延续下去。你应该分析一下这次考试失分在哪些科目的哪些知识点,然后找到这些科目的老师,也请老师帮你分析一下。找准原因之后,在高考前的两三个月时间里,你要在这些知识点上多下一些功夫,这样做你一定会有收获。

如果你想考一所好的重点大学,而你的历次考试成绩总是在重点线下徘徊,这次三月考离重点线不是太远,那么你就要把前几次的考试成绩和考试的内容放在一起,认真地分析比较一下,看看你考哪些内容的时候成绩好一些,考哪些内容的时候成绩差一些。通过比较和分析之后,你找出其中的规律,在剩下的时间里,把那些掌握不太牢固的知识再重点复习1~2遍,也可以找在这方面学得好的同学请教一下,让他们告诉你一些他们的经验和办法。这样做了,应该可以收到立竿见影的效果,高考的时候你过重点线就应该不成问题。

如果你三月考之前的历次考试都没有过重点线,但是,你的每一次考试成绩是呈上升趋势的,这次三月考离重点线差不了多少分,那么你高考的时候是极有可能过重点线的。成绩呈上升趋势的学生,往往有非常良好的心态,他们总是能以进入高中以来的最好成绩取得高考的胜利,为自己的高中生活画上一个圆满的句号。这样的例子每年都相当多。在这里,我真心地祝贺你能够像你的优秀的学长们一样,不给自己的高中生活留下遗憾。

如果你长期都没有考过重点线,并且离重点线还有一定的距离,那么你也不必有心理压力。我前几次谈话中告诉过你,对全省来讲,能过重点线的考生,毕竟是少数人。你不要看我们学校每次考试都有60%以上的学生在重点线之上,全省像我们这样的学校是很少的。所以,你没有过重点线,也并不表明你的成绩不优秀。如果你的成绩在二本线之内,也是相当不错的。再退一步讲,你的成绩只过了三本线,也没有什么值得懊悔。如果你平时就是这个成绩,高考的时候考出这个成绩就行了。在我们学校,连三本线都不能过的毕业生,就非常少了。如果你在其中，可以选择读高职高专，也可以选择直接就业。

　　只要你勤于思考，努力工作，不管读什么大学，不管是做哪一行，都是可以干出成绩来的。你一定要记住那句老话：天道酬勤。只要你按照这句老话去做，若干年之后，你的事业不一定比那些考上了重点大学的人差，说不定你还比他们强一些。但是，如果你因为没有考上一个理想的大学，就自暴自弃，那就另当别论了。

　　三月考是高考前的一次标准化演练。这次考试的目的，除了测试你的水平之外，更重要的是要让你找到存在的差距，让你在剩下的两三个月的时间里对症下药，把成绩赶上去。如果你因这次考试没有过重点线，就产生巨大的心理压力，甚至在剩下的时间里连学习的信心都没有了，那就大错而特错了。如果是这样，你必须找班主任谈一次心，或者到学校的心理室找老师咨询一下。这样做很有必要。

散步去吧

> 如果感到学习压力太大，那你就干脆向老师请一个假，说明事由，到校园里散步去吧。目前你最需要的是保持一种良好的状态，包括学习状态、心理状态、身体状态。

还有四五周就要高考了。你这些天如果感到学习压力太大，甚至脑袋里嗡嗡直响，老师讲的东西根本听不进去，练习也做不下去，那你就干脆向老师请一个假，说明事由，到校园里散步去吧。

你一边散步，一边还可以做深呼吸，这样可以给你的大脑增氧，缓解大脑疲劳。目前你最需要的是保持一种良好的状态，包括学习状态、心理状态、身体状态。在保持良好状态的情况下，再精选一些你认为重要的东西做最后阶段的复习。这时候不是大量地强化训练的时候，你没有必要一天到晚埋头做题，一天到晚背诵书本，而是要让自己保持最佳的状态，并用这个状态去迎接高考。散步可以说是你把各种状态调节平衡的最好办法。所以，如果你在教室里学习不下去了，就到校园里的广场、道路、植物园里散步去。

你最好是独自散步，让自己的心在散步中彻底地平静下来。如果约几个同学一起散步，那么你就避免不了与他们讨论一些问题，你的大脑照样得不到休息。况且讨论问题最容易让一个人兴奋。如果散步时你的大脑还是处在兴奋状态，得不到应有的休息，那就没有起到散步的作用。

　　散步的时候，你可以什么都不想，让自己的大脑出现空白，思绪完全松弛下来。这对脑组织的休息是很有益处的。不是只有睡眠的时候脑组织才可以休息，醒着的时候脑组织同样可以并且需要休息，特别是在高考复习时天天用脑过度的情况下。当然，一般人很难长时间地不思考问题。散步的时候，你如果非思考问题不可，就思考一些功课上的问题，主要是把要考试的科目粗线条地理一理，不要思考某一个具体的、很难解决的、让你烦心的问题。人的很多烦心事往往都是自找的，换一个角度看一看，或者过一段时间再来看，好多烦心的事根本就不值得你去烦。所以，在高考前夕，把那些让你烦心的事先搁置下来，不要考虑它，说不定等你高考之后再来处理这件事的时候，它已经不值得你去烦了。

　　散步的时候，你可以一边走，一边做一些手臂和腰身运动，还可以做些头部和颈部运动。备考时你一天到晚坐在课桌前，这时候做一些适量的运动很有好处。做手臂运动的时候，你可以把臂伸开，前后上下来回挥动，注意用力不要太猛。做腰身运动时，你可以左右转动腰身，转动的角度不要太大，达到活动的目的就可以了。做头部运动时，你可以用双手的大拇指按住两侧的太阳穴，轻微地揉动若干次；然后按住太阳穴不动，其他四指并拢，用食指从眉骨中间向两侧分开，反复地揉刮眉骨，直到你认为舒服时为止；最后用双手捂住脸上下搓动，搓到手和脸发热就停下来。做颈部运动时，你可以前后左右地反复摇动脑袋，但用力不要过大。

　　如果你散步的时候能够按照我说的这些活动项目做下来，那么散完步，你会觉得头脑清醒许多，浑身也轻松了许多。这时候再走进教室开始学习，你就不会学不进去了。

临阵磨刀 30 天

通过这 4 次集中时间的考试，让学生在心理上把高考变成天门中学 30 天内的第 5 次考试，而不是全国范围内的高考。哪一个学生做到了这一点，哪一个学生就能够取得他最理想的高考成绩。临阵磨刀毕竟是"磨刀"，而不是"打刀"。也就是说，这个时候你已经有一把刀在手上了，只不过是要把它磨快一点儿。所以你不要使"打刀"时那么大的劲，天天把它拿出来磨一磨就可以了。

高考的日子越来越近，现在只有 30 天了。这 30 天怎么复习，对你能不能取得一个理想的高考成绩是有明显作用的。

这个时候，你切不可相信那些大考大玩、小考小玩的话。那是对考试和复习又懂又不懂的人自以为是的闲谈。你见过哪一个运动员在大赛前 30 天的日子里"大玩"之后获得冠军的吗？没有见过吧。

只要你静下心来，像往常一样按计划好的进度完成好每一天的复习任务，一直坚持到高考前的那一天，你就可以充分地利用好这"临阵磨刀，不快也光"的 30 天时间，也就可以考出你能够考出的最好成绩。

我前几次谈话里讲过，最后一轮的复习你完全可以充分地根据自己的特点，按自己的计划复习。但是，对于多数学生而言，最好还是按老师的统一安排复习。我们学校最后30天的复习安排是这样的：

我们按照7天一个轮回，学生自己确定内容复习1天，老师确定内容复习3天，考2天，休息1天。4个轮回28天时间把高中三年来的重要知识点全部考一遍，余下的2天时间留给学生解决各自在考试中暴露出来的问题。

这一个轮回的复习和考试内容，是集中高中三年级全体老师的智慧，针对历年来高考的特点，结合我们学校学生对各科知识的掌握情况，以及当年其他重点高中复习备考的情况而确定的。学校的意图就是力争模拟今年高考，尤其是高考时一些分值大的试题范围，在这4次考试中不能遗漏。这4次考试的时间，我们严格按高考的时间来进行。学校这样研究和确定这4个轮回的复习和考试，目的就是想在内容和形式上对学生进行高考考试训练。通过这4次集中时间的考试，让学生在心理上把高考变成天门中学的第5次考试，而不是全国范围内的高考。哪一个学生做到了这一点，哪一个学生就能够取得他最理想的高考成绩。

如果你是按照学校的这个"临阵磨刀"计划来做最后30天的复习，那么我给你提两条建议：第一，在前4天的复习中，你既要按照老师的计划，又要不打乱自己的计划，以自己的计划为主。特别是那些成绩优异的学生，一定要照计划行事，不能随意更改复习计划。否则，就会产生浮躁情绪，就有可能在某些方面反复复习多次，而在有些方面复习不够。第二，在两天的考试结束后，你最应该做的事情不是与同学们比成绩，而是把老师发下来的试卷进行认真地分析，看你错在哪几个地方，一定要把这几个错的地方真正弄懂，每一个错处都不能落下，不要抱着侥幸心理，认为这个内容高考不一定考。我告诉你一个实际例子吧，有一年高考前，我们学校请一位曾经参与过数学命题的老师来学校讲复习备考，他说某个定理不一定是今年的重点，结果当年高考那个定理有一个8分的试题。幸亏我们的高三数学备课组高考前还是考过那个定理，否则，学生们就吃大亏了。所以高考前的复习中，谁也不敢说什么考，什么不考。

你要记住，临阵磨刀毕竟是"磨刀"，而不是"打刀"。也就是说，这个时候你已经有一把刀在手上了，只不过是要把它磨快一点儿。所以你不要使"打刀"时那么大的劲，天天把它拿出来磨一磨就可以了，不要把它一放就是一两天不管不问。否则，它就会生锈。你每天拿出来磨一磨，一直磨到高考的那一天，这样你用起来的时候，这把"刀"就亮锃锃。如果你能够把"刀"磨到这样的效果，那么我在这里提前向你表示祝贺——你一定能取得好成绩！

这时候什么都不想

你的一些不必要的想法，相对于高考来讲，完全是一种无病呻吟。这种呻吟对你的复习备考只有影响，没有好处。所以，那些不应该现在考虑的东西，你一定不要去想它。如果你是"走神儿"中的一员，我建议你到校园里散步去。也可以向老师请两天假，回家休息一下，调整一下心态，这也是很有效果的。

越临近高考，你越不能老是想一些复杂的事情。比如：我能不能上大学？我考不上大学怎么办？大学的学费那么贵，家里负担得起吗？我要是考不上大学，我这辈子不就完了！类似的一些问题，你这时候越想越糊涂，一点用处也没有，不如不想。

你这时候最应该做的事，还是我在前几次谈话里也谈到过的，就是平平静静地搞好每一天的复习。这比想那些杂七杂八的问题有用得多。昨天我看河南卫视的一个关于高考的节目，参与节目的有一位北京大学学生，是河南省高考文科状元，是一名女生，叫王琳琼。她说，她高考前什么都没有想，一直在按计划复习，考试的前些天和考试期间，她患上了湿疹，身上痒得难受，患处还冒黄水，腿上、胳膊上一块一块的。她连针也没有去打，照常学习，照常参加考前心理辅导，最后考出了 680 分的省状元成绩。我看王琳琼之所以能考出这么好的成绩，与她考前的心态有很大关系。她在复习备考的最后日子里，什么都不想，有病都不呻吟，而是尽量克服它，直到考试结束。你这时候不一定像她那样患病吧，你的一些不必要的想法，相对于高考来讲，完全是一种无病呻吟。这种呻吟对你的复习备考没有好处。所以，那些不应该现在考虑的东西，你一定不要去想它。

这一段时间，我经常看到有一些同学呆坐在课桌前，两眼直愣愣地望着书本，脑子里不知道在想些什么。他们就这样在教室里走神儿，看起来在学习，其实想的是别的事情。如果你是"走神儿"中的一员，我建议你到校园里散步去。也可以向老师请两天假，回家休息一下，调整一下心态，这也是很有效果的。我们学校的理科状元蒋毓，高考前一段时间，就向班主任请了一个星期的假，但休息了两天她就返回了学校。休息前老是考虑的一个问题，回家后家长帮她解开了，最后她考出了 669 分的好成绩，上了北京大学。

还有一个解决你老是想那些无用之事的办法，我告诉你之后，你要谨慎地采用。这就是反反复复地用热水和冷水冲澡。这样做的时候，你身上的毛孔不断地扩张和收缩，能够让你全身的神经都受到刺激。反复地持续大约半个小时之后，你就会觉得全身的经脉都通畅了许多，你就不会再想那些无用的事情了，就可以静下心来复习了。但是，并不是每一个人都可以用这个方法的。假如你的体质不行，遇冷水就感冒，那你千万别这样做。这个办法不是我瞎想出来的，是我从中学时代到现在用了几十年的方法，对于我来说很管用。我现在很少感冒，可能也与此有关。我不特意天天用冷水洗澡，只要有水就行，不管是热水还是冷水，也不管是夏天还是冬天。遇到烦心事，遇到一件事老是在心里想而挥之不去的时候，我就用热水和冷水从头到脚交叉地反复冲澡，冲完之后精神就畅快许多。

其实，我说的这些对你不一定有用，这时候真正对你有用的是一心一意找复习的办法，只有你自己去找才行，别人的办法和观点，你只能参考。

认真考过了，你就是胜利者

你这几天唯一应该做好的事情，就是一场一场地坚持考下来，某一场考试考好了，不要忘乎所以，考砸了，不要灰心丧气。最好是保持平常的情绪状态，把高考看成你高中三年所有考试中的一场考试。如果你能够做到这一点，就一定会发挥出你的正常水平。

不管你是嫌它快了，还是嫌它慢了，6月7日和8日，这个也许是决定你的人生走向的日子将会如期而至。在中国，有近千万名高中毕业生和几千万名家长在这个时间里演绎着喜怒哀乐，书写着自豪与悔恨。一幅关于考试，关于子女教育，关于家庭的未来与希望的巨大画卷，淋漓尽致地展现在神州大地。

而你，正是这巨幅画卷的主人公之一。时至今天，你笑也好，哭也好，一切都是木已成舟。你这几天唯一应该做好的事情，就是一场一场地坚持考下来，某一场考试考好了，不要忘乎所以，考砸了，不要灰心丧气。平时学什么样，这次就考出什么样。不可能平时学得不好，高考考出很好的成绩来。俗话说得好：种瓜得瓜，种豆得豆。

高考的这两天，你最容易出现的问题是情绪不稳定。这两天，你的情绪既不能太亢奋，也不能太低落。最好是保持平常的情绪状态，把高考看成你高中三年所有考试中的一场考试。如果你能够做到这一点，就一定会发挥出你的正常水平。

这两天你考试之外的时间往往不知做什么才好，书看不进去，觉可能也睡不着。这是现在考生中出现的普遍现象。改变这一状况的最好办法，是不要把高考的这两天当作特别的日子。平时你考试之外的时间做什么，这时候也照常做什么。如果你平时考试的间隙时间是复习下一场考试的知识，高考期间你完全可以继续这样做。你不要管这一点时间复习的知识对高考有没有用，只要不改变你的作息习惯和考试习惯就行。如果你平时考试的间隙是散步，是休息，这两天你也照常这样。总之，你不要因为是高考而改变自己的一些习惯。否则，你就会无形中产生一种压力和紧张感。

高考的这两天，家长最容易给你帮倒忙。他们往往请假不上班，专门陪考。有的还特别说一些关心、关照的安慰话，特别做一些你喜欢吃的菜。这样做可能是在帮倒忙。这样做等于告诉你：这两天是全家人特别的日子，全家人的希望都寄托在你身上。你说这不是帮倒忙吗？

我们学校前几年一些考得比较好的学生，在高考期间，他们照常住学生宿舍，照常吃学生食堂，照常按平时的作息时间起床早读，照常利用晚自习的时间看书学习。他们的生物钟不因高考而调整，一切如旧。在这样一种心态下，他们往往把自己调整到最佳的状态，考出进入高中以来的最好成绩。我前面的谈话中讲到过的去年高考的第一名蒋毓就是这样。高考期间，她的家长要来学校陪她，她说："不就是最后一次考试吗？有什么好陪的，没问题，我会考出好成绩的。"她与同寝室的同学一起，像往常一样复习考试，结果成了学校当年的女状元。这也是她三年来第一次获得全校第一名。

很多考生在第一场考试的前一天夜晚几乎整夜睡不着觉，这无疑是你不情愿的，但你又很容易与他们一样。你若是遇到这样的情况，最好在睡觉前在校园内步行 1~2 个小时，步行的速度要快一点，要流汗，然后回宿舍洗个澡，再上床休息。这样也许有一定的效果。那种一般人们讲的躺在床上心里数数的办法，对高考考生是没有用的。

如果你遇到上一场考试题目比较难，自己认为考得不太好，千万不要有过分的担心，而影响到下一场考试。你要充分相信你的能力和水平，你没考好，别人也不一定就考好了。考试的尺度是一样的，水涨船高，水落船低，你只要考出平时的正常水平就行了。上一场考试已经过去了，就不要去想它，也没有必要和同学们讨论对与错，等全部考试结束后，老师帮你们估分的时候，再来讨论对与错也不迟。再说，现在湖北省是分数公布出来之后填志愿，所以估分也没有实质的意义。

认真考过了，你就是胜利者。最后，预祝你考出理想的成绩。

填一个让你快乐的志愿

> 读北京大学、清华大学和一所仅次于这两所学校的大学，并没有什么本质的差别。一个人读什么大学和专业，对他一生的发展的影响，最重要的是表现在能力和方法上，而不是某一个具体的专业知识上。

高考结束了，你的高中生活也到此结束。苦也好，乐也好，三年时光弹指一挥间就这么过去了。这一周你关心的就是等考试分数下来，然后填高考志愿。

读什么大学，选什么专业，是你很难做出决定的事情。我建议你以快乐为原则，填一个让你快乐的志愿就行了。

你的分数大致在一个什么样的水平，就选一个相应水平的大学。说句实在话，读北京大学、清华大学和一所仅次于这两所学校的大学，并没有什么本质的差别。读浙江大学和武汉大学，与读上海交通大学和华中科技大学，你又能说出这两者之间有多大的差别呢？我看没有本质的区别。大致在同一类次的大学，应该说是各有千秋，这就靠你自己去选择了。在这方面，我建议你与学校老师沟通好，最好是选报一些比较保险的大学，也就是填报志愿之后，基本上不会掉档。对于那些在湖北招生时分数忽高忽低的学校，你最好要慎重一点。比如有一所很不错的大学，有时候在湖北的录取线仅次于清华大学、北京大学，有时候刚过一本线就被录取。这就是填报志愿时所谓的"大年"和"小年"现象。像这样的学校，除非有充分的把握，否则你最好不要冒险。

选择大学时，你要充分地填好第一志愿。现在第一志愿有好几个平行志愿，平行志愿有排序，你要把排序的学校研究一下，把你的分数与你的愿望平衡一下，最后决定志愿的排序。一般来说，在同一批次，如果你的第一志愿没有被录取，第二志愿是基本上不可能被同一类的大学录取的，第一志愿和第二志愿的大学要有一定的分数差距度。否则，你的第二志愿就相当于没填。你应该在第二志愿中填一个只要一过重点线就可录取的大学，这样就保险一些。其他几个志愿也是一样的。要不然你就要掉到第二批次录取了。如果你的考分在第二批次以及其他批次录取线，填报志愿时要注意的问题与我前面说的第一批次也是一样的。选择大学时既不要好高骛远，也不要委曲求全，要恰如其分，要让自己快乐。

接下来就是选专业。读一个什么专业一定要根据自己的兴趣，不要受别人的影响，特别是不要随波逐流地选择一个自己不喜欢的专业。否则，你要痛苦四年，后悔一辈子。你上大学读一个你喜欢，并让你感到快乐的专业，对你的性格都会产生好的影响。你会开开心心，会开朗活泼，会很好地融入新的集体之中，并与他们一同走过四年的大学时光。否则，读了一个你不喜欢的专业，你会在被动的学习中郁郁寡欢，使自己的个性发展受到不好的影响。

你选大学和选专业考虑最多的恐怕是毕业之后的就业问题。其实，大学四年所学的东西在人一辈子的发展中起比较大的作用，但不起决定性的作用。在大学里，我们学到的更多的是分析问题、研究问题和解决问题的方法，至于说一个人一辈子的成就，还得靠一辈子的学习。社会科学和自然科学的好多东西，是不可能靠四年的大学时光学完的，而现实生活中的一些东西，更是不可能在书本上和教室里学得到的。所以，大学也只是为你进入社会打一个知识基础而已。你既不能把一所大学、一个专业看得那么重要，也不能觉得无所谓，自己有兴趣并能够从学习中得到快乐很重要。这与高中时代不一样，高中课程你有兴趣也得学，没有兴趣也得学。大学时代选择的范围就非常广泛了，你完全可以找到一个让你快乐的专业。

一个人读什么大学和专业，对他一生的发展的影响，最重要的是表现在能力和方法上，而不是在某一个具体的专业知识上。

如果你选报大学和专业出了一点问题，没有被与你考分相应批次的大学录取，而被下一个批次的大学录取了，我建议你不要选择复读，而应该去上大学。如果有可能，考研时再做一次选择。千万不要把大好的青春时光消磨在反复的高考复读之中。

你是母校的骄傲

一个社会需要有各方面的人才，只要你在社会中找准自己的定位，就能成为社会的有用人才。从少年到青年这样一个人生关键过程的转换，你是在母校完成的，你说母校能不为你骄傲吗？

再过一些日子，你就要走进大学继续深造，或者直接进入社会成为一名劳动者。无论你走向何方，请你记住：你是母校的骄傲！

如果你考上了一所理想的大学，你是母校的骄傲。这是大家都公认的现实，你自然也会为此而自豪。如果你没有考上大学，你也是母校的骄傲。在母校，你受到了三年良好的、正规的、优质的高中教育，进入社会所需要的基本知识你已经掌握了，你完全可以成为一个独立的社会人，到社会上去摸爬滚打了。一个社会需要有各方面的人才，只要你在社会中找准自己的定位，就能成为社会的有用人才。

如果你能记住我今天所说的话，那么你可以在 10 年或者 20 年之后，再回到母校来看一看，并且把你的同学们也一并邀来，到那时你会发现，你们都是母校的骄傲！因为无论你们在社会上干什么工作，有了这三年高中生活打下的基础，你们都会对生活充满热爱，对工作充满自信，对未来充满希望，而这些东西，比一次毕业考试分数显得重要得多。这也正是你的母校在你的高中三年之内，在潜移默化中所给予你的最重要的东西。这些东西往往不是从书本上找得到的。它是你的母校的一种传统、一种文化、一种精神，是靠你和全体校友几十年，上百年来一届一届传承下来的。

三年的高中生活一晃就结束了，高中的同学情、师生情都是你一辈子的财富，这几天同学们都处在依依惜别的情感之中，我想你的心情肯定也是一样的。

你应该向教过你的老师一一话别，感谢他们对你的教育和培养。你应该与同班的同学，还有曾经与你同班的同学，以及在学校各种兴趣小组和社团一起学习和工作过的同学话别。你应该把你的教室、寝室打扫干净，把课桌、用具等摆放整齐。你还应该到你进校时认养的那一棵树下，最后给它松一次土，浇一次水，并且默默地对着它说几句心里话。你可以让它为你作证，你新的人生从此开始。

你是母校的骄傲。你想一想三年前，当你第一次迈进母校的大门的时候，你还是一个羞涩的少年，对人生的好多东西似懂非懂。经过高中三年的学习生活，你初步形成了自己的世界观，你不仅知识增加了，也更明事理了。现在，你已经长大成为一个有理想、有抱负的青年。从少年到青年这样一个人生关键过程的转换，你是在母校完成的，你说母校能不为你骄傲吗？

离开母校之后，无论你身处何方，那种母校情感我想你是终生难以割舍的。在写这篇谈话的时候，我浏览了一下天门中学网站上的留言板，其中有大量的校友留言，足以证明校友们对母校的关心和关注。有的校友一句简单的"×××老师，你还好吗"就像是一种自言自语的话，表达了对母校老师的思念。还有不少校友回忆在母校读书的时光，表达对母校祝福的愿望，还有对在校学生的寄语，都让我这个做校长的好生感动。

在结束对你三年来的 116 次谈话之际，让我把一位 20 世纪 30 年代的天门中学的老校友、现代诗人邹荻帆先生写给母校的一行诗句朗诵给你听——

你是我的摇篮

哺育我成长

如今我瞩望家乡

仿佛我少年时的希望

在那儿开花吐绿

而我的少年有多少忧伤

时代有了新的走向

愿同学们珍惜大好时光

后 记

    这本书我是同时写给学生、家长和老师的。

    在做校长的实践中，我感觉到，目前学生、家长和老师面对当前的教育体制，面对学生的教育、成长和进步，有许多的困惑。这种困惑，还没有人系统地给出某种方法性或者方向性的回答。人们好像总是在一味地追求分数，追求名校。在这样的追求中，不知把多少社会有用人才的个性与创新精神扼杀在他们的高中阶段。这对于一个学生、一个家庭和一个社会来讲，是何等的悲哀啊！作为一个高中校长，我希望我的学生都能在高中阶段勤奋好学，发挥出自己最大的潜能；希望他们能够很好地融入社会，成为社会各个行业有用的人；希望他们都有正确的理想和人生观、价值观，成为国家和民族的栋梁。正因为有这些希望，才有我在工作之余，坚持写完这本书的动力。

    书出版后，我收到了全国各地许多读者给我的来信。来信的人有初中生、高中生，也有大学生；有初中、高中学生的家长，也有小学生、学前儿童的家长；有高中班主任和老师，也有大学辅导员。这本书能拥有这么广泛的读者群，是我始料不及的。从初版至今，一晃过去了十多年时间。无论是学校，还是社会，都发生了很大的变化，中学生的教育好像越来越让人不知所措。无论是教育者，还是受教育者，不少人的那颗心，浮着、飘着，不着边际。偌大的世界，似乎装不下一颗静下来读书的心。家长着急，不知道用什么魔法可以让孩子提高学习成绩；学生着急，不知道如何缓解心底的那份焦虑。这也许就是这本书一直能够有读者的客观原因吧。

我知道，这本书能够畅销，不是我写得有多么好，而是书中所讨论的问题，是学生、家长和老师都关注的问题。这些年，高考政策有了新的变化，社会生活也发生了翻天覆地的变化。趁着这次再版，我对这本书逐字逐句地进行了一次全面修改。重读和修改的时候，当初写这本书的激情，又重新燃起。书里的字里行间体现出来的一种对学习、工作和生活的人生激情，在当前的高中校园里，显得比过去更加珍贵。

但愿这次的修订再版，能够让读者更加满意。如果你还有某些困惑在书里找不到答案，请你把想法发送到 xiaoxinbin0803@sina.com，我一定会与你继续讨论。